Q&A
国際税務の最新情報

矢内一好［著］

財経詳報社

はしがき

　本書は，タイトルが異なりますが，平成20年（2008年）に出版された『Q&A・国際税務の基本問題～最新トピックスの検討～』の続編です。

　ここに収録したものは，平成10年以降『税務事例』（財経詳報社）に連載している「国際課税のトピックス」と『速報税理』（ぎょうせい）に平成15年以降掲載された「税理士のための国際税務入門講座」の原稿を主に，前書以降に執筆した連載分及び税務論文のうち，新しい情報等を含むものが収録されています。

　最近の国際税務の動向として日本への影響する事項としては，まず，地理的には，アジア諸国への日本からの投資が増加していることから，この地域における移転価格の課税問題，投資或いは撤退に係る税務等が問題となっていますし，アジア以外ではEUの動向も無関係とはいえません。

　さらに，クロスボーダー課税となるパートナーシップ等の事業体課税問題，個人の富裕層に対する国外移転対策或いは国外財産の問題等が焦点になっています。また，日本に限らず，国際税務全般としては，OECDが多国籍企業の租税回避対策としてBEPS行動計画の設定とこれに伴う国内法の整備等が注目を集めています。

　このような最近の動向を分析する際に，キーワードとなるのは，①多国籍企業の租税回避対策（BEPS行動計画）と国内法の整備，②富裕層の税務，③米国が立法したFATCAと情報交換の進展，④各国の課税権の対立と仲裁，が想定できるところです。さらに，経常的な事項として，各国の税法，租税条約の改正があります。

　国際税務では，各国の税率等が異なり，租税条約の有無等も影響して，多国籍企業或いは富裕層は，長い間，税負担の軽減を図ってきたのに対して，これに対抗するために各国の課税当局は法制度及び税務執行の両面において協力する体制を作り上げました。

　しかしながら，国の主権である課税をする権利行使の側面で，各国が妥協

しているわけではありません。例えば，法人税率では，引き下げるのが世界的傾向ですが，引き下げないでいる国もあります。また，EUでは，域内の租税回避防止のために，法人税制を統一する動きがありますが，各国の思惑が交錯しているのが現状で，成案を得るのに時間がかかるようです。

また，国際相続或いは国際的な事業体課税において顕在化していることですが，各国の相続法等の私法と贈与・相続税制，パートナーシップ法等の私法とクロスボーダー取引，クロスボーダーのM&A等，従前からの法理論の整理だけでは解決しない事態が生じているともいえるのです。

このような錯綜している国際税務の現実に対して，複眼的な視点からの分析が必要ですが，そのためには，現実に生じている事象を分析検討して，時間的な推移の中で，置かれている現状を認識する必要があるように思われます。

本書を特徴という点で分けますと，多少時間的なずれはありますが，前書がBEPS以前とすれば，本書は，BEPS以後の動向ということになります。なお，本書には，諸外国の租税回避の事例等を掲載していませんが，これらは拙著『一般否認規定と租税回避判例の各国比較〜GAARパッケージの視点からの分析〜』（財経詳報社）に収録されていますので省いてあります。平成20年発刊の前書は，読者の方から，講演を行う際の参考にしましたという声があり，知らなかった情報を知ることができたという反響も頂きました。本書が今後とも皆様のお役に立つことができれば幸いです。

本書の刊行に際しては，財経詳報社社長・宮本弘明氏から多大なご支援を頂きました。改めてお礼を申し上げます。

平成29年5月

矢内　一好

目　次

はしがき

第1章　国際税務の基礎データ　1

1　外国税額控除の動向　2

2　移転価格税制の動向　3

3　OECD TP ガイドラインの沿革　5

4　タックスヘイブン対策税制（外国子会社合算税制）の動向　6

5　BEPS の動向　7

6　各国の法人税率・個人所得税率　8

7　租税条約の動向　10
　7-1　日本の租税条約の現状　10
　7-2　税務行政執行共助条約の現状　10

8　地域別・日本の租税条約の締結状況　11
　8-1　アジア諸国との租税条約　11
　8-2　オセアニア・大洋州諸国との租税条約　12
　8-3　北米・南米諸国との租税条約　12
　8-4　ヨーロッパ諸国との租税条約　13
　8-5　旧ソ連諸国（15か国）との租税条約　14
　8-6　中東諸国との租税条約　15
　8-7　アフリカ諸国との租税条約　15

目　次

9　国際税務関連主要判例　16
10　日本における最近の国際税務関連事項　17

第2章　国際税務とは何か　19

1　**国際税務とは何ですか**　20
　Q 所得税や法人税は，個人や法人の所得に対する課税だということがある意味明確なのですが，国際税務とはどのような課税なのでしょうか。
　　　　20
　Q 国際税務における最近のトピックスにはどんなものがありますか。20
　Q どのような場合に国際的な二重課税が生じるのですか。　21

2　**国内法における調整**　22
　Q 具体的には，日本の税法にはどのような国際税務に係る制度があるのですか。また，移転価格税制等の規定はなぜ租税特別措置法に規定されているのでしょうか。　22

3　**国際税務の趣旨・背景**　23
　Q 各制度の課税趣旨や創設された背景を簡単に教えてください。また，各制度で問題となる点があれば教えてください。　23

4　**国際的な枠組みにおける調整**　26
　Q 前問までは日本国内法における二重課税等の調整についての質問でしたが，国際的にはどのような調整が図られているのでしょうか。租税条約等の役割を教えてください。　26

5　**国際的租税回避行為とは何ですか**　26
　Q 近年，とりわけ国際的な租税回避問題が報道等されていますが，具体的にはどのような事例を国際的な租税回避行為だとしているのでしょうか。　26

6　**BEPSと国際的な租税回避対策**　27
　Q OECDはBEPS行動計画を策定し，上記の様々な国際的な租税回避行

為に対応することを考えているようですが，具体的には，どのようなことを計画しているのですか。 27

7　BEPSは日本企業に何をもたらすのですか　28
Q OECDのBEPS行動計画によって示された課題について，日本企業に新たに義務付けられる実務負担はあるのでしょうか。 28

8　税理士業務で注意すべき国際税務の問題点は何ですか　30
Q BEPSの他に，税理士業務を行う上で注意しなければならない国際税務の問題点はありますか。 30

（コラム1）タックスヘイブン情報開示の背景　32

第3章　租税回避・BEPS　33

1　租税回避概念と世界各国における否認の要件　34

1-1　租税回避の定義：3分説・2分説　34
Q 租税回避の定義にはどのようなものがありますか。 34
Q 租税回避について3分説以外の概念がありますか。 34
Q 英国の2分説の背景にはどのようなものがあるのですか。 34
Q 英国の2分説の内容はどのようなものですか。 35

1-2　英国の租税回避対策　36
Q 英国において課税当局から否認される可能性のある租税回避というものはあるのですか。 36

1-3　米国の租税回避対策　36
Q 米国における租税回避対策の特徴はどのようなものですか。 36

1-4　EUの否認規定　37
Q EUにおける否認規定の動向 37

1-5　アイルランドの否認規定　38
Q 租税回避によく利用されるアイルランドにおける否認規定はどのようなものですか。 38

1-6　英国の否認規定　39
Q 英国において否認される租税回避の内容はどのようなものですか。 39

1-7　インドの否認規定　40
Q インドにおける租税回避の否認規定はどのような内容ですか。 40

1-8 オーストラリアの否認規定　41
　Q オーストラリアは，英連邦の国ですが，租税回避の否認は，英国と同様ですか。　41
1-9 カナダの一般否認規定の適用基準　41
　Q カナダは一般否認規定（GAAR）を導入していますが，その適用基準はどのようなものですか。　41
1-10 ニュージーランドの否認規定　42
　Q ニュージーランドは，一番古く一般否認規定を導入した国ですが，租税回避の否認要件はどのような内容ですか。　42
1-11 南アフリカの否認規定　42
　Q 南アフリカはオーストラリアの一般否認規定の影響を受けたといわれていますが，その内容と租税回避の否認の関係はどのようなものですか。　42

2　BEPS 関連の事項　43

2-1 BEPS 対策理解の前提　43
　Q BEPS とは何ですか。これを理解するための基本的な事項にはどのようなものがありますか。　43
2-2 OECD の BEPS までの沿革　43
　Q BEPS 対策が OECD の活動になる以前はどのような状態だったのでしょうか。　43
　Q BEPS 行動計画は，2013年7月の計画策定から2015年10月の最終報告書まで2年間という短期間の作業という印象がありますが，その背景には何かあるのですか。　46
2-3 BEPS が効果を及ぼす力の源泉　47
　Q OECD という国際機関により公表された BEPS 対策が効果を及ぼす背景には何があるのですか。　47
2-4 第一弾報告書の内容　48
　Q BEPS 行動計画に対する第一弾報告書（2014年9月公表：以下「2014年報告書」とします。）の内容はどのようなものですか。　48
　Q BEPS 行動計画7（PE 認定の人為的回避の防止）の報告書の概要はどのような内容ですか。　52
2-5 移転価格文書化（BEPS 行動計画13）　58
　Q 日本の移転価格税制と OECD の TP ガイドラインの動向を説明してく

3 BEPS 行動計画15の報告書の概要　64
- **Q** BEPS 行動計画15の報告書の内容はどのようなものでしょうか。　64
- **Q** 最終報告書の骨子はどのようなものですか。　64
- **Q** 最終報告書では，多国間協定の特徴を述べているようでしたらその概要を教えてください。　65
- **Q** 二国間租税条約と多国間協定の関連性はどうなりますか。　67
- **Q** 多国間協定の当面する問題点とは何でしょうか。　68

（コラム２）30年ぶりの所得相応性基準の復活　69
（コラム３）よみがえるケネディ大統領の演説　70

4 一般否認規定　71

4-1 各国の一般否認規定の概要　71
- **Q** 一般否認規定（General Anti-Avoidance Rules：以下「GAAR」とします。）は，個別否認規定に対応する包括的租税回避規定と同じ意味ですか。　71
- **Q** 各国の GAAR 導入の状況はどのようなものですか。　72

4-2 日本への GAAR 導入の賛否　73
- **Q** 日本における租税法の適用上，個別否認規定がない場合，租税法律主義の観点から否認が難しいとされています。また，国際税務の領域において，多額の否認事例の訴訟において国が敗訴した場合，一部の論者から GAAR 導入という意見が出ますが，日本の状況はどうでしょうか。　73

4-3 日本への GAAR 導入の可能性　74
- **Q** 前問では，日本への GAAR 導入については，過去の経緯等もあり，賛否両論であるが，このような内向な議論ばかりでなく，いわゆる外圧により導入を迫られるということはないのでしょうか。　74

4-4 EU の GAAR 導入の状況　75
- **Q** EU（欧州連合）が GAAR を導入することを決定すれば，BEPS 活動計画等への影響も生じると思いますが，EU における GAAR 導入の可能性を教えてください。　75

4-5 欧米各国の動向　78
- **Q** 欧米各国の GAAR 導入の状況はどうなっていますか。　78

4-6　GAARパッケージとGAARパラドックスの視点からの分析　81
- **Q** GAARパッケージという用語は聞きなれない用語ですが，どのような意味で使用されているのでしょうか。　81
- **Q** GAAR導入をした国では，GAARパラドックスという現象があると聞きますが，これはどのようなものですか。　82
- **Q** 日本の一部には，GAAR導入論があると聞いておりますが，どのような内容が考えられるのか教えてください。　83

5　Tax Amnesty　85
- **Q** Tax Amnesty（税の恩赦）という用語は，日本ではあまり聞かれませんが，どのような内容ですか。　85
- **Q** 英国が2009年から開始しているLDF（Liechtenstein Disclosure Facility）というプログラムはどのような内容ですか。　85
- **Q** 日本には，Tax Amnestyという考え方を取り入れた制度はないのですか。　86

（コラム4）判例・租税条約の適用の可否　87

第4章　BEPS後の動向　89

1　パナマ文書事件　90
- **Q** パナマ文書事件とはどのような内容ですか。　90
- **Q** パナマ文書が与える影響としてはどのようなものが考えられますか。　90
- **Q** パナマ文書事件以前にこの種の情報漏えい事件はありましたか。　91
- **Q** パナマ文書事件は課税当局にどのような影響を及ぼしましたか。　93

2　外国子会社合算税制の改正　94
- **Q** 平成28年12月8日に「平成29年度税制改正大綱」が公表され，外国子会社合算税制が抜本的改正となりましたが，その背景は何ですか。　94
- **Q** 外国子会社合算税制の改正点のポイントは何ですか。　95
- **Q** 外国子会社合算税制の改正点として合算対象となる外国子会社の判定方法はどのように改正されましたか。　95
- **Q** 今回の改正で，適用除外基準はどのように改正されましたか。　96

- **Q** 現行の資産性所得の名称が受動的所得の部分合算課税制度となったようですが、その内容はどのようなものですか。 97
- **Q** 税負担割合は20％以上で30％未満の場合、合算課税となるのはどのような場合ですか。 97

3 義務的開示制度　98

- **Q** 義務的開示制度とはどのようなもので、その背景は何ですか。 98
- **Q** 平成29年度税制改正大綱では、義務的開示制度が今後の検討課題として、近い将来導入の可能性が示唆されましたが、このような税制改正以外の項目が注目される理由は何ですか。 98
- **Q** MDR 導入を勧告した BEPS 行動計画12の概要はどのようなものですか。 99
- **Q** 日本の先例になる可能性がある英国の義務的開示制度はどのようなものですか。 102
- **Q** 英国では、2004年の DOTAS 導入、2013年の GAAR 導入、そして2014年の POTAS 導入という租税回避対策を積み重ねてきましたが、まだ、規制を要する租税回避を行う者が存在してその対策が必要となりました。その内容はどのようなものですか。 103
- **Q** 平成30年以降の税制改正の項目としての義務的開示制度導入に際しての問題点は何ですか。 104

4 EU の共通連結法人課税ベース（Common Consolidated Corporate Tax Base：CCCTB）の導入　105

- **Q** CCCTB に至るまでの EU の動向はどのようなものですか。 105
- **Q** CCCTB の内容はどのようなものですか。 106

第5章　事業体課税　107

1 日本における事業体課税の展開　108

- **Q** 事業体課税として法人該当性が問題になる理由は何でしょうか。 108
- **Q** 法人該当性に関して押さえておくべき事項にはどのようなものがありますか。 108
- **Q** 日本における事業体課税に係る判例等の動向はどのようになっていますか。 109

目　次

　　Q 平成27年7月の米国デラウェア州LPS事案の最高裁判決以降，事業体課税における課題としてはどのようなものが考えられますか。　110
　　Q 米国LPS最高裁判決までに，日本においては，どのような動きがありましたか。　111

2　米国LLCの法人該当性　111
　　Q 米国LLCの法人該当性に関する事案の平成13年2月26日の裁決事例（裁決事例集No.61，102頁）は平成13年6月のLLC通達以前の事例ですが，そこにおける争点は何ですか。　111

3　LLCに関する国税庁通達　116
　　Q 平成13年6月発遣のLLC通達はどのような内容ですか。　116

4　租税条約における事業体課税　117
　　Q 現行の日米租税条約には，事業体課税に係る規定がありますが，なぜ，日米租税条約にこのような規定が置かれたのでしょうか。　117
　　Q 租税条約には一般的定義を定めた条項があり，ここには，法人に関する定義がありますが，この定義と法人該当性は関係がありますか。
　　　　118

5　米国ニューヨーク州LLC事案判決　118
　　Q 米国ニューヨーク州LLCについては，司法上の判断が示されて，日本では法人として扱うことで決着したようですが，その経緯はどのようなものですか。　118

6　米国デラウェア州LPSに係る判決　120
　6-1　本事案判決の概要　120
　　Q 米国LLCの法人該当性については，前問までで日本において法人として扱うということで定着を見たと思いますが，LLCと本問のLPSとの違いは何ですか。　120
　　Q 米国デラウェア州LPS事案の裁判は，東京，大阪，名古屋でそれぞれ判決が出されましたが，整理するとどうなりますか。　120
　　Q 第一審と控訴審において，判断が異なった東京地裁及び東京高裁判決では，どのような点で相違があったのですか。　121

目　次

　　6-2　最高裁判決　125
　　　Q　名古屋地裁及び名古屋高裁判決により敗訴した国側は，最高裁に上告して，平成27年7月17日に国側勝訴の判決が出ました。その内容はどのようなものですか。　125
　　　Q　法人該当性の検討について，前問にある最高裁判決が出たことで，日本におけるこの問題についての方向性は見えたというむきもありますが，今後はどのような事項が検討されるべきでしょうか。　127

7　米国における法人該当性の判例等　128
　　7-1　米国の動向　128
　　　Q　比較法の観点から米国における法人該当性の動向を知るための関連する判決等にはどのようなものがありますか。　128
　　7-2　モリセイ事案最高裁判決　128
　　　Q　モリセイ事案とはどのような訴訟なのか教えてください。　128
　　7-3　キントナー事案判決とキントナー規則　130
　　　Q　モリセイ事案に続くキントナー事案とはどのような内容ですか。　130
　　7-4　チェック・ザ・ボックスルール（Check-the-box Classification：CTB）　133
　　　Q　CTB導入前のモリセイ事案及びキントナー事案は，いずれも米国国内の法人該当性の問題でしたが，外国事業体について，米国では何らかの対策等はなかったのですか。　133
　　　Q　米国がCTB制定に踏み切った理由は何ですか。　134
　　　Q　CTBは，財務省規則§301.7701-3(a)．にその規定がありますが，その要旨は何ですか。　135
　　7-5　米国のファンドによる投資（バミューダLPS事案）　135
　　　Q　バミューダLPS事案は，東京地裁判決が平成24年8月30日，東京高裁判決が平成26年2月5日で，いずれもバミューダLPSは，我が国の租税法上法人に該当しないという判断が示された事例ですが，この原告のロンスターファンドは韓国においても同様の訴訟を起こしているようですが，その概要はどのようなものでしょうか。　135

8　カナダ国内法の動向　137
　　8-1　法人該当性の変遷の概要　137
　　　Q　カナダ国内法における事業体課税関連事項にはどのようなものがあり

xi

目　次

　　　　ますか。　137
　　　　Q 前問①の事案はどのような内容ですか。　138
　8-2　２段階アプローチの変遷　138
　　　　Q 前問にあるTSAは，そのまま現在に至っているのでしょうか。　138
　8-3　ベックマン事案最高裁判決　140
　　　　Q 2001年最高裁判決の出たベックマンの事案は，前述した1976年のIT-343と2008年のIncome Tax-Technical News No.38の中間に位置しており，TSAの変遷等に影響を及ぼしたといわれていますが，その概要はどのようなものでしょうか。　140

9　英国における外国事業体の法人該当性の動向　143

　9-1　英国における法人該当性に係る沿革　143
　　　　Q 英国における外国事業体の法人該当性に関する判例にはどのようなものがありますか。　143
　9-2　初期の２つの判決　144
　　　　Q 前問の①と②の初期の判決はどのような内容ですか。　144
　9-3　メメック社事案控訴審判決　145
　　　　Q メメック社の控訴審判決は1998年と最近の判決ですが，この判決の特徴となる点は何ですか。　145
　9-4　スイフト事案判決　147
　　　　Q 本事案は，前問において説明がありましたが，アンソン事案（2015年最高裁判決）の第一審判決ですが，その内容はどのようなものですか。　147
　9-5　アンソン（Anson）事案　151
　　　　Q アンソン事案の裁判はどのような経緯ですか。　151

10　英国最高裁判決（アンソン事案）の影響　155

　10-1　英国課税当局（HMRC）による法人該当性のガイドライン　155
　　　　Q 英国課税当局（HMRC）は外国事業体の判定基準についてどのような措置を講じていますか。　155
　10-2　メメック事案控訴審判決と米国のルーリング　156
　　　　Q メメック事案と米国の歳入ルーリングは同じドイツのGmbHを検討対象としていますが，両者に相違はありますか。　156

11 パートナーシップ等に関する基本事項　157

- **Q** 各国の事業体に関する法人該当性の基準に関する比較では，事業体の設立した国の法令と，投資をした者の居住地国における当該事業体に関する法令との適用関係が問題になりましたが，これをどのように整理するのですか。　157
- **Q** これまでの問でパートナーシップが論じられてきましたが，米国と英国では，パートナーシップの定義が異なりますか。　157

12 日本における事業体の区分　160

- **Q** 日本における事業体にはどのようなものが含まれていますか。　160

13 外国事業体に係る法人該当性のまとめ　160

- **Q** ここまでの検討により，同じ事業体であっても，国により，また，課税の状況等により，法人該当性に関して相違が生じていますが，納税義務者側からすると，租税法の適用上，有利な国等を選択することは可能ですか。　160
- **Q** ここまで検討してきた各国の事業体に関する法人該当性の基準の今後はどうなりますか。　162

第6章　富裕層の税務　163

1 富裕層の現状と対策　164

- **Q** 外国に居住している日本人はどのぐらいの数ですか。　164
- **Q** 日本には，いわゆる富裕層といわれる個人がどのくらい居住しているのですか。また，世界の状況はどうですか。　164
- **Q** 日本国内における富裕層の分布状況はどうですか。　164
- **Q** 国際相続という用語が注目されていますが，その背景としてはどのようなことが想定できますか。　165
- **Q** 世界各国の相続税制の動向はどのような状況ですか。　165
- **Q** 各国の相続税制における動向で今後注目する国はどこですか。　166
- **Q** 相続税の課税方式が国により異なるのはどのような理由ですか。　166
- **Q** 主要国における相続税課税割合と日本の税収に占める相続税収の比率はどのぐらいですか。　167

目　次

- **Q** 国税庁の発表した海外資産関連事案の調査結果はどのような内容ですか。　167
- **Q** 日本の税制は，富裕層に対してどのような施策を講じていますか。　168
- **Q** 外国に居住する日本人の日本の所得税の課税上，注意すべき点は何ですか。　169
- **Q** 外国に居住する日本人の日本の相続税の課税上，注意すべき点は何ですか。　169
- **Q** 日本の相続税制を念頭にして外国の相続税制を検討する場合，気を付けるべきことは何ですか。　170
- **Q** 各国の相続税と贈与税の関係はどうなっていますか。　171
- **Q** 租税条約には，相続税・贈与税租税条約がありますが，日本はどのような状況ですか。　171
- **Q** OECDは，1982年に1966年草案に贈与税を加えたモデル相続税条約（以下「1982年モデル条約」とします。）を制定して現在に至っていますが，日米相続税条約との相違は何ですか。　172

2　国際相続の法的側面　173

- **Q** 日本においては相続が民法と密接な関連を有していますが，米国ではどうですか。　173
- **Q** 国際相続では，複数の国の私法関係が交差することになりますが，両国の私法が抵触する場合はどうするのですか。　173
- **Q** 具体的に通則法が適用になる場合とはどのような場合ですか。　173

3　米国における相続関連の用語等　174

- **Q** 米国における夫婦財産制度はどのようなものですか。　174
- **Q** 米国における相続関連の用語として，日本にはない独自なものにはどのようなものがありますか。　174

4　米国の遺産税課税の手続　175

- **Q** 米国遺産税の手続はどのような順序ですか。　175
- **Q** 遺産税の計算はどのように行われるのでしょうか。　176
- **Q** 我が国が被相続人の相続財産に国外財産がある場合，その評価はどうするのですか。　177

目　次

- **Q** 米国における不動産の評価方法はどのように行うのですか。　177
- **Q** 相続開始後に生じた所得について米国ではどのように処理するのですか。　178
- **Q** 米国の相続では，検認を通さずに相続する方法が多く論じられていますがその理由は何ですか。　178
- **Q** 被相続人が日本に住所のある者であり，米国に課税対象となる財産がある場合，米国では非居住外国人として遺産税課税を受けることになりますが，米国市民との相違はどうなるのですか。　179

5　米国に不動産を有する日本居住者に対する日米相続税条約の適用　180

- **Q** 被相続人のAは，相続開始時には日本在住でしたが，帰国前の長期間にわたり米国において勤務していた時代があり，その当時に取得した不動産を米国西海岸に保有していました。Aの相続人は，いずれも日本居住者であることから，日本における相続税の課税はいずれも無制限納税義務者としての課税となりますが，Aの米国不動産については米国において遺産税課税が生じる可能性がありますか。また，日米間には，相続税・贈与税租税条約がありますが，この租税条約はAの米国における課税に影響を及ぼしますか。なお，Aの遺産は，米国と日本2分の1ずつです。　180

6　米国の課税例　184

- **Q** 被相続人が夫で，その配偶者のみが相続人の場合，双方が日本人で10年以上米国在住の米国居住者であり，米国にのみ財産がある場合の課税関係はどうなりますか。　184
- **Q** 前問の例で，相続人に，米国在住の配偶者と日本在住の子弟がいる場合はどうなりますか。　184
- **Q** 米国の場合は，夫婦間の相続，贈与は課税上どのように扱われていますか。　184

7　英国の課税例　185

- **Q** 夫（甲）が死亡して，配偶者が相続することとなったロンドン在住10年になる日本人夫婦で，資産を英国海外領土の信託に投資しています。この場合の課税関係はどうなりますか。　185
- **Q** 英国の送金課税基準とは何ですか。　186

目　次

  ❓ 甲は，英国居住者ですが，ドミサイルのない者です。この場合の英国における課税はどうなりますか。　186

8　フランス，スイスの場合　187
  ❓ パリ在住の日本人の父が死亡しました。フランスに財産がある場合のフランスの相続税の課税はどうなりますか。なお，相続人は日本居住者です。　187
  ❓ スイスは富裕層が海外から移住していますが，税制上，これらの者に対する優遇措置があるのですか。　188
  ❓ スイスの相続課税はどのような内容ですか。　188

9　韓国の相続税制　189
  ❓ 韓国の相続課税はどのような内容ですか。　189

10　台湾の相続税制　190
  ❓ 台湾の相続課税はどのような内容ですか。　190

11　無利子非課税国債の論点整理　191
  ❓ この制度は，無利子の国債を購入することで，その国債相当額を相続税の課税上免税とするものですが，どのような長所と短所がありますか。　191

（コラム5）マイナンバー制度と預貯金　193
（コラム6）プエルトリコの富裕層優遇税制　194
（コラム7）高度外国人材に対する所得税・相続税・贈与税の課税の見直し　196

第7章　租税条約　199
  ❓ 日本が締結している租税条約の現況はどうなっていますか。　200

1　税務行政執行共助条約　200
  ❓ 税務行政執行共助条約（Convention on Mutual Administrative Assistance in Tax Matters）はどのような性格の租税条約で，その現状はどうなっていますか。　200

目　次

2　OECDモデル租税条約と帰属主義　203
- **Q** 1963年制定のOECDモデル草案の与えた影響とその後の展開で帰属主義との関係はどのようなものですか。　203
- **Q** BEPSと租税条約の関係はどのようなものですか。　204

3　日本が最近締結した租税条約　204
- **Q** 2017年（平成29年）或いはその前年までに日本が締結した租税条約のうち，特徴のあるものにはどのようなものがありますか。　204

4　改正日米租税条約の米国議会における動向　208
- **Q** 2013（平成25）年1月24日改正署名がなされた日米租税条約の改正議定書は発効していませんが，現況はどのようなのでしょうか。　208

5　事業類似課税の適用範囲　209
- **Q** 法人の組織再編等と関連のある事業譲渡類似課税の適用範囲はどのようなものですか。　209

6　米国・バミューダ保険所得租税条約　211
- **Q** 租税条約のうち，保険所得に特化した租税条約が米国・バミューダ間にあると聞きましたが，どのような内容ですか。　211

7　組織再編と租税条約（日仏租税条約）　213
- **Q** 日本とフランスの間の租税条約に組織再編との関連する規定があるようですが，どのような内容ですか。　213

8　みなし外国税額控除のわかりづらい点　214
- **Q** みなし外国税額控除は，国内法に規定がありませんが，どのような規定なのでしょうか。　214

9　復興特別所得税と租税条約の適用関係　216
- **Q** 租税条約には投資所得に対して限度税率が規定されていますが，日本における租税条約の適用上，復興特別所得税の源泉徴収はこれに影響しますか。　216

目次

10 租税条約における租税回避防止規定（主要目的テスト） 218
- Q 租税条約における租税回避防止規定に日英租税条約等では，日米租税条約とは異なる規定がありますが，その役割は何ですか。 218

（コラム8）米国・シンガポール間に租税条約がない理由 219
（コラム9）日本・キューバ租税条約交渉か？ 220

第8章　情報交換　223

1 租税条約等による情報交換 224
- Q 租税条約に基づく情報交換の現状はどのような状況ですか。 224

2 各国がFATCAに同意した理由 224
- Q 外国口座税務コンプライアンス法（FATCA）は，米国の納税義務者が海外の金融機関を利用した所得隠し，或いは脱税を防止するために米国人の外国銀行にある口座を米国の課税当局に通知することを要請した法律ですが，なぜ，各国はこれに同意したのですか。 224

3 金融口座情報自動交換制度 226
- Q 日本とスイスは，平成28年1月29日に金融口座情報の自動交換制度に関する共同声明に署名しましたが，金融口座情報の自動交換制度とは何ですか。 226
- Q 金融口座情報自動交換制度が，国際的取組として，これまでどのような理由から創設され，その後に変遷を経たのかを教えてください。 226

4 金融口座情報自動交換制度（日本の国内法の整備） 228
- Q 日本は国内法を同様に整備したのですか。 228

（コラム10）外国から届く税務情報 230

第9章　諸外国の税制動向等　231

1 米国（その1：夫婦合算申告） 232
- Q 日本における所得税に関連する事項として，配偶者に対する税制上の

措置が話題となっていますが，英米諸国では，夫婦合算申告制度が行われていると聞いています。その概要はどのようなものなのでしょうか。 232

2 **米国（その2：米国の銀行預金利子への課税）** 235
   Q 米国の非居住者への銀行利子の課税は免税と聞きましたが，どのような内容ですか。 235

3 **米国（その3：タックス・インバージョン再燃か？）** 236
   Q タックス・インバージョン再燃とはどういう意味ですか。 236

4 **米国（その4：米国離国者に対する税法の改正）** 238
   Q 日本は，いわゆる出国税（平成27年7月1日以後適用）を創設して，富裕層の国外移転を規制していますが，日本の制度はフランスの制度と類似しているといわれています。米国にも同様の制度があるようですが，日本の出国税とはどのように違うのですか。 238

5 **米国（その5：州税）** 239
   Q 米国は連邦制国家であり，また，独立時に国の統治の原則として州に多くの権限を与える分権制を採用したことから，州の権限が強いといわれていますが，米国の州税で特徴となる点は何ですか。 239

6 **英国（その1：ドミサイルと住所）** 241
   Q 前問でも個人の居住形態の判定基準であったドミサイルという概念は，英国の税制では重要な意味を持つようですが，ドミサイルと住所は同じなのですか。 241

7 **英国（その2：グーグル税の創設）** 248
   Q グーグル税とは何ですか。 248

8 **ベルギー（ベルギーの優遇税制）** 249
   Q ベルギーは隣国オランダを意識した税制といわれていますが，どのような優遇税制があるのですか。 249

目次

第10章 日本の国際税務関連事項　253

1　日本（その1：移転価格税制の国内取引への適用可能性）　254

　Q 日本の移転価格税制の規定は，米国の移転価格税制に係る規定である内国歳入法典第482条との比較で，同様の性格を有しているという理解でよいのでしょうか。　254

2　日本（その2：移転価格税制の国内法と租税条約の関連）　257

　Q 移転価格税制に関する規定は，租税条約における特殊関連企業条項にもありますが，この規定に関する国内法と租税条約はどのように理解すればよろしいのでしょうか。　257

3　日本（その3：改正された国内源泉所得）　259

　Q 平成26年度税制改正により国内源泉所得が改正されていますが，なぜ改正されたのですか。　259

4　日本（その4：帰属主義導入に関する論点整理）　261

　Q 平成26年度税制改正における国際課税の見直し（総合主義から帰属主義へ）ですが，法人税については平成28年4月1日以後に開始する事業年度分及び所得税は平成29年分以後の所得税について適用となります。この改正については，いくつかのポイントがあると思いますが，整理するとどうなりますか。　261

5　日本（その5：国外に居住する親族に係る扶養控除等の書類等の添付等の義務化）　277

　Q 外国人社員を雇用している場合，本国に家族を残して単身日本で働いている社員が，本国の家族を養うために仕送りをしていることはよく見られる事例です。平成27年度税制改正により，日本国外に居住する親族に係る扶養控除等の書類の添付が義務付けられ，従来よりもその取扱いが厳格になったようですが，その概要はどのようなものですか。
　277

第1章

国際税務の基礎データ

第1章 国際税務の基礎データ

　国際税務の分野に限らず，税務の仕事では，頻繁に利用する基礎的なデータがあります。私はそれらを「基礎データ」というファイルにまとめることにしています。本章は，国際税務の基礎データとして，主要な税制の沿革等を掲載しました。なお，国際税務の条文等については，私も共著で参加している『国際税務総覧』（財経詳報社）が参考になります。

1　外国税額控除の動向

昭和28年 （1953年）	外国税額控除制度の創設（控除限度額は国別控除限度額方式，直接控除のみが認められました。）
昭和37年	地方住民税から控除できるように地方税を改正しました。控除限度額は国別限度額方式と一括限度額方式の選択です。間接税額控除が採用されました。
昭和38年	赤字国の欠損金を黒字国の所得と通算しないこととして国別限度額方式を廃止し，控除余裕額，控除限度超過額の5年繰越制度が創設されました。
昭和46年	欠損金額の通算は法人の選択としました。
昭和53年	タックスヘイブン対策税制の導入に伴い課税対象留保金額に係る外国法人税が外国税額控除の対象となりました。
昭和58年	一括限度額方式の考え方を徹底させる趣旨から国別欠損金の除外計算制度を廃止しました。棚卸資産の譲渡地は，国外事業所等を通じてなされたものに限り国外での譲渡と判定することになり，国外所得金額が増加するように操作される余地を制限しました。各種引当金，準備金の繰入額を国内所得に優先的に配分できる取扱いを廃止。国内及び国外双方の業務に関連する経費は，合理的な基準を用いて国内所得と国外所得に適正に配分することになりました。
昭和63年	非課税国外所得の2分の1除外（平成4年改正：3分の2に改正），国外所得に対するシーリングの設定，高率外国税額控除の高率対応部分を控除対象外国法人税から除外，利子の高率外国源泉税の高率部分の控除対象外国税額からの除外，間接税額控除（持株会社に係る改正），控除余裕額及び控除限度超過額の繰越期間が5年から3年に短縮されました。
平成4年	間接税額控除の対象が外国孫会社まで拡大されました。
平成13年	控除対象外国法人税に含まれないものが規定されました。

平成14年		通常行われない取引に係る外国法人税を控除対象外国法人税から排除しました。
平成21年		間接税額控除に代えて，外国子会社配当益金不算入制度が創設されました。
平成23年		外国税額控除の対象外である「高率」な外国法人税の水準を，我が国の法人実効税率（引下げ後の法人実効税率）と概ね同水準となるよう改正前の50％超から35％超に引き下げ，控除限度額の計算上，改正前の3分の2を非課税の国外所得の全額を国外所得から除外することになりました。所得源泉置換え規定のある租税条約（相手国で課税された所得はその国の国内源泉所得とする規定：米国，英国，オーストラリア，カザフスタン，ブルネイ）を除き，役員報酬等で国際間の二重課税になることから，相手国で外国法人税を課された所得は，国外源泉所得と扱われます（法令142④三，155の28④三，所令222④三）。
平成23年12月改正		所得税の当初申告要件がなくなり，修正申告書等も認められることになりました（所法95⑤後段，⑥後段）。

2　移転価格税制の動向

昭和29年（1954年）	米国	内国歳入法典第45条を第482条に移項。
昭和43年（1968年）	米国	1969年まで第482条の財務省規則整備
昭和61年（1986年）	米国	第482条の一部改正（スーパーロイヤルティ条項の追加）
昭和61年	日本	移転価格税制創設
昭和63年（1988年）	米国	内国歳入庁が移転価格税制の「白書」公表
平成3年（1991年）	米国	APA導入（歳入手続91-22）
平成3年	日本	（日本）更正の期間制限（3年から6年に延長），質問検査権の拡大，国外関連者への寄附金の全額損金不算入
平成6年（1994年）	米国	第482条に係る新財務省規則制定

第1章 国際税務の基礎データ

平成7年(1995年)	OECD	移転価格ガイドライン公表
平成8年(1996年)	米国	APAの新歳入手続96-53
平成11年(1999年)	OECD	多国間のAPAガイドライン公表
平成13年	日本	「移転価格事務運営要領の制定について」
平成13年	日本	「相互協議の手続について」
平成14年(2002年)	米国	相互協議に係る新歳入手続2002-52
平成16年	日本	取引単位営業利益法（TNMM）を追加
平成16年(2004年)	米国	APAに係る新歳入手続2004-40
平成18年(2006年)	米国	APAに係る新歳入手続2006-9
平成18年	日本	「移転価格事務運営要領」の一部改正，推定課税の算定方法として，「取引単位営業利益法」と「利益分割法（PS）」が追加。
平成19年	日本	「移転価格税制の適用に当たっての参考事例集」
平成22年	日本	移転価格の文書化整備
平成23年	日本	移転価格税制における独立企業間価格の算定方法が改正され，従前の独立価格比準法，再販売価格基準法，原価基準法の基本3法を優先する方式から，基本3法，取引単位営業利益法，利益分割法のうち最も適した方法を採用する方式である最適方法ルール（Best Method Rule）へと変更されました。
平成25年	日本	独立企業間価格の算定方法である「取引単位営業利益法」の利益水準指標に営業費用売上総利益率（ベリー比）が追加されました。
平成28年	日本	BEPSに基づく移転価格税制に係る文書化に係る法整備が行われました。

3 OECD TP ガイドラインの沿革

OECD が移転価格ガイドライン（多国籍企業及び税務当局のための移転価格ガイドライン：Transfer Pricing Guidelines for Multinational Enterprises and Tax Administrations：以下「TP ガイドライン」とします。）を制定しています。この TP ガイドラインは日本ばかりではなく世界各国における移転価格税制の執行等において尊重されています。その沿革は次のとおりです。

1979年 （昭和54年）	OECD, Transfer Pricing and Multinational Enterprises（移転価格に関する最初の報告書）
1984年 （昭和59年）	OECD, Transfer Pricing and Multinational Enterprises, Three Taxation Issues
1995年 （平成7年）	TP ガイドライン第1章～第5章公表
1996年 （平成8年）	TP ガイドライン第6章及び第7章公表
1997年 （平成9年）	TP ガイドライン第8章公表
1999年 （平成11年）	TP ガイドラインの多国間事前確認（MAP・APAs）の改正
2010年 （平成22年）	TP ガイドライン第1章～第3章改定版 TP ガイドライン第9章（事業再編に係る移転価格の問題点）
2014年 （平成26年） 9月	2013年7月に公表された無形資産に関する改訂公開草案（第6章）が公表されましたが，これは BEPS 行動計画8の検討項目であり，2014年9月に修正案が公表されています。
同上	BEPS 行動計画13において，移転価格文書化が推進されたことでTP ガイドライン第5章「移転価格文書化」の改訂が予定されています。
2015年 （平成27年） 2月	移転価格文書化の実施ガイダンスが公表されました。
同年6月	BEPS 行動計画13（移転価格文書化）国別報告書の実施パッケージが公表されました。
同年6月	BEPS 行動計画8により，TP ガイドライン第6章の改正案

4 タックスヘイブン対策税制（外国子会社合算税制）の動向

昭和37年 （1962年）	（米国）タックスヘイブン対策税制導入，1972年（昭和47年）西ドイツ，1980年（昭和55年）フランス，1984年（昭和59年）英国がそれぞれ同税制を導入しています。
昭和53年	タックスヘイブン対策税制創設
昭和60年	オランダを利用した租税回避の対策として支払配当控除の制限，みなし本店所在地主義の採用（平成4年に廃止）
平成4年	軽課税国指定制度の廃止（税負担25％以下が要件となりました。）。納税義務者の持株要件が10％から5％に引き下げられました。外国関係会社の範囲に議決権ある発行済株式50％超の要件が追加されました。
平成10年	納税義務者の判定及び課税対象留保金額の計算規定が追加されました。
平成12年	特定信託に係る規定の追加
平成17年	所定の外国子会社等における適用対象留保金額からの一定額の人件費の控除，内国法人の特定外国信託に係る所得の課税の特例
平成19年	コーポレート・インバージョン対策合算税制の創設。議決権の異なる株式等が発行されている場合の外国関係会社及び納税義務者となる内国法人等の判定の改正
平成21年	外国子会社配当益金不算入制度の創設等に伴う改正
平成22年	トリガー税率が20％以下に引き下げられました。
平成22年	企業実体を伴っていると認められる統括会社（事業持株会社・物流統括会社）の所得（資産性所得を除きます。）について合算対象外となるように改正され，人件費の10％相当額を控除する措置は廃止されました。また，所定の資産性所得として外国子会社が受け取る株式・債券の運用による所得，使用料等については，親会社の所得に合算して課税されることになりました。
平成23年	トリガー税率の計算上，外国関係会社の本店所在地国の法令により非課税とされる配当等は分母の所得の金額に加算すべき非課税所得から除くこととされました。また，外国関係会社の所得の金額が零の場合のトリガー税率の判定は，外国法人税の表面税率により行うことが明確化されました。
平成27年	トリガー税率が20％未満に引き下げられました。
平成29年	トリガー税率を廃止する等の抜本的改正が行われました。

5　BEPS の動向

　BEPS は，「税源浸食と利益移転：Base Erosion and Profit Shifting」の意味ですが，多国籍に事業活動を展開する企業の多くが，所得の生じた国で租税を払わず，それを回避していることを意味する用語です。OECD（経済協力開発機構）は，2012年以降，このような事態に対処するために次のような取組を行ってきました。

2012年6月	第7回G20メキシコ・ロスカボス・サミット首脳会合宣言において，租税分野では，情報交換の強化，多国間執行共助条約署名への奨励とともに，多国籍企業による租税回避を防止する必要性が再確認され，OECD租税委員会は，BEPSプロジェクトを開始しました。
2012年後半	英国等において，多国籍企業の租税回避問題が生じていることが報道されました。
2013年2月	OECDは，BEPSに対する現状分析報告書として，「税源浸食と利益移転への対応」(Addressing Base Erosion and Profit Shifting) を公表しました。
2013年6月	G8サミット（英・ロックアーン）でBEPSプロジェクト支持。
2013年7月	OECDは，「BEPS行動計画」(Action Plan on Base Erosion and Profit Shifting) を公表しました。
2013年9月	第8回G20ロシア・サンクトペテルブルクにおける首脳会合宣言において，BEPS行動計画が全面的に支持されました。
2014年9月16日	BEPS行動計画に関する第一弾報告書7つが公表されました。
2014年11月	第9回G20オーストラリア・ブリスベンにおける首脳会合宣言は，「BEPS行動計画」の進捗を歓迎するとともに，非居住者金融口座情報の自動的情報交換を早期に開始することで一致しました。
2015年2月	トルコ・イスタンブールで開催された20か国財務大臣・中央銀行総裁会議声明は，多国間税務執行共助条約の加盟国増加を促し，非居住者金融口座情報の自動的情報交換の法的手続の整備を行うことを提唱しました。
2015年10月	2015BEPS最終報告書（FINAL REPORTS）が公表されました。
2015年11月15～16日	G20首脳会合（トルコ・アンタルヤ・サミット）においてBEPS行動計画の合意の実施及び非居住者の金融口座に係る自動的情報交換の開始の重要性につき一致しました。

第1章　国際税務の基礎データ

上記2013年7月に公表された「BEPS行動計画」の15項目は次のとおりです。

	行動計画
1	電子商取引への課税上の対処
2	ハイブリッド事業体の課税（ハイブリッド・ミスマッチの効果の無効化）
3	タックスヘイブン対策税制強化
4	利子等の損金算入による税源浸食の制限
5	有害な税実務に対する対応
6	租税条約の濫用防止
7	PE認定の人為的回避の防止
8	移転価格税制（無形資産の関連者間移転に関する整備）
9	移転価格税制（リスクの移転あるいは過度の資本の配分によるBEPS防止）
10	移転価格税制（第三者との間ではほとんど生じない取引等に係るルールの進展）
11	BEPSに係る資料収集と分析に関する方法の確立
12	義務的開示制度に関する勧告
13	移転価格文書化の再検討
14	相互協議の効率化としての仲裁等の活用
15	多国間協定の開発

☞ BEPSに対する日本の法整備等の状況は、34-35頁の表を参照してください。

6　各国の法人税率・個人所得税率

国　　名	法人税率	個人所得税率
アイルランド	12.5%	最高税率41%
米国	35%（＋地方所得税）	最高税率39.6%（2014年）
英国	20%（2015年4月以降）	最高税率45%
イタリア	27.5%	最高税率43%

6　各国の法人税率・個人所得税率

インド	30%（＋付加税）	最高税率30%
インドネシア	25%	最高税率30%
オーストラリア	30%	最高税率45%
オランダ	25%	最高税率52%
カナダ	実質基本税率15%（＋地方所得税）	最高税率29%（2013年）
韓国	22%（＋地方所得税）	最高税率38%（2013年）
シンガポール	17%	最高税率20%
スイス	7.8%（＋地方所得税）	（国＋地方）14〜35%
タイ	20%	最高税率35%
台湾	17%	5〜40%
中国	25%	最高税率45%
ドイツ	15%（＋地方所得税等）	最高税率42%
トルコ	20%	最高税率35%
フィリピン	30%	最高税率32%
フランス	33.33%	最高税率45%
ブラジル	15%（＋付加税）	最高税率27.5%
ベトナム	20%（2016年）	最高税率35%
ベルギー	33%	最高税率50%
香港	16.5%	最高税率17%
マレーシア	25%	最高税率26%
南アフリカ	28%	最高税率40%
ルクセンブルク	21%	最高税率42.8%（夫婦）
ロシア	2%（国），13.5〜18%（地方税）	9%, 13%, 15%, 30%, 35%（所得の種類別に単一税率）

7　租税条約の動向

7-1　日本の租税条約の現状

　日本が現在締結している租税条約及びモデル租税条約の一覧表は以下のとおりです。なお，カッコ内は租税条約の件数です（2016年12月現在）。

包括的所得税租税条約（一般に租税条約といわれています。）	アジア諸国（14＋1），大洋州（3），ヨーロッパ・旧ソ連（34），米州（5），中東・アフリカ（10），累計66（他：日台民間租税取決め）
相続税・贈与税租税条約	日米相続税・贈与税租税条約（1）
情報交換協定	アジア（1），大洋州（1），ヨーロッパ（4），米州（4）
税務行政執行条約締結国	ヨーロッパ（12），米州（9），アフリカ（8），大洋州（2）
モデル租税条約	OECDモデル租税条約，国連モデル租税条約，米国モデル租税条約他

7-2　税務行政執行共助条約の現状

　2016年11月現在の改正共助条約の現状は次のとおりです。

署名した国及び地域	92か国
署名済みで未発効の主たる国	モナコ，フィリピン，トルコ，米国等

　2016年12月現在，共助条約が発効となっている国で，日本と二国間租税条約を締結していない国は地域別に分けると次のとおりですが，これらの国とは共助条約でつながっていることになります。

ヨーロッパ（12）	アイスランド，アルバニア，アンドラ，エストニア，キプロス，ギリシャ，クロアチア，サンマリノ，スロベニア，マルタ，ラトビア，リトアニア
アフリカ（8）	ウガンダ，ガーナ，カメルーン，セーシェル，セネガル，チュニジア，ナイジェリア，モーリシャス

米州（9）	アルゼンチン，ウルグアイ，コスタリカ，コロンビア，セントクリストファー・ネーヴィス，セントビンセント及びグレナディーン諸島，チリ，バルバドス，ベリーズ
大洋州（2）	ナウル，ニウエ

8 地域別・日本の租税条約の締結状況

8-1 アジア諸国との租税条約

　日本が現在租税条約を締結しているアジア諸国15か国と「日台民間租税取決め」の一覧表です。順序は現行の租税条約の締結年（発効日）が古い順に上から並べてあります。なお，第2次条約或いは第3次条約という表記は，原条約以降の改正を示すものです。情報交換規定は，★印が付されています。

	国　　　　名	現行租税条約
1	スリランカ （締結当時：セイロン）	（発効）昭和43年9月
2	インドネシア	（発効）昭和57年12月
3	中国	（発効）昭和59年6月
4	タイ	（第2次条約） （発効）平成2年8月
5	バングラデシュ	（発効）平成3年6月
6	ベトナム	（発効）平成7年12月
7	大韓民国	（第2次条約） （発効）平成11年11月
8	インド	（第2次条約） （発効）平成元年12月 （一部改正発効）平成18年6月
9	パキスタン	（第2次条約） （発効）平成20年11月
10	フィリピン	（発効）昭和55年7月 （一部改正発効）平成20年12月
11	ブルネイ	（発効）平成21年12月

第1章 国際税務の基礎データ

12	シンガポール	（第3次条約） （発効）平成7年4月 （一部改正発効）平成22年7月
13	マレーシア	（第3次条約） （発効）平成11年12月 （一部改正発効）平成22年12月
14	香港	（発効）平成23年8月 ・香港との租税協定の情報交換規定に関する書簡交換：平成26年12月
15	マカオ★	（発効）平成26年5月
16	日台民間租税取決め	（署名）平成27年11月

8-2　オセアニア・大洋州諸国との租税条約

以下は，オセアニア・大洋州諸国との租税条約です。

	国　　名	現行租税条約
1	フィジー	日英租税条約原条約の適用拡大（昭和45年）
2	オーストラリア	（第2次条約） （発効）平成20年12月
3	サモア★	（発効）平成25年7月
4	ニュージーランド	（第2次条約） （発効）平成25年10月

8-3　北米・南米諸国との租税条約

	国　　名	現行租税条約
1	ブラジル	（発効）昭和42年12月 （一部改正発効）昭和51年12月
2	メキシコ	（発効）平成8年11月
3	カナダ	（第2次条約） （発効）昭和62年11月 （一部改正発効）平成12年12月

4	米国	（第3次条約） （発効）平成16年3月 （一部改正署名）平成25年1月 （一部改正発効）（未発効）
5	バミューダ★	（発効）平成22年8月
6	バハマ★	（発効）平成23年8月
7	ケイマン諸島★	（発効）平成23年11月
8	英領バージン諸島★	（発効）平成26年10月
9	チリ	（署名）平成28年1月，平成28年12月28日発効

8-4 ヨーロッパ諸国との租税条約

ヨーロッパ諸国との租税条約は，★印の情報交換規定を含めて26あります。現行租税条約で発効を基準に古い順に並べると次のとおりです。なお，現行租税条約が原租税条約或いは改正租税条約が一部改正されている場合は，その改正年を基準としています。

	国　名　等	現行租税条約
1	オーストリア	昭和38年4月
2	デンマーク	第2次条約　昭和43年7月
3	スペイン	昭和49年11月
4	アイルランド	昭和49年12月
5	ルーマニア	昭和53年4月
6	スロバキア	昭和53年11月
7	チェコ	昭和53年11月
8	ハンガリー	昭和55年10月
9	イタリア	昭和48年3月　（一部改正）昭和57年1月
10	ポーランド	昭和57年12月
11	ブルガリア	平成3年8月
12	フィンランド	昭和47年12月　（一部改正）平成3年12月
13	ノルウェー	第3次条約　平成4年12月
14	フランス	第2次条約　（一部改正）平成19年12月
15	マン島★	平成23年9月

第1章 国際税務の基礎データ

16	オランダ	第2次条約　平成23年12月
17	ルクセンブルク	平成4年12月（一部改正）平成23年12月
18	スイス	昭和46年12月（一部改正）平成23年12月
19	リヒテンシュタイン★	平成24年12月
20	ポルトガル	平成25年7月
21	ガーンジー★	平成25年8月
22	ジャージー★	平成25年8月
23	ベルギー	昭和45年4月（一部改正）平成25年12月，平成28年10月
24	スウェーデン	第2次条約（一部改正）平成26年10月
25	英国	第3次条約（一部改正）平成26年12月
26	ドイツ	昭和42年6月（一部改正）昭和59年5月，平成27年12月（全文改正署名），平成28年10月発効
27	スロベニア	（署名）平成28年9月（未発効）
28	ラトビア	（署名）平成29年1月

8-5　旧ソ連諸国（15か国）との租税条約

国名後のカッコ内は，口上書交換告示日です。

	国　名　等	現行租税条約
1	カザフスタン	（発効）平成21年12月
2	アゼルバイジャン （平成17年5月30日）	（発効）昭和61年11月 （左の11か国については，旧日ソ租税条約が継続適用になっています。）
3	アルメニア （平成8年6月17日）	
4	ウクライナ （平成7年4月24日）	
5	ウズベキスタン （平成6年7月13日）	
6	キルギス （平成5年6月4日）	

7	ジョージア （平成6年6月1日）
8	タジキスタン （平成6年6月1日）
9	トルクメニスタン （平成7年4月7日）
10	ベラルーシ （平成9年1月20日）
11	モルドヴァ （平成10年8月26日）
12	ロシア

8-6 中東諸国との租税条約

　以下は，中東諸国との租税条約を発効順に並べた一覧表です。年月の表記は現行租税条約の発効年月です。

	国　名　等	現行租税条約
1	イスラエル	平成5年12月
2	トルコ	平成6年12月
3	サウジアラビア	平成23年9月
4	クウェート	平成25年6月
5	オマーン	平成26年1月
6	アラブ首長国連邦（UAE）	平成26年12月
7	カタール	平成27年11月

8-7 アフリカ諸国との租税条約

　以下は，アフリカ諸国との租税条約を発効順に並べた一覧表です。年月の表記は現行租税条約の発効年月です。

第1章 国際税務の基礎データ

	国　名　等	現行租税条約
1	エジプト（アラブ連合共和国）	昭和44年8月
2	ザンビア	昭和46年1月
3	南アフリカ	平成9年11月

9　国際税務関連主要判例

判決日	裁判所	事案名
平成28年2月29日	最高裁	ヤフー事案（国側勝訴）
平成28年2月18日	最高裁	IBM事案（上告不受理）（国側敗訴）
平成27年7月17日	最高裁	デラウェアLPS事案（国側勝訴）
平成27年5月13日	東京高裁	ホンダ移転価格事案（国側敗訴）
平成26年7月15日	最高裁	米国籍への孫への贈与事案（上告棄却及び上告不受理）（国側勝訴）
平成24年11月29日	最高裁	米料加工事案（国側勝訴）
平成23年2月18日	最高裁	武富士事案（国側敗訴）
平成22年1月27日	大阪高裁	電気部品製造移転価格事案（国側勝訴），地裁（平成20年7月11日）
平成21年12月3日	最高裁	ガーンジー島租税事案（国側敗訴）
平成21年10月29日	最高裁	グラクソ事案（国側勝訴）
平成20年10月30日	東京高裁	アドビ事案（国側敗訴）
平成20年2月28日	東京高裁	ユニマット事案（国側敗訴）
平成19年9月28日	最高裁	双輝汽船事案（国側勝訴）
平成19年6月28日	東京高裁	ガイダント事案（上告不受理）（国側敗訴）
平成19年4月10日	最高裁	今治造船事案（上告不受理）（国側勝訴）
平成18年10月26日	東京地裁	貸付利子移転価格（国側勝訴）（確定）
平成18年1月24日	最高裁	オウブンシャ・ホールディング事案（国側勝訴）
平成17年12月19日	最高裁	大和銀行の外国税額控除事案（国側勝訴）
平成17年1月25日	最高裁	ストックオプション事案（国側勝訴）

10　日本における最近の国際税務関連事項

平成21年	租税情報の交換を主たる目的としてタックスヘイブンと締結している情報交換協定がバミューダと締結され，以後バハマ，ケイマン諸島，マン島，ジャージー，ガーンジー，リヒテンシュタイン，サモア独立国，マカオ，英領バージン諸島，とこの条約を締結しています。 外国子会社配当益金不算入制度の導入
平成22年	グループ法人税制導入
平成23年	「地球温暖化対策のための税」が導入 11月4日に税務行政執行共助条約に署名し，平成25年10月1日にこの条約が発効しています。
平成24年	国外財産調書制度創設 過大利子税制導入
平成26年	総合主義から帰属主義への改正（適用は平成28年4月1日以後に開始する事業年度分の法人税及び平成29年分以後の所得税） 国外証券移管等調書創設 相続税・贈与税の課税が強化
平成27年	出国税（「国外へ転出する場合の譲渡所得等の特例」の創設） 外国子会社配当益金不算入制度の適正化 非居住者の金融口座情報の自動交換制度の整備 財産債務明細書が廃止され財産債務調書創設 消費税の課税において，国外事業者が電気通信役務を提供する場合にリバース・チャージが導入されました。
平成28年	BEPS活動計画に基づく移転価格税制の文書化に係る国内法が整備されました。
平成29年	外国子会社合算税制でトリガー税率を廃止する等の抜本的改正が行われました。

第 2 章
国際税務とは何か

1　国際税務とは何ですか

Q　所得税や法人税は，個人や法人の所得に対する課税だということがある意味明確なのですが，国際税務とはどのような課税なのでしょうか。

A　簡単にいえば，国内だけで活動している個人や法人については，国際的な課税関係は生じないということです。個人或いは法人が，国境を越えて，事業活動，投資，役務提供等を行うことから，外国と日本の双方で課税関係が生じます。この場合，日本の税法，投資先の外国の税法，日本と投資先の国との間の租税条約等が適用になります。そして，外国で所得に課された税がある場合は，日本で外国税額控除等の措置を講じることになります。

Q　国際税務における最近のトピックスにはどんなものがありますか。

A　後述するBEPS以外としては，各国の税制或いは税率の相違等から，税負担の少ない国に，個人も法人を移転するような事態も生じています。例えば，最近の話題としては，平成27年度税制改正において，富裕層の税逃れ対策強化の一環として，株式譲渡益課税のない国に住所を移す者に対して株式の含み益に所得税を課税する出国税が導入されました。

　また，米国では，法人が外国企業を買収してその外国企業の所在地（米国よりの税負担の少ない英国，アイルランド，カナダ等）に納税地を移転するという動き（tax inversion）もあり，米国財務省は，この動きに対して対抗立法を講じることを公表し，この動きに歯止めをかけるのにやっきになっています。

　国際税務が複雑な理由の1つは，各国が異なる税制，税率等を施行していること，タックスヘイブンという税のない或いは著しく税負担の低い国又は地域があること，租税条約により課税の減免が規定されていること等から，

個人或いは法人は，これらを組み合わせて税負担を軽減することができることに原因の1つがあるといえます。このように，ヒト，モノ，カネが国境を越えて移動するのに対して税法の課税管轄権が一国内に限定され，税務調査等の執行面でも法施行地内等の各種の制約が課されていることがもう1つの原因といえます。

　日本において今後問題視される点は，平成27年（2015年）1月より課税強化された相続税の問題です。この増税自体は国内問題ですが，アジア地域で見ると，相続税の課税があるのは，日本，韓国，台湾，フィリピンの4か国で他の国にはこの税制はありません。そして，台湾は遺産税課税方式ですが税率は一律10%です。各国の相続税制比較という観点から見ますと，何か日本だけが突出した印象になります。また，米国では，2001年，共和党のブッシュ大統領の時代に税法が改正されて，10年後の2010年1年間，遺産税の課税なしということがありました。米国の政治情勢如何ではこの再来があるかもしれません。

Q どのような場合に国際的な二重課税が生じるのですか。

A 　国際税な二重課税が生じる理由は，個人或いは法人の居住地国が国内及び国外で生じたすべての所得を課税する全世界所得課税方式を採用し，外国からの投資等を受けて，所得の生じた国である源泉地国では，国内源泉所得のみを課税することで，同一所得に対して，居住地国と源泉地国の双方で同一の税目を課すことで国際的二重課税が生じます。したがって，源泉地国において租税条約の規定により条約免税或いは居住地国において国外所得免除方式を採用すれば，国際的二重課税は生じないことになります。

2　国内法における調整

Q 具体的には，日本の税法にはどのような国際税務に係る制度があるのですか。また，移転価格税制等の規定はなぜ租税特別措置法に規定されているのでしょうか。

A 個人居住者と内国法人を日本居住者，個人非居住者と外国法人を日本非居住者と区分しますと，日本居住者に適用となるのは，外国税額控除，外国子会社合算税制（タックスヘイブン対策税制），移転価格税制，過少資本税制，過大支払利子税制があり，移転価格税制等は個人に適用されません。また，日本非居住者に対しては，税法上の非居住者課税といわれる規定が適用になります。平成26年度（2014年）税制改正では，この非居住者課税が改正されて，総合主義から帰属主義へ改正されました。その結果，外国税額控除が非居住者課税に適用されることになりました。この税制改正の適用は平成28年（2016年）からの時間に猶予があることと，外国法人等の税務に関与しない場合は，その影響があまりありません。内国法人で影響があるのは，外国に支店を有する場合です。

　また，後段の質問ですが，移転価格税制等は，租税特別措置法に規定されています。その理由としては，法人税法に本文規定があり，その本文規定の別段の定めが租税特別措置法に規定されたというのが私の理解です。移転価格税制の本文規定は，法人税法第22条第2項と考えています。また，外国子会社合算税制は，法人税法第11条の実質所得者課税の原則が本文規定といえるのではないでしょうか。なお，移転価格税制は，租税条約に「特殊関連企業条項」があり，この租税条約の規定と国内法の関係等について，これまであまり議論されていないのが現状です。租税条約上の「特殊関連企業条項」は，行為計算否認規定と一般に解されていますが，国内法の「移転価格税制」の解釈が同様かどうかという点ではそれほど深い議論がなされているとはいえないように思われます。

3　国際税務の趣旨・背景

Q　各制度の課税趣旨や創設された背景を簡単に教えてください。また，各制度で問題となる点があれば教えてください。

A　以下の税制については，第1章の基礎データにおいて，沿革等をまとめましたので，以下の説明と併せて参考にしてください。

(1) 外国税額控除

外国税額控除は，国際的二重課税を排除するための制度ですが，そもそもは，1860年に英国本国と当時英国の海外領土であったインドの双方で所得税を課したことからこの制度が検討され，実際に二重課税が排除されたのは，1916年の英国財政法以降です。米国でも20世紀に入り，恒久税としての所得税導入後，外国税額控除が導入されたのは1918年所得税法ですが，導入当時は，控除限度額の規定はありませんでした。日本が昭和28年（1953年）に外国税額控除を創設した理由は，本邦商社の海外活動を促進に資するためと説明されています。外国税額控除では，外国で課された税が控除対象外国税額に該当するのかどうかが大きな問題です。日本では，外国税額控除に関連した訴訟等により問題となった事項について，法令の改正等を行って補正が行われています。

(2) 外国子会社配当益金不算入制度

この制度は，平成21年度（2009年）税制改正により，一定要件を満たす外国子会社から内国法人が受ける配当を益金不算入としたものです。この制度の導入の背景には，親会社である内国法人に対して，利益があるにもかかわらず外国子会社による配当が行われず，多額の利益が外国に留保されるという事態になっていました。そのため，親会社である内国法人は配当原資或いは試験研究費等の資金不足が生じました。このような事態を招いたのは，日本の実効税率が高いためで，外国からの資金還流を促すために，外国子会社からの所定の配当を日本で免税にするこの制度が導入されたのです。この制度導入により，外国税額控除の間接税額控除は廃止されました。そしてこの

制度導入後，外国からの資金還流は増加しています。

(3) 外国子会社合算税制

この税制の始まりは，便宜置籍船問題です。日本の船会社がパナマ等にペーパー・カンパニーを設立して，船籍を外国に移して，日本人船員の雇用を義務付けた法律上の制約を逃れるとともに，税負担の軽減を図ったのです。このような事態に対処するために，昭和53年（1978年）の税制改正によりこの税制が導入されました。この税制は，適用除外となる場合を除いて，一定割合を超えて個人居住者又は内国法人が所有する持分割合に応じてタックスヘイブンに所在する特定外国子会社等の留保金額を合算課税するものです。この制度導入当時は，大蔵大臣の告示により軽課税国が指定されていましたが，平成4年度（1992年）税制改正により，合算対象となる特定外国子会社等は外国関係会社のうち，所得に対する税負担が25％以下であるものが該当することに改正されました。そして，平成22年（2010年）の税制改正により，25％であったトリガー税率が20％に引き下げられるとともに，一定の資産性所得が合算対象となりました。さらに，英国における法人税率の引下げ等の影響からか，平成27年度税制改正により，トリガー税率が20％未満に引き下げられ，平成29年度税制改正により，トリガー税率の廃止等の抜本的改正が行われました。

(4) 移転価格税制

この税制は，米国が1921年に制定法とした規定したことから始まり，1954年の改正により内国歳入法典に482条を制定し，1960年代後半に財務省規則を整備して1980年頃から日本の対米進出企業にこの税制を適用して課税攻勢をかけました。日本は当時のこの税制がなかったことから，昭和61年（1986年）にこの税制を導入しました。この導入の背景には，日系企業が外国でこの税制の課税を受けているのと同じ状況を日本に進出した外資系企業に課す狙いがあったものと思われます。この税制は，国外関連者との取引が第三者との取引価格である独立企業間価格により行われることを規定したものです。その趣旨は，国と国との課税所得配分の適正化を図るものです。この税制については，移転価格の算定方法を課税当局と合意する事前確認制度，

対応的調整を協議する相互協議制度，相互協議が不調に終わった場合の仲裁制度等，多くの付随する問題があります。特に，仲裁制度は，日本が新たに締結する租税条約に規定されていますが，不明瞭な点もあり，今後，実務を通じてその全貌が明らかになるものと思われます。なお，平成28年度税制改正により，移転価格税制に係る法整備が行われました。

(5) 源泉徴収制度

源泉徴収制度は，1803年に英国で再導入された所得税法（当時の首相の名前に由来して「アディントンの所得税」といわれています。）が始まりです。また，米国では，1860年代の南北戦争時に創設された所得税において，銀行からの利子所得等にこの制度が使用されています。現在の日本においても，特に非居住者の課税としては源泉徴収により課税を終了する場合が多いといえます。

(6) 過少資本税制

この制度は，平成4年（1992年）の税制改正により導入されたもので，導入当時に切迫した課税問題に直面していたというよりも，国際的租税回避の予防的対抗措置として導入されたものといえます。この制度は，内国法人が国外株主等に負債の利子を支払う場合において，当該事業年度の国外支配株主等に対する負債に係る平均残高が，原則として，その内国法人の純資産に対する持分の額の3倍に相当する金額を超えるときは，その超過分に対応する負債の利子については，当該事業年度の損金に算入されないというものです。

(7) 過大支払利子税制

課税所得を引き下げる手法の1つに，関係会社から資金の借り入れをして利子を支払うことで課税所得の引下げを行うものがあります。一般に，このように，損金となる利子を作り出すことで利益を引き出す方法をアーニング・ストリッピングといいますが，平成24年度（2012年）の税制改正により導入されたこの制度は，日本版アーニング・ストリッピング・ルールといわれています。この制度を利用した租税回避を想定しますと，内国法人が，軽課税国に法人Aを設立します。Aは，日本との間に租税条約があり利子所得

に条約上の課税減免のある国に法人Bを設立します。AはBに貸付を行い，Bは内国法人に貸付を行います。内国法人はBに利子を支払い，Bは内国法人からの受取利子とAへの支払利子を両建てして課税所得を圧縮します。Aは，その所在地が軽課税国ですので，税負担は軽減されます。本税制はこのような租税回避を防止するための措置といえます。なお，この税制はBEPS行動計画4において検討されたもので今後，日本においても改正等を含めた検討が行われる予定です。

4 国際的な枠組みにおける調整

Q 前問までは日本国内法における二重課税等の調整についての質問でしたが，国際的にはどのような調整が図られているのでしょうか。租税条約等の役割を教えてください。

A 現在の日本は，多くの国と源泉地国における課税を減免する所得税租税条約と米国との間に相続・贈与税租税条約，主としてタックスヘイブンとの間に情報交換協定，そして，多国間における税務執行の協力を行うための「税務行政執行共助条約」を締結しています。これらの税に関する国際間の条約ですが，税に関連するその他の条約としては，「外交関係に関するウィーン条約」，「領事条約」により，外交官等の免税等を規定しています。国際運輸業所得については，租税条約，国内法，交換公文等によりこれらの国と相互免税にしています。さらに，「日米安保条約に基づく日米地位協定」により米国軍人，軍属等の免税等を規定しています。

5 国際的租税回避行為とは何ですか

Q 近年，とりわけ国際的な租税回避問題が報道等されていますが，具体的にはどのような事例を国際的な租税回避行為だとしているの

でしょうか。

A 最近の例としては,「ダブルアイリッシュ・ダッチサンドイッチ」というスキームが国際的租税の例として取り上げられています。このスキームは,税率の高い米国で開発した特許を税率の低いアイルランドに移してアイルランドに2つの法人を設立して,そのうちの1つである実体のない法人に所得を集めて,この法人の管理支配をタックスヘイブンであるバミューダで行っているとしてアイルランドの課税も逃れるというものです。この過程でオランダ法人を挟むことでアイルランド国内法に規定する源泉徴収課税も逃れるのです。このような国際的租税回避を防止するために,OECDが中心となって税制の抜け道を利用した租税回避,低税率国等への利益の移転を防ぐために行っている行動である「税源浸食と利益移転(Base Erosion and Profit Shifting)」の英文の頭文字をとってBEPSという略語が現在,国際税務において大きな問題となっています。なお,上記のアイルランドを利用した租税回避のスキームに対して,同国政府は対抗措置を講じました。

6　BEPSと国際的な租税回避対策

Q OECDはBEPS行動計画を策定し,上記の様々な国際的な租税回避行為に対応することを考えているようですが,具体的には,どのようなことを計画しているのですか。

A 2012年頃から国際的租税回避が目立つようになり,2012年6月に開催された第7回G20メキシコ・ロスカボス・サミット首脳宣言において多国籍企業による租税回避を防止する必要性が再確認され,OECD租税委員会はBEPSプロジェクトを開始しました。そして,OECDは,2013年2月に,BEPSに対する現状分析報告書として,「税源浸食と利益移転への対応」(Addressing Base Erosion and Profit Shifting)を公表し,さらに,2013年7月に,「BEPS行動計画」(Action Plan on Base Erosion and Profit Shifting)

を公表して15の行動計画を公表しました。その BEPS 行動計画に関する第一弾報告書7つが2014年9月に公表されました。そして，2015年10月に2015BEPS 最終報告書（FINAL REPORTS）が公表されました。

BEPS 行動計画に示された行動計画は，15ありますが，いずれも，国際税務が直面している問題であります。その15の行動計画とは，①電子商取引への課税，②ハイブリッド事業体の課税，③外国子会社合算税制強化の勧告，④利子等の損金算入による税源浸食の制限，⑤有害な税実務に対する対応，⑥租税条約の濫用防止，⑦恒久的施設（PE）を利用した租税回避の防止，⑧から⑩が移転価格税制関連，⑪ BEPS に係る資料収集と分析に関する方法の確立，⑫タックス・プランニングに関する開示義務に関する勧告，⑬移転価格文書化の再検討，⑭相互協議の効率化としての仲裁等の活用，⑮多国間協定の開発，です。

この OECD による BEPS 行動計画により，日本は，平成27〜29年度税制改正において対応している項目もありますが，今度の動向を注視する必要な事項も多く残されています。

7　BEPS は日本企業に何をもたらすのですか

Q OECD の BEPS 行動計画によって示された課題について，日本企業に新たに義務付けられる実務負担はあるのでしょうか。

A 財務省の資料(注)によれば，日本の対 BEPS 対応は次のとおりです。なお，行動計画3は平成29年度税制改正により抜本的改正が行われました。

行動計画1	平成27年改正で対応（国境を越えた役務の提供に対する消費税の課税の見直し）
行動計画2	平成27年改正で対応（ハイブリッド・ミスマッチ）
行動計画3	（外国子会社合算税制の強化）：今後の法改正の要否を含めて検討

行動計画4	（利子制限控除）：今後の法改正の要否を含めて検討
行動計画5	（有害税制への対応）：既存の枠組みで対応
行動計画6	（条約濫用の防止）：租税条約の拡充の中で統合
行動計画7	（人為的なPE認定回避）：租税条約の拡充の中で統合
行動計画8-10	（移転価格税制と価値創造の一致）：今後の法改正の要否を含めて検討
行動計画11	（BEPS関連のデータ収集）：分析方法の確立
行動計画12	（タックス・プランニングの義務的開示）：今後検討
行動計画13	（多国籍企業情報の報告制度）：移転価格税制に係る文書化（平成28年度税制改正で整備）
行動計画14	（より効率的な紛争解決メカニズムの構築）：対応済み
行動計画15	（多国間協定の開発）：参加予定

（注：財務省「BEPSプロジェクト」の取組と概要，2015年10月8日）

　上記のように，OECDは，国際的コンセンサスの形成には寄与しましたが，その報告に力を与えているのが，G20による支援です。また，日本の場合は，財務大臣が，BEPS行動計画を支持し，報告書に示された内容について適切に対応し，国際的な場における議論を先導していきたい旨を談話として公表しています。日本の場合，BEPS行動計画において示された内容を遵守することになるでしょう。これは義務というものではないでしょうが，ある種の遵守すべき国際公約のようなものでしょう。具体的には，国内法がBEPS行動計画に示された内容に従って順次改正されています。

　また，BEPSと同時並行的に，税務関連情報の国際間における交換，「税務行政執行共助条約」に基づく同時調査，租税条約に基づく徴収共助等の執行が活性化することも予測されます。

　また，この質問の範囲ではありませんが，2014年5月にパリにおいてOECD閣僚理事会が開催され，ここで，租税に係る金融情報の自動交換の宣言が採択されました。米国は，FATCA（外国口座税務コンプライアンス法：Foreign Account Tax Compliance Act）により，外国金融機関に対して米国人口座の情報を米国財務省に報告することを要請しました。2014年7月

1日のFATCA施行段階で，約100か国が協力することになりました。預金者の秘密保護で有名であったスイスが，2013年9月に，FATCAに関する協定を批准したのです。

また，日本とスイスは，平成28年1月29日に金融口座情報の自動交換制度に関する共同声明に署名しました。この制度は，OECDが，平成26年（2014年）2月13日に公表した「共通報告基準（Common Reporting Standard: CRS）」の基づき，両国が国内法を改正したことによるものです。日本は平成27年度の税制改正により，日本の金融機関に対し非居住者の口座情報の報告を求める制度が整備され，平成30年が初回の情報交換初年度となります。なお，平成27年12月に公表されたOECDによる金融口座情報自動交換制度の参加国リストで，97か国がこれに参加を表明しています。国により実施の開始が異なりますが，平成29年或いは平成30年には，海外の金融機関の口座情報が国税庁に届くことになります。

8 税理士業務で注意すべき国際税務の問題点は何ですか

Q BEPSの他に，税理士業務を行う上で注意しなければならない国際税務の問題点はありますか。

A 国内の税務問題を日常業務としている税理士さんにとっては，平成26年度（2014年）改正の帰属主義導入，BEPSの動向もそれほど業務に影響するとは思えません。国際税務に関連してこのような国内業務中心の税理士さんにも影響があると思われる点を3つ挙げたいと思います。

1つは，相続税を中心とした富裕層の税務です。もちろん，「国外財産調書」の問題もこれに含まれます。相続税法に規定する「非居住無制限納税義務者」の適用範囲が平成29年度税制改正により改正され，相続人等又は被相続人等が10年（改正前5年）以内に国内に住所を有する日本人である場合，国内及び国外財産を相続税等の課税対象とする見直しが行われました。それ

は，現行の規定では租税回避が行われ，課税の公平が保てないからです。また，海外に預金を含む資産を保有する個人の税務では，海外における相続課税の問題が生じる可能性があること，税務情報の交換制度により海外の金融機関に預けてある預金等が日本の課税当局に税務情報として伝わること等を事前に顧問先に周知する必要があります。そして，日本を拠点としていた個人が，その住所を国外に移すことで，所得税或いは相続税等の税負担の軽減を図ることは，今後税制上の規制が強化されてますます難しくなるものと思われます。この点にも注意が必要です。

第2の点は，アジア地域を中心として，中小企業の海外進出が増えるとともに，政府も，このような海外進出をする中小企を支援するために，海外に拠点を設けて，現地の法律事務所，会計事務所，コンサルタント会社，民間の各種専門家への取り次ぎを行うようになりました。また，税理士事務所の中には，海外に拠点を設ける動きもあります。例えば，顧問先の企業が海外進出をするというのであれば，税務上では国際税務の領域ということになります。この場合，進出先の国の税務については，ネット情報（例えば，JETROのHPを参照する。）等によりその概要は把握することができます。また，投資先の国と日本との間に租税条約が締結されているかのチェックも必要です。さらに，税以外としては，年金に関する社会保障協定の有無等も出向社員の社会保険料の問題で必要事項になります。

第3の点は，最近増加傾向のある海外ロングステイ等の相談です。ロングステイ先として人気があるのはマレーシアのようですが，普通の年金生活者であれば，税務の問題はそれほど生じる可能性はありませんが，会社の元経営者で株主というような場合は，日本と現地を往復するだけでは，日本非居住者となる可能性は低いことから，この個人の居住形態の判定を慎重に行う必要があります。

(コラム1) タックスヘイブン情報開示の背景

　自己が不利になるにもかかわらずタックスヘイブンが情報開示を受け入れた背景としては次のようなことが考えられます。

① 　OECDは，1996年以降，各国の経済及び税制に悪影響を及ぼすタックスヘイブン，租税優遇措置を有害な税競争を展開してタックスヘイブンに情報提供を呼び掛け，非協力タックスヘイブン及びOECD加盟国の潜在的に有害な租税優遇措置の一覧表を公表して圧力をかけ続けてきました。

② 　米国では，タックスヘイブンの濫用を防止するための法案を2007年に提案したレビン上院議員は，タックスヘイブンの濫用による課税漏れ額が毎年1,000億ドルあると発言しています。そして，2009年3月12日に新濫用防止法案（S.506，H.R.1265）が，上院及び下院に提案されていますが，この法案に公聴会において，タックスヘイブンが協力しない場合には，タックスヘイブンに対する利子に対する源泉徴収免除（米国非居住者に対する利子所得の免税：Form W8 BEN）を否認，タックスヘイブンに対する支払金額の損金不算入，米国金融機関のタックスヘイブンへのサービス提供の規制を行うとしています。

③ 　第2回のG20首脳会議が2009年4月2日にロンドンにおいて開催され，そこで，タックスヘイブンに対する規制強化等の合意がなされました。

④ 　タックスヘイブン等に隠匿されていた資金の移動先と目されていたシンガポール等は，G20とOECDの協調により，金融情報等の開示に合意し，日本は，既存の租税条約における情報交換規定を拡充しました。

第3章

租税回避・BEPS

1 租税回避概念と世界各国における否認の要件

1-1 租税回避の定義：3分説・2分説

Q 租税回避の定義にはどのようなものがありますか。

A 租税回避の定義は多くありますが，最も頻繁に引用されるのは，金子宏名誉教授の『租税法第18版』（121-122頁）に記述されている次の定義規定です。その定義は，「私法上の選択可能性を利用し，私的経済取引プロパーの見地からは合理的理由がないのに，通常用いられない法形式を選択することによって，結果的には意図した経済的目的ないし経済的成果を実現しながら，通常用いられる法形式に対応する課税要件の充足を免れ，もって税負担を減少させあるいは排除すること」です。一般に，租税回避は，脱税，節税，租税回避という3分説が説明されています。

Q 租税回避について3分説以外の概念がありますか。

A 英国の場合は，脱税と租税回避の2分説です。ここにおける脱税は，違法な行為であり，偽りその他不正な行為により納税を免れる行為をいいますが，租税回避は，英国では合法的な tax planning を意味します。

Q 英国の2分説の背景にはどのようなものがあるのですか。

A 英国において税法の文理解釈を支持したウエストミンスター事案貴族院判決（1935年5月7日判決）において，その判決を書いたトムリン卿は，「法的立場を無視して実質といわれるものを考慮することは，事実の判断解釈を不確実な裁量に委ねることになり望ましくない。誰でも可能であるならば法律の下で課せられる租税を，そうでない場合よりも軽減するた

めに取引に手を加える権利を有している」と判示しています。このような思考は，英国司法界独自のものではなく，米国においてウエストミンスター事案と同時代の判決であるグレゴリー事案の高裁判決（第2巡回裁判所：1934年3月19日判決）においてラーネッド・ハンド判事（Learned Hand）の判決文にも同様の記述があります。

Q 英国の2分説の内容はどのようなものですか。

A

日本では，節税は法の予定している税の軽減と説明され，租税回避は，通常用いられない法形式を選択する等の操作を行うことで税の軽減を図ることと理解されています。この定義によると，日本における租税回避は，課税当局により否認される可能性があることになります。これに対して，英国の場合，租税回避自体は納税義務者による合理的な活動であり，課税当局から否認されることはありません。

現在の英国における租税回避に関する研究としては，Rebecca Murray 氏の著書がありますが，この Murray 氏によると否認対象となる租税回避の要件として，次のものが掲げられています[注]。

① 納税義務者が，立法趣旨に反して租税上の便益を得ることを探求している場合
② 納税義務者が立法上の抜け道を探すことにより租税上の便益を得る場合
③ 納税義務者が人為的な取引により租税上の便益を得る場合

上記の3つの場合の②について，同氏は，法律上にある抜け道を立法の意図しない欠陥であるとしてこれを否認対象となる租税回避としています。税法に立法技術的な点で問題があり，それを利用して納税義務者が税負担の軽減を図ることは，その規定の立法趣旨の点から許容できないという考えです。

（注） Murray, Rebecca, Tax Avoidance 2nd edition, Sweet & Maxwell, 2013. p. 1.

1-2 英国の租税回避対策

Q 英国において課税当局から否認される可能性のある租税回避というものはあるのですか。

A 英国では，2013年7月13日から施行された一般否認規定（General Anti-Abuse Rule）は，租税回避を意味するavoidanceを使用せず，濫用を意味するabuseを使用しています。繰り返しになりますが，英国では，租税回避自体は課税当局による否認の対象になりませんが，濫用の場合は，否認されることになります。では，濫用になる場合とは何かということになります。濫用に該当するのは，納税義務者による活動の過程が，立法府において問題となる税法の規定導入時に予測できなかった税務上の便益を得ることを目的とするもので，異常な取引を含み，法令上の欠陥を穿り出すことを意図したものに該当する場合です。結果的に，租税回避を意味するavoidanceは，日本も英国も同じで，日本は最初から3分類していますが，英国は2分類の後にさらに細分化しているのではないかという疑問が生じるでしょうが，租税回避自体が否認対象となる日本と，そうはならない英国では最初から概念の性格が異なるのです。したがって，両者は，似ているようですが，明確に異なるものといえます。

1-3 米国の租税回避対策

Q 米国における租税回避対策の特徴はどのようなものですか。

A 米国における租税回避事案に係る判例では，1935年の最高裁判決であるグレゴリー事案が事業目的を否認要件としたことで有名ですが，その後，多くの判例が出されましたが，司法上の租税回避の法理（ドクトリン）が裁判ごとに異なることから法定化されることになりました。最初の法案は，2001年に提案された法案（Abusive Tax Shelter Shutdown Act of

2001.)の第101条です。この制定法にESD（Economic Substance Doctrine）の条文が現れ、その後制定法化の動きが何度か見られましたが、いずれも法律として成立することなく経過し、2010年3月10日に成立したHealth Care and Education Reconciliation Act of 2010（H. R. 4872）第1409条（Codification of economic substance doctrine and penalties）によりESDが制定法化され、内国歳入法典第7701条(o)にその規定が置かれました。

制定法化された内国歳入法典第7701条(o)(1)におけるESDの2要件は、以下のとおりです。

① 当該取引が節税目的以外に利益が見込めるものであること（客観的要件）、かつ、
② 納税義務者が税の軽減以外に事業目的を有していること（主観点要件）

また、内国歳入法典第7701条(o)(5)(A)に規定するESDの定義は、当該取引が経済的実質或いは事業目的を欠く場合に、取引に関して所得税における税の特典が認められないというコモンローにおける原則です。

1-4　EUの否認規定

Q EUにおける否認規定の動向

A EUの欧州委員会（European Commission）は、2012年12月6日に脱税及び租税回避に関する行動計画を発表（IP/12/1325）していますが、その第2の勧告が「行き過ぎた租税計画（aggressive tax planning）」です。この「行き過ぎた租税計画」とは、租税システムのループホール或いは租税債務を減少させる目的で2以上の租税システム間の二重不課税等のもたらす便益を得ることを内容としている、と定義されています（European Commission, "Commission Recommendation of 6.12.2012 on aggressive tax planning"）。

租税法上、否認される取引とは、租税回避を目的として、税務上の便益

(tax benefit）を得るための人為的な仕組み取引（an artificial arrangement）或いは一連の人為的な仕組み取引（an artificial series of arrangements）であり，これらは税務上否認されることになります。税務上否認される取引の要件は，人為的（artificial）です。

欧州委員会は，行き過ぎた租税計画に関して「人為的なこと（artificiality）」を否認基準としていますが，2013年改正案第1条第2項2において，仕組み取引（arrangement）が人為的な否かの判断基準として，(a)から(e)までに規定があり，これらの5つの規定のいずれかが該当する場合，人為的と判断されることになります。(a)から(e)までに規定は次のとおりです。

(a) 仕組み取引を構成している個々の段階における法的な特徴が，全体として仕組み取引の法的実質と不一致の場合
(b) 仕組み取引が合理的な事業行為において通常使用されない方法により行われている場合
(c) 仕組み取引が相殺，無効の効果を持つ要素を含んでいる場合
(d) 締結された取引が循環型である場合
(e) 仕組み取引が大きな租税上の便益を成果とし，その租税上の便益が納税義務者或いは現金の流れに支障をきたすものではない場合

EUは，域内に適用となる一般否認規定（General Anti-Abuse Rule）導入を目論んでいますが，いまだにEU全体でコンセンサスが得られる状況ではありません。

1-5 アイルランドの否認規定

Q 租税回避によく利用されるアイルランドにおける否認規定はどのようなものですか。

A アイルランドの一般否認規定を規定している租税統合法（Taxes Consolidation Act, 1997）第811条第2項には，租税回避取引（tax avoidance transaction）に関する規定があります。

租税回避取引と判断される要素は次のとおりです。

① 取引に成果（the results of the transaction）があること。
② その取引がこれらの成果をもたらすための手段として使用されたこと。
③ 歳入庁担当者（Revenue Commissioners）が取引により租税上の便益（tax benefit）が生じたか生じる可能性があるか，かつ，当該取引が租税上の便益以外を主目的として行われたかどうかについて，見解（opinion）を表明する場合があります。

この第811条の否認対象となるものは次のとおりです。
① 商業的な実体がなく（no commercial reality）税負担を回避又は減少させるもの
② 人為的に控除又は税額控除の創出を主として意図された取引

1-6 英国の否認規定

Q 英国において否認される租税回避の内容はどのようなものですか。

A 英国では，2013年財政法第5款（第206条から第215条）及びシェジュール43に一般否認規定が創設されて2013年7月17日より適用されました。

2013年財政法第207条には，「仕組み取引（tax arrangements）」と「濫用（abusive）」の意義が規定されています。arrangements と tax arrangements は，arrangements の主たる目的が租税上の便益を得ることであるといえるのであれば同義です。仕組み取引（tax arrangements）が濫用（abusive）か否かの判断は，関連する税法の規定と仕組み取引が合理的な一連の活動とみなされることのない場合です。そして濫用とされる判断基準は，次のとおりです。

① 仕組み取引の実質的な成果が税法規定の立法趣旨にある原則と合致しているか否か。
② その成果を生み出す過程が目論まれ或いは異常な手段を含むのか。
③ 仕組み取引が税法規定の欠陥を探し出すことを意図したものか否か。

そして，一般否認規定が適用となる順序を示すと次のようになります（HMRC, "HMRC'S GAAR GUIDANCE-CONSULTATION DRAFT" 11 December 2012 p. 10.）。
① 税務上の便益（tax advantages）があること。
② 2013年法に規定する所定の税目に関連する便益であること。
③ その便益は仕組み取引（tax arrangements）から生じたものであること。
④ 仕組み取引が濫用型（abusive）であること。

英国歳入関税庁の一般否認規定のガイダンスによると，arrangementsという用語は，合意（agreement），黙約（undertaking），計画（scheme），活動（action），取引（transaction）又は一連の取引（a series of transactions）を含むもので，租税回避対抗立法において通常使用される定義を基礎としている，としています。

1-7　インドの否認規定

Q インドにおける租税回避の否認規定はどのような内容ですか。

A 2012年財政法（Finance Act, 2012: Act No. 23 of 2012）96（認められない租税回避の一連の仕組み取引）に規定された「認められない租税回避の一連の仕組み取引（impermissible avoidance arrangement）」は，仕組み取引ですが，それは，租税上の便益を得ることが主たる目的とする仕組み取引のことで，その要件は次のとおりです。
① 一連の取引が第三者間では通常生じない権利及び義務を作り出すこと。
② 税法の規定の誤った使用或いは濫用から直接間接に生み出されたものであること。
③ 事業上の目的（commercial substance）を欠くか又は欠いているとみなされる場合。

1-8 オーストラリアの否認規定

Q オーストラリアは，英連邦の国ですが，租税回避の否認は，英国と同様ですか。

A 英国は，租税可否の否認を濫用という基準で判断していますが，オーストラリアでは，課税所得の減少，控除関連項目の金額の増加をいう課税上の便益を得ることを目的とする合意，契約等のスキームが，原則として否認されることになります。否認される状況は次の順序となります。
① 第177A条に規定するスキームが存在すること。
② 適用除外となる場合を除いて，納税義務者が租税上の便益を得ていること。
③ スキームに関与した者の目的が租税上の便益を得ることであること。

なお，上記にいうスキームとは，明示されたものか或いは暗示されたものか，法的手続により執行可能か或いは施行可能であることを意図したか否かにかかわらず，合意（agreement），仕組み取引（arrangement），黙約（understanding），約束（promise），或いは事業（undertaking）を意味します。

1-9 カナダの一般否認規定の適用基準

Q カナダは一般否認規定（GAAR）を導入していますが，その適用基準はどのようなものですか。

A 2005年最高裁判例（Canada Trustco Mortgage Co. v. Canada, 2005 SCC 54）では，GAARの適用を判定する基準として次の3つが示されています。
① 租税上の便益存在の有無
② 取引が租税回避取引に該当し，租税上の便益を生み出しているか。
③ 租税上の便益を生む租税回避取引が法の濫用か。

41

1-10　ニュージーランドの否認規定

Q　ニュージーランドは，一番古く一般否認規定を導入した国ですが，租税回避の否認要件はどのような内容ですか。

A　ニュージーランドの1994年所得税法の BG1の規定によれば，租税回避の仕組み取引（tax avoidance arrangement）は，所得税の適用上，歳入庁長官の意向に反したものとして無効となります。また，Part G（租税回避及び市場外取引）の規定では，歳入庁長官の一般的権限として，歳入庁長官は，仕組み取引により得た租税上の便益に対応するために歳入庁長官が適切と考える方法によって仕組み取引により影響を受けた者の課税所得を修正できる，としています。

1-11　南アフリカの否認規定

Q　南アフリカはオーストラリアの一般否認規定の影響を受けたといわれていますが，その内容と租税回避の否認の関係はどのようなものですか。

A　否認の対象となるのは，2006年改正の所得税法第80A条に，「認められない租税回避の仕組み取引（impermissible tax avoidance arrangements）」が規定されています。この規定は，改正前の1996年法に第103条第1項に規定されていたもので，これに規定されていた「認められない租税回避の仕組み取引」の概念が拡張されて現在に至っています。この規定では，課税当局が一般否認規定を適用して否認する条件が示されています。その条件は，税務上の便益を得ることが唯一或いは主たる目的であるときは，「認められない租税回避の仕組み取引」と認定されることになります。この場合，次の要件が満たされる必要があります。

① 真正な事業上の目的では採用されることのない手段或いは方法により租税回避の仕組みが行われたこと（旧法の第103条では，異常性

（abnormality）という用語が使用されています。）。
② 租税回避の仕組みが商業上の実体を欠いている場合です。

2 BEPS 関連の事項

2-1 BEPS 対策理解の前提

Q BEPS とは何ですか。これを理解するための基本的な事項にはどのようなものがありますか。

A BEPS（税源浸食と利益移転：Base Erosion and Profit Shifting）は，多国籍企業等が行っている租税回避のことです。OECD（経済協力開発機構：Organisation for Economic Co-operation and Development）は，BEPS 行動計画を15項目策定して報告書等を公表しています。このような動きに対して，日本は，国内法の整備等により対応しています。なお，BEPS の動向については，本書第１章５を参照してください。また，日本の15項目に対する対応は，34-35頁の表を参照してください。

2-2 OECD の BEPS までの沿革

Q BEPS 対策が OECD の活動になる以前はどのような状態だったのでしょうか。

A BEPS 対策が本格化する以前の動向は次のとおりです。

(1) BEPS 以前の第１段階

BEPS 以前の第１段階として，各国が独自に多国籍企業等の租税回避防止の立法及び税務執行を行っていました。例えば，日本は，タックスヘイブン対策税制（1978年導入），移転価格税制（1986年導入），過少資本税制（1992年導入），過大支払利子税制（2012年導入）等の立法をしています。また，租

税条約においても，2003年に改正署名した第3次日米租税条約以降，租税条約の濫用防止のための特典制限条項等が租税条約に盛り込まれています。

(2) 第2段階

第2段階として，OECD等の活動（有害な税競争等）により，タックスヘイブン等が先進諸国と情報交換ネットワークを構築するようになりました。OECDは，1996年以降，各国の経済及び税制に悪影響を及ぼすタックスヘイブン，租税優遇措置を有害な税競争として，この有害性を除去する活動を開始しています。

国際税務が複雑な要因の一つは，課税管轄権を有する国又は地方政府等がその主権に基づいて独自の税制を定めることです。国際的に活動する資本は，税をコストと考えて，税負担の少ない国等に移転します。例えば，隣接する国の一方が他方の国よりも税負担を軽くしても，これは国家主権の発動の結果であり，他方の国から一方の国に納税者が移転したとしても，他方の国から非難されるものではありません。

OECDが問題としているのは，各国がその税率を引き下げるような動きではなく，税のない又は税率が著しく低い国又は地域であるタックスヘイブンと，通常の税率は高率ですが，特定の事業等に租税優遇措置を講じて税負担を軽くしている国等の存在です。このような税制の存在が，各国の税制に歪みをもたらしているというのがOECDの主張です。

OECDの有害な税競争を検討するが，その主たる事項は時系列に並べると次のとおりです。

① 1996年5月（OECD）　有害な税競争への対策についての閣僚会議からの指示。
② 1997年12月（EU理事会）　有害な税競争への対抗策（パッケージ）の策定に同意。
③ 1998年4月（OECD）　理事会が報告書（Harmful Tax Competition: An Emerging global Issues）を採択。
④ 2000年5月（OECD）　第2次報告書（Toward Global Tax Co-operation: Progress in Identifying and Eliminating Harmful Tax

Practices）公表。

⑤ 2001年11月14日（OECD） 第3次報告書（The OECD's Project on Harmful Tax Practices: The 2001 Progress Report）を公表。

有害な税競争後の動向として，OECDは，透明性及び情報交換の基準を制定し，加盟国及び非加盟国にこの受け入れを要請したのです。この基準は，2004年ベルリンで開催された「G20財務大臣会議」，2008年10月開催の「租税に関する国際協力に関する国連専門家委員会」（国連の経済社会理事会に属する小委員会）において支持されました。

OECDは，2010年2月10日に「税務目的のための透明性と情報交換の促進（PROMOTING TRANSPARENCY AND EXCHANGE OF INFORMAYION FOR TAX PURPOSES）」という報告書を公表しましたが，その巻末にある2000年以降の情報交換協定の署名件数の状況一覧表によれば，2000年から2006年まで1桁であった締結件数が，2007年12件，2008年23件，2009年は199件と急増しています。

その後，2009年4月にロンドンで開催された第2回のG20首脳会議において，タックスヘイブンに対する規制強化等の合意がなされたのです。

(3) 第3段階

第3段階として，税務執行共助条約（正式名称：「租税に関する相互行政支援に関する条約（the Convention on Mutual Administrative Assistance in Tax Matters）」）への各国の参加，タックスシェルター対策としての各国が情報等を共有するための国際共同タックスシェルター情報センター（Joint International Tax Shelter Information Centre：略称「JITSIC」）の設立による税務執行の協同化等があります。

(4) 第4段階

第4段階として，多国籍企業に対する課税における各国税法等にあるループホールと，税務執行の協同化が未完成であることを踏まえて，BEPSの活動計画が設定されました。

したがって，上記の第1段階から第3段階までは，BEPS以前と区分し，第4段階がBEPSであり，BEPSの成果物が揃う2015年以降がBEPS以後と

第3章 租税回避・BEPS

区分して考えるべきというのが筆者の意見です。

　以上のうち，BEPSは，多国籍企業による国際的租税回避対策のための活動であることから，2012年後半に報道された多国籍企業の租税回避を直接的な基因として始まったというむきもありますが，多国籍企業の租税回避に対する法整備と税務執行の協同化という視点から見れば，上記第1段階から第3段階までの期間もBEPS以前として一連の継続的な事象であり，BEPSの基盤となる情勢に大きな変化はないことを考慮しないとBEPSの意義を見失う恐れがあります。これは言い換えれば，先進諸国の慢性的な税収不足と優遇措置等による税収の確保があり，これらを利用して所得源泉地国で納税を回避する多国籍企業の存在という状況は，BEPSの前と後でも同じといえます。

Q BEPS行動計画は，2013年7月の計画策定から2015年10月の最終報告書まで2年間という短期間の作業という印象がありますが，その背景には何かあるのですか。

A このOECDの活動には，OECD加盟国（34か国）とG20メンバー8か国が意思決定に参加する枠組みとなっています。この8か国は，アルゼンチン，インド，インドネシア，サウジアラビア，中国，ブラジル，南アフリカ，ロシアです。BEPSは，OECDによる活動の経過報告等が，G20にその都度報告されその支持を受けています。2015年10月に最終報告が急がれた理由は，2015年10月のG20財務大臣会合（ペルーのリマで開催），2015年11月のG20サミット（トルコのアンタルヤで開催）で支持を受けるためです。このようなプロセスを経ている理由は，OECDによる報告書にG20の裏書を付けることで，間接的に，世界各国にこの報告書の内容を遵守することを促しているのです。もう1点は，多国籍企業の租税回避について，例えば，EUでは，これらの租税回避による税収減が1兆ユーロと見積もっていることから，その対策が喫緊であるという認識が世界的に共有されたこともあるでしょう。

46

2-3 BEPSが効果を及ぼす力の源泉

Q OECDという国際機関により公表されたBEPS対策が効果を及ぼす背景には何があるのですか。

A OECDは先進諸国が加盟している国際機関ですが、ここで出された報告等を強制的に執行する権限がありません。13頁の表は、OECDによる報告書等が、G20等により支持されるという経過をたどっています。このことは、BEPS関連で集約された見解等が、国際的なコンセンサスとして、各国の締結している租税条約或いは国内法に組み入れられるということになっています。そして、租税条約或いは国内法に条文化されて初めてBEPSの具体的な効果が出ることになります。

BEPS行動計画を再掲すると次のとおりです。

上記2013年7月に公表された「BEPS行動計画」の15項目は次のとおりです。

	行動計画
1	電子商取引への課税上の対処
2	ハイブリッド事業体の課税（ハイブリッド・ミスマッチの効果の無効化）
3	タックスヘイブン対策税制強化
4	利子等の損金算入による税源浸食の制限
5	有害な税実務に対する対応
6	租税条約の濫用防止
7	PE認定の人為的回避の防止
8	移転価格税制（無形資産の関連者間移転に関する整備）
9	移転価格税制（リスクの移転あるいは過度の資本の配分によるBEPS防止）
10	移転価格税制（第三者との間ではほとんど生じない取引等に係るルールの進展）
11	BEPSに係る資料収集と分析に関する方法の確立
12	義務的開示制度に関する勧告
13	移転価格文書化の再検討
14	相互協議の効率化としての仲裁等の活用
15	多国間協定の開発

2-4 第一弾報告書の内容

Q BEPS 行動計画に対する第一弾報告書（2014年9月公表：以下「2014年報告書」とします。）の内容はどのようなものですか。

A BEPS 行動計画に対する第一弾としての2014年報告書が公表され、他は、2015年10月公表の2015BEPS 最終報告書となっています。2014年報告書として公表されたものは、次のとおりです。

2014年報告書：最終報告書	（活動計画1）電子商取引への課税 （活動計画15）多国間協定（2014年9月分） （活動計画5）有害な税実務に対する対応(中間報告)
2014年報告書：ルール案	（活動計画2）ハイブリッド事業体の課税 （活動計画6）租税条約の濫用防止 （活動計画8）移転価格税制（無形資産） （活動計画13）移転価格文書化の再検討

(1) ハイブリッド事業体の課税（行動計画2）

ア　ハイブリッド事業体の課税(ハイブリッド・ミスマッチの効果の無効化)

課題2については、2014年3月に「ハイブリッド・ミスマッチの効果の無効化」について、国内法への勧告と条約上の論点という2つの検討試案が公開され、同年5月2日を期限としてパブリック・コメントが募集されました。そして、2014年報告書において、ルール案が示されたのです。

イ　ハイブリッド・ミスマッチとは何ですか

ハイブリッド・ミスマッチとは、ハイブリッド事業体を利用したクロスボーダー取引において、その取扱いが源泉地国と居住地国において異なる場合（双方の国の税法がミスマッチを起こした結果）、双方の国において課税がない状態等をいいます。このような「二重非課税」が生じる可能性があります。

例えば、LLC というハイブリッド事業体（米国ではパススルー事業体、カナダでは法人）を利用したことで、米国子法人からの利子を法人とされる米国 LLC を通過させることで配当に変換し、かつ、支払利子が LLC を通過することで、米国子法人からカナダ親法人への支払利子として米国において米

加租税条約の限度税率の適用も受けることが可能になったのです。2014年報告書は，このような事態に対処するために，モデル租税条約の進展或いは国内法改正を勧告することにより，ハイブリッド事業体を利用した二重損金或いは損金算入・益金不算入等を防止することです。

　ハイブリッド・ミスマッチに係る2014年報告書では，国内法とモデル租税条約への提言を行っています。

　　ウ　国内法改正への勧告

　同勧告は，ハイブリッド・ミスマッチを3つの形態，すなわち，第1は損金算入と益金不算入，第2は二重損金算入，第3は第1の形態が間接的に生じる場合（親会社が子会社を経由して孫会社に融資をした場合，孫会社からの支払が，親会社・益金不算入，孫会社・損金算入となる場合）に分類しています。国内法の勧告は，このような事態を回避する規定の整備ということです。

　国内法としては，一国適用型（self-executing）と他国との協調型が勧告されています。そして，複数の国の国内法が競合しないように，適用順序に係るルール（ordering rule）が規定されています。結果として，ハイブリッド事業体が関与する支払或いは受取の双方に係る規定（支払額の否認或いは受取額の益金加算）を国内法として規定してあれば，取引の相手国の国内法に左右されることはなくなることになります。

　また，適用となる関連者，取引構成（structure arrangements）等の定義が定められています（課題2・勧告11）。勧告11によると，課題2の勧告におけるハイブリッド事業体の直接使用となる場合の関連者の要件は投資の25％であり，ハイブリッド事業体の間接使用等の場合における被支配グループの要件は，50％以上の出資或いは実効支配（practical control）です。

　　エ　OECDモデル租税条約改正

　租税条約に関する勧告は，ハイブリッド事業体を課税上の便益を得るために不当に利用しないようにOECDモデル租税条約の改正に関するものです。ここに掲げられている事項は，第1が個人以外の事業体が双方居住者となる場合，第2がパススルー事業体（transparent entities）に関するものです。

それ以外に，国内法と租税条約の関連について検討が行われています。

第1の点は，現行のOECDモデル租税条約第4条第3項が，個人以外の事業体に関する双方居住者の振分け規定であり，管理支配地により判定することが規定されています。今回の勧告では，第4条第3項を改正して，管理支配地或いは設立準拠地等を勘案して，双方の権限ある当局が相互協議により決定することに努力するという規定になっています。ただし，この改正がすべての場合に十分でないことという認識も示されています。

第2の点は，OECDモデル租税条約第1条の「人的範囲」に，新たに第2項を加えるとともに，第2項に係るコメンタリーの新設が提言されています。OECDは，1999年に「パートナーシップに対するOECDモデル租税条約の適用」というモノグラフを作成していることから，当該モノグラフが今回の改正の先例としていますが，同モノグラフの適用がパートナーシップに限定されていることから，これを補充するとしています。新設予定の第1条第2項は，日米租税条約第4条第6項(a)の規定と同様の機能であり，一方の国が法人として団体課税，他方の国がパススルー事業体として構成員課税の場合，一方の国を源泉地国とする所得については，他方の国において居住者となる構成員の所得に対してのみ租税条約の適用があるとしています。

(2) 租税条約の濫用防止（行動計画6）

ア　行動計画6のポイント

この行動計画6は，租税条約の濫用であるtreaty-shoppingを防止することが目的です。これに関して，日本が締結している現行日英租税条約を例とすると，次のような租税回避規定が同租税条約に規定されています。第1は，投資所得（配当，利子，使用料所得）には，租税条約の不正利用を防止するための受益者概念の規定があります。第2は，同租税条約第22条にある特典制限条項（Limitation on benefits rule：以下「LOBルール」とします。）です。第3は，日米租税条約にない規定で，一例として同租税条約第10条（配当所得）第9項には，「配当の支払の基因となる株式その他の権利の設定又は移転に関与した者が，この条の特典を受けることを当該権利の設定又は移転の主たる目的の全部又は一部とする場合には，当該配当に対しては，この

条に定める租税の軽減又は免除は与えられない。」という規定（principal purposes test：以下「PPT」とします。）があります。

　日本の租税条約例を見ても，最近改正或いは新規の租税条約の場合，LOBルール等が整備されている例が多いのですが，古い形態の租税条約にはこのような規定はありません。OECDは，各国が締結する租税条約或いは既存の租税条約に，租税条約濫用防止規定を設けることを勧告しているのです。

　イ　租税条約の濫用と米国におけるLOBルールの進展（米国型）

　租税条約濫用の背景としては，タックスヘイブンの存在（タックスヘイブン法人等の成りすまし），特殊な国内法の存在（オランダ：利子・使用料の源泉徴収なし，金融子会社等），多数の租税条約の存在と租税条約の未整備の国の混在等を挙げることができますが，この問題に最も敏感に反応してきたのが米国です。OECDは，1977年OECDモデル租税条約改訂版において，受益者概念を導入して投資所得に係る租税条約の濫用防止を図ったのです。同年，米国は，最初のモデル租税条約第16条に「投資又は持株会社条項」という租税条約濫用防止規定を創設しました。その後，1977年米国モデル租税条約が対アンチル租税条約における租税条約の濫用防止を目的とするものであったのに対して，1981年米国モデル租税条約は，現在のLOBルールにつながる規定を設けたのです。そして，1989年署名の第2次米独租税条約は，1981年米国モデル租税条約の影響を受けつつ，その内容を発展させてその後の1996年米国モデル租税条約の原型になり，これが，現行日米租税条約第22条へとつながっているのです。

　この米国型LOBルールの特徴は，客観性の維持であり，1977年，1981年米国モデル租税条約及びその試案第16条では，法人設立の動機が条約上の特典を受けることである場合として，主観的要因を規定していましたが，この規定は後になくなっています。

　ウ　PPT（欧州型）

　日英租税条約には日米租税条約にはない規定として，本条約の特典を受けることを主たる目的として操作をした者に対して特典を受けることができない旨を規定していることはすでに述べたとおりです。税法には否認規定とし

て個別否認規定と一般否認規定がありますが，日英租税条約が重層的な規定を置いていることから推測して，PPTは一般否認規定として最後の受け皿的性格（last resort）を持つものといえます。

(3) 課題2の勧告におけるLOBルールとPPTの関連

OECDの見解では，LOBルールが多くの場合適用となりますが，パススルー事業体のような場合，LOBルールでは防止することができない事態もあることから，より一般的な濫用防止規定としてPPTを設けるとしています。

BEPS行動計画7（PE認定の人為的回避の防止）の報告書の概要はどのような内容ですか。

(1) BEPS行動計画7に関連する事項の沿革

以下は，BEPS行動計画7に関連する事項の沿革です。

2011年10月	OECD, Interpretation and application of article 5 (Permanent Establishment) of the OECD Model Convention
2012年10月	OECD, OECD Model Tax Convention: Revised proposals concerning the interpretation and application of article 5 (Permanent Establishment)
2013年7月	「BEPS行動計画」を公表
2014年9月	「BEPS行動計画」に関する第一弾報告書の公表
2014年10月	公開草案公表
2015年1月	公開草案に対する各界からの意見を集めた後に公開討論会開催
2015年5月	改訂草案公表
2015年6月	第1作業部会が6月22〜26日に検討して，OECDモデル租税条約改正の最終案を作成しました。
未定	OECDモデル租税条約の改正（準備的補助的活動，代理人PE等），OECD加盟国及び非加盟国への租税条約及び国内法改正の勧告

本来のタイム・スケジュールでは，活動計画7の「PE認定の人為的回避の防止」はモデル租税条約の改訂として，その期限は2015年9月となっていました。2014年10月に公開草案が公表され，各国の各団体がこれに対して，意見或いはコメントを寄せています。例えば，日本では，経団連が2015年1

月6日付で，日本貿易会が2015年1月9日付で意見をOECDに提出しました。これらの意見等を集約して，2015年5月15日に改訂草案が公表されました。

この公表を受けて，報道機関は，進出国に物流拠点として巨大倉庫を抱えるネット通販企業の課税強化が行われことになり，実際の課税では各国の租税条約改正が必要になることから，日本も2016年以降に対応すると報じました（例えば，2015年5月23日付共同通信ニュース等）。

(2) 5つの検討課題

公開草案及び改訂草案の双方において，検討課題とされたのは，次の5つの項目です。

1	コミッショネア契約及び類似する方法を通じてのPE認定の人為的回避（従属代理人の範囲の拡大）
2	準備的補助的活動に係る規定を通じてのPE認定の人為的回避
3	建設PEの課税における契約細分化への対策
4	保険業に係る保険代理人
5	移転価格課税との観点からのPE帰属利得

BEPSにおけるPE関連の問題の焦点は，上記の5つの項目ですが，これらの項目に関するOECDモデル租税条約が改訂された場合，各国が締結している二国間租税条約及び国内法における規定をどのように改訂するのかという問題が生じます。さらに，より根源的な問題として，国際的二重課税を排除することを目的として源泉地国における課税を制限する目的のために採用されたPE概念が，拡大の方向で検討されていることを問題視すべきですが，これに関する検討はなく，焦点は，租税回避に対する対応策に集中している感があります。特に，改訂草案にある1と2が焦点になっているものと思われることから，以下では，この2つの項目について検討します。

ア 代理人PEの概要

代理人PEのOECDモデル租税条約と国内法の規定の概要は次のとおりです。

第3章　租税回避・BEPS

現行 OECD モデル租税条約	従属代理人（PE）　①条約相手国企業の名において契約を締結する権限，②その権限の反復行使
	独立代理人（PE にはなりません。）
国内法	常習代理人（PE）　①契約締結権限，②常習的行使
	在庫保有代理人（PE）
	注文取得代理人（PE） 独立代理人（PE にはなりません。）

　上記に該当する代理人 PE を有する外国企業は国内源泉所得について日本において納税義務を負うことになります。具体例としては，例えば，日本において条約相手国企業の製品を販売している者がいますが，日本にいる者が，条約相手国企業の名において契約を締結する権限とその権限の反復行使がなければ，当該条約相手国企業は日本に PE を有していないことになります。要するに，この租税条約等に規定する従属代理人 PE の規定を利用して，契約締結権限を国外の者が行うことで，日本で多額の国内源泉所得が生じた場合でも課税関係が生じないとされていたのです。この問題は古くから議論されていた事項であり，特に，2002年のイタリア最高裁におけるフィリップモリス事案判決による代理人 PE の概念拡大等がこれまで議論され，OECD モデル租税条約第5条第5項のコメンタリーが改正される等の動きは過去にありましたが，今回の改正は，条文とコメンタリー双方の改正ということで，その影響は過去にないものです。

　イ　公開草案における検討

　コミッショネアを利用した取引（以下「C取引」とします。）は，「ある者が製品の所有者である外国企業に代わって自己の名において特定の国で製品を販売する契約による取引」と定義されています（公開草案・パラ6）。このC取引が源泉地国における課税ベースを浸食することを目的としており，仲介者（intermediary）によるその国で行う活動が外国企業による通常の契約と同様の結果となることを意図したものである場合，当該企業はその国に十分な課税上の連結環（taxable nexus）を有しているものとみなされます。なお，仲介者がこれらの活動を独立事業の過程として行う場合を除きます

(公開草案・パラ10)。

具体例として，コミッショネア契約或いはC取引を想定すると次のようになります。

① ある企業グループが，X国にA社，Y国にB社を置いて，それぞれの国で販売活動を行っていたとします。

② このグループは，税負担の軽いZ国に統括会社を設立して，A社及びB社の機能（在庫，信用，為替リスク等）の一部を統括会社に移し，A社とB社の果たす機能は従前より低下させてコミッショネアとして活動することで，両社の利益も減少して，グループ全体の税負担は減少することになります。

上記の結果，A社とB社の所得には，移転価格税制の適用問題が生じ，これについては，2010年7月22日にOECD理事会で採択された「事業再編問題に係る移転価格課税：Transfer Pricing Aspects of Business Restructuring」が「移転価格ガイドライン第9章」に追加されています。上記の例でいえば，①のA社とB社は，すべてのリスクを負うディストリビューターですが，②ではリスクが統括会社に移転して限定したリスクのみを負うコミッショネアに変わっているということに関する移転価格課税の問題です。

　ウ　改訂草案における検討

改正草案におけるポイントは，OECDモデル租税条約第5条第5項（従属代理人），第6項（独立代理人）について，前者の課税要件を緩和し，後者の適用要件を厳格化するというものです。公開草案ではA，B，C，Dと4つのオプションを公表して各界から寄せられたコメントを検討して，改訂に反映させたのです。

そして，公開草案において示された4つのオプションのうち最も支持が集まったBをベースに，第5条第5項及び第6項の本文及びコメンタリー案が示されています。

ポイントは，従属代理人の規定（第5条第5項）改正案が示されたことです。従前の契約締結権限を反復して行使という要件に代わり，契約締結権限と契約の重要な要素について協議することが要件となりました。なお，契約

の内容として，所有権の移転，使用権の許諾，役務提供になっています。また，第6項の独立代理人は，関連企業（第6項bに規定新設）のために専ら活動を行う者は独立代理人とみなされないことが明記されました。

この問題について，上述した「移転価格ガイドライン」においてコミッショネアの問題が取り上げられたことから，今回のBEPS行動計画7における検討は，屋上屋を重ねるものというむきもあるかとは思いますが，移転価格の問題は，ある意味で，所得の配分という金額の問題であり，PEの問題は，非居住者を源泉地国において課税するか否かを判定することです。したがって，最初に源泉地国における課税の有無が検討され，次に，PEの存在が認められれば，その所得の計算という順序と考えるのが順当なプロセスと思われます。

　エ　準備的補助的活動の再検討（OECDモデル租税条約第5条第4項）

源泉地国における非居住者に対する事業所得課税では，事業を行う一定の場所であるPEの存在が課税要件ですが，仮に，事務所等の物理的な施設が源泉地国において存在しても，その活動が租税条約に定める準備的補助的活動の場合は，PEと判定されないことになっています。しかし，この規定により，源泉地国に大量の商品の在庫を保有して，所得を得ているネット通信業者が課税にならないことから，この準備的補助的活動に係る規定の改正が検討されたのです。

第5条第4項の改正案としては，同項に示された活動が準備的補助的な性格であることの規定が同項の最後に加えられました。これは，公開草案において示された選択肢のうちからオプションEが選択された結果ですが，現行の第5条第4項に規定された活動について，準備的補助的であることを要件とするものです。

基本的には，現在のOECDモデル租税条約コメンタリー（パラ24）にもあるように，準備的補助的活動を区分するための決定的な基準は，事業を行う一定の場所における活動が，企業全体としての活動の必須な部分であるとともに重要な部分を形成するか否かということです。

この準備的補助的活動がPEにならないとされた理由は，1928年の国際連

盟モデル租税条約においてPE概念が確立し，その後，外国企業の活動が多様化するにつれて，企業の収益に貢献しているが，その活動が収益獲得に間接的であるため，所得の配分方法が難しいためにPEにならないものとしたのです。

　例えば，第5条第4項(b)は，「企業に属する物品又は商品の在庫を保管，展示又は引渡しのためにのみ保有すること。」という規定であり，外国企業から物品等を預かる倉庫業者の場合は，通常であれば，この外国企業はPEを有することになりません。しかしながら，外国企業が，商品等の検査及び維持のために，倉庫の特定の部分に対して無制限にアクセスすることが認められている場合，上記第5条第4項(b)の適用及びPEの判定は，これらの活動が準備的補助的活動であるか否かにより行われることになります（改訂草案コメンタリー案22.3）。

　オ　日本・チリ租税条約に規定された新しい規定

　平成28年1月22日に署名された日本・チリ租税条約には，準備的補助的活動に関して，第4項に従来の規定があり，それに続いて第5項に次のような規定が新設されています。

第5条第5項

　4の規定は，事業を行う一定の場所を使用し，若しくは保有する企業又は当該企業と密接に関連する企業が当該一定の場所又は当該一定の場所が存在する締約国内の他の場所において事業活動を行う場合において，次の(a)又は(b)に該当するときは，当該一定の場所については，適用しない。ただし，当該企業及び当該企業と密接に関連する企業が当該一定の場所において行う事業活動又は当該企業若しくは当該企業と密接に関連する企業が当該一定の場所及び当該他の場所において行う事業活動が，一体的な業務の一部として補完的な機能を果たす場合に限る。

　(a)　この条の規定に基づき，当該一定の場所又は当該他の場所が当該企業又は当該企業と密接に関連する企業の恒久的施設を構成すること。

> (b) 当該企業及び当該企業と密接に関連する企業が当該一定の場所において行う活動の組み合わせ又は当該企業若しくは当該企業と密接に関連する企業が当該一定の場所及び当該他の場所において行う活動の組み合わせによる活動の全体が準備的又は補助的な性格のものではないこと。

この上記の規定は，日本が締結している租税条約では初めての規定ですが，前述のBEPS行動計画7の影響によるものと思われます。

2-5　移転価格文書化（BEPS行動計画13）

Q 日本の移転価格税制とOECDのTPガイドラインの動向を説明してください。

A **(1) 移転価格税制とは何か**
　移転価格税制の本質は，各国による税源確保（露骨にいえば国どうしの税金の奪い合い）です。簡単な例で説明しますと，日本に親会社P社がメーカーで，米国に販売子会社S社を有していたとします。P社が製造に要するコストを50とし，S社が第三者に販売する売価を150とすると，P社とS社双方が生み出す付加価値は100ということになります。この付加価値100をP社とS社が分け合うことになりますが，具体的には，P社からS社への販売価格如何ということになります。このP社からS社への販売価格が移転価格といわれるものですが，この移転価格に係る税制が移転価格税制です。

(2) 移転価格税制に係る法令等
　我が国が移転価格税制を導入したのは昭和61年（1986年）です。米国は，移転価格税制を規定した内国歳入法典第482条が1954年（昭和29年）にそれ以前の第45条から移項しており，さらにその起原まで遡れば，1920年代ということになります。現在は，ほとんどの国が移転価格税制を導入しており，特に，最近は，日本企業が進出しているアジア諸国における課税事案が増加傾向にあります。

2 BEPS関連の事項

　日本の移転価格税制は、租税特別措置法第66条の4及び同法施行令39条の12等に規定され、同税制の円滑な執行のために措置法通達66の4、移転価格税制事務運営指針及び同参考事例等が整備されています。

　移転価格税制（以下「本税制」とします。）における主たるポイントとなる項目は以下のとおりです。

① 　本税制が適用となる国外関連者の範囲
② 　独立企業間価格の算定方法
③ 　本税制により課税を受けた場合の租税条約に基づく相互協議
④ 　移転価格の算定方法等について課税当局と事前に協議し合意を得る事前確認制度（APA）
⑤ 　最近締結された日本の租税条約に規定されている相互協議が不調に終わった場合の仲裁の適用

　ア　OECD・TPガイドライン（本書11頁参照）

　OECD（経済協力開発機構）は、1979年に移転価格ガイドラインとして、報告書（OECD Report, Transfer Pricing and Multinational Enterprises (1979)）を公開しています。その後、1995年には、改訂版として移転価格ガイドライン（Transfer Pricing Guidelines for Multinational Enterprises and Tax Administration）が公表され、2010年にも改訂をされています。

　移転価格文書化については、1995年のガイドラインの改訂の際に、第5章に規定が置かれ、BEPS行動計画13に示された内容が、旧来の規定と差し替えられることになります。

　イ　移転価格税制に関連するBEPS活動計画

　BEPS活動計画は15の項目があるが、移転価格税制に関連した項目は、8、9、10であり、移転価格文書化の再検討は、項目13と別になっています。

8	移転価格税制（無形資産の関連者間移転に関する整備）
9	移転価格税制（リスクの移転或いは過度の資本の配分によるBEPS防止）
10	移転価格税制（第三者との間ではほとんど生じない取引等に係るルールの進展）

13	移転価格文書化の再検討 2014年1月30日：討議草案 2014年9月16日：第一次提言（3層構造アプローチと国別報告書の様式等） 2015年2月16日：移転価格文書化及び国別報告書の実施に関する指針（国別報告書の提出時期、提出義務対象となる企業等） 2015年6月8日：国別報告書の実施パッケージ（Implementation Package for BEPS country-by-country reporting：国別報告書のモデル法令と国別報告書の交換に係る多国間における権限ある当局の合意モデル） 2015年10月：Final Reports

このような移転価格の文書化を行う目的は何かということになりますが、目的は次の3つです。

① 企業にとって、移転価格が独立企業間価格であるかどうかのチェックができること。
② 課税当局にとって、リスク評価実施に必要な情報を得ることができます。これはリスク評価をすることで、リスクと所得の相関関係を課税当局が行うということです。
③ 課税当局にとって、税務調査のための有用な情報です。

要するに、その狙いは、移転価格税制に係る文書化を標準化することで移転価格を利用した租税回避を監視することです。

ウ　平成28年度税制改正

我が国は、平成28年度税制改正において、BEPS課題13の勧告に従って国内法を整備しました。平成28年度税制改正大綱に掲げられている3種類の文書とは次のものです。

① 国別報告事項（BEPSでは、Country-by-Country Report：CBCレポートと表記）
② 事業概況報告書（マスターファイル）
③ ローカルファイル

(ｱ) 国別報告事項

国別報告事項（OECDでは国別報告書）の概要は次のとおりです。

提供義務者	提供義務者は，多国籍企業グループの親会社ですが，例外として，当該親会社の居住地国を通じて日本の課税当局が国別報告事項の提供を受けることができない場合，当該グループに属する内国法人又は日本に支店等の恒久的施設を有する外国法人が提供義務者となります。
多国籍企業グループの範囲	適用される会計基準により連結財務諸表を作成する企業グループで直前会計年度の連結総収入金額が1,000億円以上の場合，国別報告事項の提出義務が生じます。規模の重要性を理由に連結財務諸表から除外される事業も含まれます。
国別報告事項の記載項目	多国籍企業グループに属する親会社，子会社等の所在地国ごとに，次の記載項目が必要となります。①総収入金額，②税引き前当期利益の額，③法人税納付税額，④資本金，利益剰余金等の財務情報，⑤従業員数，⑥現金及び現金等価物を除く有形資産額，⑦企業グループの一覧表，⑧グループ各社の税務上の管轄等，⑨主要事業等を記載した報告書の作成が必要となります。なお，報告書の使用言語は英語です。
課税当局への報告義務	国別報告事項の提出義務者は，その名称，所在地等の必要事項をe-Taxにより税務署長に提出が義務付けられています。
適用時期等	適用時期は平成28年4月1日以後に開始する会計年度であり，期限内の当該報告書を提出しない場合は罰則の適用があります。
提出された国別報告事項の取扱い	提出義務者が日本の課税当局に提出した場合，日本の課税当局は子会社所在地国の課税当局に自動的情報交換を行うことで情報の共有を図ることになります。

　国別報告事項について若干補足すれば，国別報告事項に関する様式については，平成28年度税制改正に伴う法規の等の改正により所定の様式が定められることになります。

　国別報告事項が国別に求められる理由は，移転価格に関して関連する各国課税当局が，上記の記載項目にある事項に関する標準化された情報を共有することにより，対象となる多国籍企業グループの移転価格リスクの評価等に用いることができるからです。移転価格リスクと移転価格に伴う所得とは相関関係があります。これは言い換えれば，リスクを負う拠点等には，所得を

第3章　租税回避・BEPS

多く配分するという理由があるからです。そして，次に述べる事業概況報告書は，対象となる企業グループの事業活動，無形資産の開発等に関する情報，グループに資金調達等の金融活動に関する情報等を記載することで，課税当局が移転価格リスクを照合することができることになります。

国別報告事項では，前記に示したように，①から⑥まで多国籍企業の財務関連情報の記載が求められていますが，これらの数値を総合勘案することにより，多国籍企業グループの経済活動の関連各国へのグローバルな配分の状況を認識することが可能となります。

(イ)　事業概況報告書（マスターファイル）

事業概況報告書の概要は次のとおりです。

提供義務者	提出義務者は，当該グループに属する内国法人又は日本に支店等の恒久的施設を有する外国法人です。
多国籍企業グループの範囲	多国籍企業グループの範囲については，国別報告事項と同様です。また，提出義務も直前会計年度の連結総収入金額が1,000億円以上の多国籍企業グループです。
事業概況報告書の記載項目	記載項目は，多国籍企業グループの組織構造，事業の概要，保有する無形資産の情報，グループ内の金融活動の情報，その他の財務状況等が記載項目です。なお，報告書の使用言語は日本語又は英語です。
提出義務者の課税当局への報告義務及び適用時期等	これらの事項は，国別報告事項と同様です。

(ウ)　ローカルファイル

日本は，平成22年度の税制改正において，移転価格税制における文書化として，移転価格調査における納税義務者の協力が得られない場合の推定課税規定において提示又は提出を求めている書類の範囲及び独立企業間価格を算定するための書類について明確化が行われています。また，国外関連者と取引がある場合は，法人税別表十七（四）「国外関連者に関する明細書」の添付が必要となっています。

ローカルファイルの概要は次のとおりです。

国外関連取引を行った法人（親会社・子会社）	左の法人は，それぞれに当該取引に係る独立企業間取引算定に必要と認められる書類を確定申告書の提出期限までに作成及び7年間の保存（同時文書化義務）が義務付けられています。
同時文書化義務免除となる国外関連取引	一の国外関連者との前期の取引受払合計額が50億円未満であり，かつ，一の国外関連者との無形資産受払合計額が3億円未満の場合，同時文書化義務は免除されます。
適用時期	この適用は，平成29年4月1日以後に開始する事業年度分の法人税及び平成30年分以後の所得税です。所得税への適用は，この措置が，非居住者の内部取引に係る課税と特例及び居住者の国外源泉所得の計算の特例に係る文書化と関連があるためと思われます。
文書化の担保策	ローカルファイルの提示又は提出がなかった場合について，課税当局の職員が推定課税・同業者への質問検査権の行使についての規定の整備が行われています。

(エ) 国別報告書の交換に係る多国間における権限ある当局の合意モデル

各国が提出された国別報告書を共有するメカニズムは，二国間租税条約，税務行政執行共助条約，タックスヘイブン等の締結している情報交換協定等により情報交換されます。この合意モデルは，全9条から構成されています。

エ　移転価格文書化の問題点

移転価格税制は，これまで関係する二国間における税の配分をめぐることが焦点です。今回の移転価格税制の文書化のメカニズムが動き出すと，規模の大きな多国籍企業は，世界各国の課税当局に企業グループの全貌を把握されることになります。

また，移転価格税制の文書化を作成する企業サイドにとっても，コンプライアンス・コストはばかにならないものがあります。さらに，適用時期に余裕がなく，早急に対応措置を講じる必要があります。

以上のことから，多国籍企業は，移転価格文書化に伴い，再度，グローバルな税務戦略を再構築する必要性に迫られています。

3 BEPS行動計画15の報告書の概要

Q BEPS行動計画15の報告書の内容はどのようなものでしょうか。

A BEPS行動計画15は、2014年9月に最終報告書（OECD, Developing a Multilateral Instrument to Modify Bilateral Tax Treaties）として公表されました。この報告書のタイトルは、「二国間租税条約を修正するための多国間協定の発展」（以下「最終報告書」とします。）であり、全体で63頁（本文27頁、付属資料36頁）のものです。

この最終報告書の要旨は、まず、現行の二国間租税条約が、課税ベース浸食と利益移転が起こりやすい状況を作り出していると分析し、これらを補正するためには、現行の租税条約を強化する方策ではなく、BEPSに対抗でき、かつ、二重課税排除の役割を果たすことができることが必要であるとしています。このようにすれば、個々の租税条約を改訂するのと同じ効果を持つ多国間協定の実行可能性の検討に各国は合意することになるというのが、OECDの考え方です。

最終報告書は、このような観点から租税と国際法の関連について分析を行っています。その目的は、BEPSに対する対抗策の実施と二国間租税条約の改訂です。そして、二国間租税条約を多国間協定により修正するという方法は租税の領域では前例がありませんが、他の国際法領域では先例がある方法です。最終報告書の結論は、多国間協定による方法が望ましいもので、また、実行可能であり、そのための交渉が早急に行われるべきであるとしています。

Q 最終報告書の骨子はどのようなものですか。

A 最終報告書において主張されている骨子は、次のとおりです。
① 現行の租税条約では、BEPSの対抗策としての効果がありません。具体的には、OECDモデル租税条約の改訂ですが、その焦点は、二

重非課税を除去することです。改訂を要する箇所は，恒久的施設の定義，相互協議手続の改善です。また，現行のモデル租税条約にない規定で要望されているものとしては，ハイブリッド・ミスマッチに関するもの，租税条約濫用防止規定の導入の必要性が専門家により唱えられています。

② 各国の租税条約を改訂してOECDモデル租税条約と同様の内容にするには，多くの時間を要することになります。BEPS対策は早急に行う必要があることから，効率的に各国の租税条約を改訂するためには，多国間協定による一括改訂方式が望ましいのです。

③ BEPSの租税回避は，多国間の国内法と租税条約の相互関係によるもので，BEPSを可能にした租税条約ネットワークを防止し，かつ租税管轄権を守るために，多国間協定により密接な協調が必要となります。

④ 多国間協定は，短時間で合意した条約上の対策を実行することができ，かつ，租税条約の二国間の取極を守ることになります。多国間協定を利用することに3つの利点があります。第1は，多国籍協定はその狙いが絞られていること。第2は，BEPS対策に関して，世界中約3,000余の租税条約を同時に修正することができること。第3は，多国間協定が，BEPS計画を促進するという政治的な要請に応えるものであること，です。すなわち，BEPSによる濫用を縮小し，政府は，二国間租税条約を害することなく国際的な課税問題解決を解決することになります。

⑤ 多国間協定の先例は税務執行共助条約です。最終報告書は，多国間協定が望ましい方法で，実行可能であるとして，早急に，協議が開始されることを結論としています。

⑥ 従来からの租税条約を迅速に改正するための昔からある障害は，政治的な決断を必要とすることです。その例が，税務行政執行共助条約で，この条約は，G20主導で行われた例です。

Q 最終報告書では，多国間協定の特徴を述べているようでしたらその概要を教えてください。

多国間協定の特徴は次のとおりです。

(1) 多国間相互協議の進展

多国間協定の利点は，多国間における争点を解決するために多国間相互協議が発展することです。多国間相互協議は，多国間において活動する納税義務者の場合に，関連各国の権限ある当局による相互協議を可能にします。そして，権限ある当局による合意ができない場合，仲裁を規定することになります。

(2) 法人の双方居住者問題

この対策は，二国間租税条約に規定することが最も効果的です。

(3) 事業体課税（ハイブリッド・ミスマッチ問題）

ハイブリッド・ミスマッチ問題とは，ある事業体が，一方の国において法人（団体課税）として扱われ，他方の国ではパススルー事業体（構成員課税）として扱われることをいいます。その結果，双方の国において不課税或いは長期の課税繰延べという事態が生じる可能性があります。この問題は国内法により解決が図られるべきものですが，租税条約を改正することで解決できる問題です。すなわち，他方の締約国への支払は，受取側で所得として認識することを条件に課税上の便益を認めるとするものです。

(4) 第三国所在のPEに係る課税関係

例えば，A国（居住地国）とB国（源泉地国）が租税条約を締結しているとします。C国に恒久的施設（PE）が所在し，B国の所得が当該PEに帰属しています。B国では課税がなく，PE所在地国は低税率国です。二国間租税条約ではこの問題を部分的に解決できますが，最も効果的な方法は，多国間協定による解決です。

(5) 租税条約の濫用

租税条約の適用対象外である第三国居住者が，租税条約上の特典を取得することを防止するためには，多国間協定による防止策が適切です。

(6) 租税回避に関連する二国間租税条約の限界

例えば，租税回避防止規定が租税条約に規定されていても，その適用範囲は条約締約国に限定されています。多国間協定に規定を置くことで，すべての参加国に適用することが可能になります。

(7) 二国間租税条約と多国間協定の法的関連性

最終報告書では，多国間協定へ各国が参加することにより，二国間租税条約と多国間協定の併存が可能となります。二国間租税条約では，二重課税の排除を目的として，源泉地国における課税の減免を規定していますが，これらの規定は存続しつつ，BEPS関連の租税回避項目で租税条約に係るものについて，多国間協定にこれらを規定して各国の租税条約におけるレベルの標準化を図るのが，OECDの意図するところです。

国際法では，同種の領域であれば，後法優先原則が適用になることから，既存の租税条約を改正することなしに，後法である多国間協定の規定が優先適用となります。したがって，多国間協定を採用することは，変更（modification）であって，改正（amendment）ではありません。既存の租税条約は改正を必要とせず，多国間協定に参加することで，租税条約が変更されることになります。

Q 二国間租税条約と多国間協定の関連性はどうなりますか。

A 最終報告書の付属資料では，二国間租税条約と多国間協定の関連性について，次のような事項について検討を加えています。
① 多国間協定発効前に締結された二国間租税条約
② 多国間協定発効後に締結された二国間租税条約
③ 多国間協定参加国と第三国の関連
④ 多国間協定の発効の期限

以下は，上記の①～③についての検討です。

(1) 多国間協定発効前に締結された二国間租税条約

例えば，上記の「多国間協定発効前に締結された二国間租税条約」では，

両者の関連については，①多国間協定に関連性に関する定義がある場合，②国際法の一般原則により関連性が定義されている場合，の2つの形態があります。多国間協定に両者の関連性が明定されていない場合は，「条約法に関するウィーン条約」第30条（見出し：同一事象に関する後継条約の適用）第3項において，旧条約と新条約の当事者が同一の場合で，第59条により旧条約が停止又は適用停止でないときは，旧条約は新条約と適合する範囲でのみ適用されることが規定されています。最終報告書では，両者の関連性を多国間協定において明確に定義する方式が採用されています。

(2) 多国間協定発効後に締結された二国間租税条約

多国間協定により確立した法的秩序を乱さないために，当事者は，将来の条約制定のための基準として，一致或いは従属に係る規定を規定する必要があります。一致或いは従属に係る規定とは，新条約が旧条約に反しないということです。

「条約法に関するウィーン条約」は，第40条に「多国間条約の改正」，第41条に「一部の当事者が多国間条約を改正する場合」について規定しています。要するに，新条約が既存の多国間協定の規定を確認，補足，拡張，増幅する限りにおいて認められるのです。

(3) 多国間協定参加国と第三国の関連

一方が多国間協定参加国であり，他方が非参加国である場合，これらの両国を規制するのは二国間条約です。しかし，この二国間租税条約において，多国間協定規定をできる限り考慮することを要請することは可能です。

Q 多国間協定の当面する問題点とは何でしょうか。

A 二国間租税条約を変更する多国間協定の進展について，最終報告書において示された見解は次のとおりです。

第1に，二国間租税条約と多国間協定が併存可能としています。多国間協定は，国際法として統治され，当事者を法的に拘束することになります。多国間協定は，二国間租税条約の多くに規定されている共通の規定を変更して，

BEPS対策として意図された新規定を加えることになります。なお，多国間協定には，内容を説明する報告が添付されることになります。

　第2に，多国間条約の発効ですが，国際会議で内容及び条文の検討が行われた後に，当事国が発効のための国内手続を行うことになります。

　この上記2点以外にも示された見解はありますが，今回の最終報告書において示された点を要約すると次のようになります。

　第1に，今回の最終報告書には条文等の明示がありません。

　第2に，前述した行動計画6（租税条約の濫用防止）で検討したように，米国型の特定制限条項（Limitation on benefits rule）と，この条の特典を受けることを当該権利の設定又は移転の主たる目的の全部又は一部とする場合には，当該所得に対しては，この条に定める租税の軽減又は免除は与えられない，という規定（principal purposes test）があります。

　第3に，すでに各国において締結されている二国間租税条約と多国間協定は併存することになります。したがって，二国間租税条約における国際的二重課税の排除に係る規定（源泉地国における条約免税等）はその適用が継続することになります。そして，多国間協定には，BEPS対策の規定が置かれることになります。

　第4に，多国間協定は，二国間租税条約締結国等がこれに参加することで，多くの国が同一の規定に従うことになり，効率的で容易な方法による二国間租税条約の変更ということになります。OECDは，このような方式が，すでに述べた「税務行政執行共助条約」において2016年11月現在で107か国が参加していることを背景に，同様の方式により多国間の合意を得られるものと考えているのです。

（コラム2）30年ぶりの所得相応性基準の復活

　平成29年度税制改正大綱の補論の最後に，移転価格税制における知的財産等の無形資産の海外移転に関するBEPS勧告にある「所得相応性基準」の導入を示唆する文章があります。この「所得相応性基準」の先例

は米国にあります。米国における2つの判例（Eli Lilly & Co. v. Commissioner, 84 T. C. 996 (1985), G. D. Searle & Co. v. Commissioner 88 T. C. 252 (1987)）がこの基準創設に影響したといわれています。これら2つの事案は，米国で開発した無形資産を海外に移転することで米国における租税回避を図ったものですが，これらの事案に対する対策として，米国は内国歳入法典第482条を1986年に改正して，スーパーロイヤルティ条項を加えました。この条項は，無形資産の譲渡又は実施権の供与に係る所得金額が，当該無形資産に帰属すべき所得の金額に相応するものでなければならないという「所得相応性基準」を規定したものです。そして，米国財務省と内国歳入庁は，1988年にこれらに関する検討を含む「白書」（Treasury Department & Internal Revenue Service, "A Study of Intercompany Pricing"）を公表しています。なお，日本の匿名組合を利用した租税回避事案として訴訟となったオランダ法人のガイタント社の親会社は，上記のイーライリリー社です。
（参考文献：矢内一好「米国移転価格税制における二つの判決～リリー社とサール社事案」『経理研究』第39号　平成7年11月）

（コラム3）よみがえるケネディ大統領の演説

　OECD（http://www.oecd.org/forum/what-the-beps-are-we-talking-about.htm：アクセス2014年8月）におけるBEPSを説明した資料に次のような引用があります。

　「最近，多くの米国系の海外関連法人が，本国及び外国における税負担の減免を目的として，移転価格，無形資産の移転，管理費用の移転に関して親子会社間における人為的な取決めを助けるような組織再編を行っている。」

　これは，今から50年以上前の1961年にケネディ大統領が行った演説の一部です。この演説の背景には，米国企業が多国籍化を図り，海外を利

用した租税回避が当時から行われていたことが窺えるのです。その一例として、ケネディ大統領の生前の指示により制定された外国投資家課税法（Foreign Investors Tax Act of 1966）は、米国の非居住者の税制を整備し、現在に至っているのですが、この内容の一部は、平成26年度の日本の税制改正（非居住者関連条項）に取り入れられています。米国はその後、移転価格税制の整備、タックスヘイブン対策税制の導入、タックスシェルターを利用した租税回避対策と、各種の施策を講じたのです。また、このことは米国ばかりではなく、日本においても、タックスヘイブン対策税制、移転価格税制、匿名組合等を利用した租税回避対策等を講じてきたのです。

4 一般否認規定

4-1 各国の一般否認規定の概要

Q 一般否認規定（General Anti-Avoidance Rules：以下「GAAR」とします。）は、個別否認規定に対応する包括的租税回避規定と同じ意味ですか。

A GAARは、制定法として定めている国の他に、判例におけるドクトリン（公理）として確立している国もあります。その特徴は次のとおりです。
① 国内法として規定され、課税当局にとって租税回避の対抗立法であるとともに、租税回避を抑制する効果を持ちます。
② その目的が租税上の便益を得ることのみである取引に対して租税上の便益を否認する権限を課税当局に与える規定です。
③ その適用対象税目が広く、所得税、法人税、相続税の他に、その他の税目にも適用される一般原則です。

④ GAAR の規定自体は，比較的簡素であり，その適用に関して委員会制度・アドバンス・ルーリング制度等を設けている国もあります。
⑤ GAAR の規定自体が課税当局の判断で執行される場合と，事前に外部委員会等の審査を要する等，その適用をめぐっては国により異なりますが，GAAR に関しては，法律的見地と執行上の手続の2つの側面から議論が必要であります。

また，GAAR と近い概念として，限定的租税回避否認規定（Specific Anti-Tax Avoidance Rules：略称SAAR）或いは，税法における特定の税目或いは適用範囲における特定目的型租税回避否認規定として（Targeted Anti-Avoidance Rule：略称TAAR）という用語が使用されている場合もあります。日本の同族会社の行為計算否認規定（法人税法第132条）は，上記の分類からすると，GAAR ではないが，個別否認規定と GAAR の中間的な位置付けといえます。

Q 各国の GAAR 導入の状況はどのようなものですか。

A 日本では個別否認規定に対応するものとして包括的否認規定という用語が一般に使用されていますが，これと同義語である GAAR の世界各国への導入の状況は下記の表のとおりです。現在のところ導入国は24か国で，G20の国で見ると，GAAR のない国は，日本，韓国，インドネシア，サウジアラビア，メキシコ，アルゼンチン，ロシア，トルコの8か国です。各国の GAAR 導入の詳細については，矢内一好『一般否認規定と租税回避判例の各国比較』（財経詳報社，平成27年）が国別に説明しています。

国　　名	立証責任	租税条約との関連	委員会等の有無
アイルランド	納税義務者	条約優先	ルーリング
米国	納税義務者	後法優先	ルーリング
英国	課税当局	基本的に条約優先	委員会
イタリア	課税当局	基本的に条約優先	ルーリング
インド	課税当局	GAAR 適用	委員会

オーストラリア	納税義務者	条約優先	ルーリング・委員会
カナダ	両者	基本的に条約優先	ルーリング・委員会
オランダ	課税当局	条約優先	ルーリング
シンガポール	納税義務者	条約優先	ルーリング
スイス	両者	GAAR優先	ルーリング
スウェーデン	納税義務者	GAAR優先	ルーリング
スペイン	—	—	—
台湾	課税当局	—	—
中国	納税義務者	基本的に条約優先	なし
ドイツ	両者	GAAR優先	ルーリング
ニュージーランド	課税当局	—	ルーリング
ブラジル	納税義務者	検討中	なし
フランス	課税当局	GAAR優先	ルーリング・委員会
ベルギー	課税当局	GAAR優先	ルーリング
ポーランド	両者	条約優先	ルーリング
ポルトガル	—	—	—
香港	—	—	ルーリング
南アフリカ	両者	両者抵触なし	ルーリング
ルクセンブルク	—	—	ルーリング

4-2 日本へのGAAR導入の賛否

Q 日本における租税法の適用上，個別否認規定がない場合，租税法律主義の観点から否認が難しいとされています。また，国際税務の領域において，多額の否認事例の訴訟において国が敗訴した場合，一部の論者からGAAR導入という意見が出ますが，日本の状況はどうでしょうか。

A GAARは現在，世界の24か国で規定されていますが，今後日本にGAARを導入するとした場合，一番の問題点は，GAARに関する理解について次に掲げるように両極端の見解が対立する可能性があることです。

GAAR導入反対派の主張	課税当局に強力な租税回避否認の権限を与えると合法的な節税計画までも否認される可能性があるという主張です。
GAAR導入賛成派の主張	租税回避に対して個別否認規定の対抗立法等では限界があることから、課税の公平を維持するために、租税回避を目的とする取引等を否認する一般的な規定が必要という主張です。

日本にGAAR導入となる場合の想定されるシナリオは次の3通りです。
① 第1は、検討をしたがまとまらず現状維持のままとする。
② 2015年10月に公表されたOECDによるBEPS（税源浸食と利益移転：Base Erosion and Profit Shifting）最終報告書にはありませんが、国際的コンセンサスにより租税回避の各国の足並みを揃えるという観点から日本にGAARが導入となる場合です。
③ いわゆる外圧ではなく、純粋な国内問題として、税務訴訟において国側が敗訴して現行の否認規定では対応できないことが明らかになった場合、諸外国ですでに導入されているGAARを日本が導入する場合です。例えば、司法上、租税回避について「法の濫用」という判示があった場合、英国では租税回避についてこの濫用に関する要件が示されています。

日本では、1961年（昭和36年）に国税通則法に、実質課税の原則を設ける答申が税制調査会から出された経緯があり、これが導入見送りとなっていますが、当時の租税法において、実質課税の原則が、「規定の有無にかかわらず、当然に認められるべき原則」という解釈があり、その後に租税法律主義重視への変遷の過程でその効力を失ったことから、実質課税の原則が解釈方法に関するもので、GAARという制定法に係るものではないことから、昭和36年に遡及してGAAR導入論を議論する必要はないと思われます。

4-3 日本へのGAAR導入の可能性

Q 前問では、日本へのGAAR導入については、過去の経緯等もあり、賛否両論であるが、このような内向な議論ばかりでなく、いわゆる

4　一般否認規定

外圧により導入を迫られるということはないのでしょうか。

A　現状では，日本の周囲にGAAR包囲網が敷かれ，次第にそれが狭まってきている状態です。

具体的には次の4つの動きがあります。

① OECDが国際的租税回避対策として2012年から始めたBEPS行動計画12に「義務的開示制度に関する勧告」があり，ここに示された義務的開示制度により開示された租税回避に対処するためには，GAARが必要という意見があります。

② 上記①に関連して，政府税制調査会では，BEPS行動計画12の勧告を受けて義務的開示制度を検討したが，平成29年度の税制改正項目にはなりませんでした。

③ EU（欧州連合）においてはGAAR導入に係る指令等（2016年）があります（次問参照）。

④ G20の参加国でGAARの規定のない国は8か国であり，日本はその1つです。

日本は，他国と比較して富裕層も多い割に，税法にGAARがないということは租税回避対策が十分でないということになります。そこで，外国の租税回避スキームの立案者からは日本が狙われる環境にあるといえます。例えば，外国の判例で，日本で訴訟になった事例と同様のものがあります。これが意味するものは，租税回避対策が立てられた国から撤退した租税回避スキームが，対策のない国である日本に持ち込まれるということです。このような状況下において，国内からは上記②，国外からは①，③そして④という包囲網ができあがり，次第にその網が狭まっているということです。

4-4　EUのGAAR導入の状況

Q　EU（欧州連合）がGAARを導入することを決定すれば，BEPS活動計画等への影響も生じると思いますが，EUにおけるGAAR導入の可能性を教えてください。

第3章 租税回避・BEPS

A EU 加盟国は現在28か国ですが，英国が EU 離脱を決めたことで今後の動向が注目されています。EU の欧州委員会は法案提出権を持ち，EU 理事会，EU 議会がこれを採択すると，それが EU 指令となり，加盟各国がこの指令に基づいて国内法を改正することになります。

(1) EU 親子会社間指令の GAAR

EU には，2つの GAAR があります。1つは，1990年の EU 親子会社間指令（EU Parent Subsidiary Directive：以下「PSD」とします。）に係る GAAR であり，2つ目は2016年1月28日に欧州委員会が提案した租税回避対策パッケージ（以下「パッケージ」とします。）における GAAR です。

PSD は，EU 域内における親子間配当の源泉徴収を免除等を認めるものですが，1975年に指令提案があり，1990年に親子会社間指令となり，2015年1月に EU 理事会は正式に PSD に規定のある強制力ある GAAR（以下「PSD・GAAR」とします。）採用を正式決定しました。

この PSD・GAAR は，経済的実体がないにもかかわらず，租税上の便益を得ることのみを目的とする仕組み取引（arrangement）に対して，PSD の特典を認めないというもので，2011年の指令案（2011/96/EU）に示された GAAR の規定は次のとおりです。

（指令案第1条）

第2項：租税上の特典を得ることを主たる目的或いは主たる目的の1つとして，この指令の目的等を無にするもので，総合的に勘案して真正でない仕組み取引に対して加盟国はこの指令にある便益を与えてはならない。

第3項：第2項の適用上，仕組み取引は，経済的実体を反映する適切な商業上の理由を実現させることがない範囲において真正ではないとみなされる。

この上記の規定は，GAAR のエッセンスというべき内容で，具体的な条文の例示をしていません。この PSD・GAAR の特徴としては次のような事項を指摘することができます。

① PSD・GAARは，PSDという限定された範囲における指令の特典享受を制限する内容であることから，租税条約に規定のある特典制限条項（Limitation on Benefits：LOB）に近い機能を有するといえます。

② PSD・GAARは，GAAR導入の第1段階であり，第2段階として，後述するパッケージのGAARが登場するのです。

(2) パッケージのGAAR

パッケージ導入の背景には，国際的租税回避による税収ロスに対するEUの危機感があります。このパッケージは，①租税回避対策指令，②租税条約の濫用防止に関する勧告（BEPS行動計画6，7と同じ），③加盟国間でEU域内の多国籍企業の税金情報の共有（全世界での年間売上高が7億5,000万ユーロを超える多国籍企業にEU加盟国ごとの納税額や財務状況などの開示を義務付けることの提案ですが，日本の経団連はこの提案に反対しています。），④税に関するガバナンスを国際的に向上させる行動，から構成されていますが，このうちの上記①が2016年7月のEU理事会で採択されています。

①は，利子損金算入制限ルール，出国課税ルール，GAAR，外国子会社合算税制，ハイブリッド・ミスマッチがその内容であり，BEPS勧告にないものは，出国課税ルールとGAARです。このうちの出国課税ルールは，日本の出国税とは異なり，EU域内から域外に移転する無形資産を出国時に課税するというもので，今後，移転価格税制等への影響もある提案です。問題は導入の期限で，出国税ルール（導入期限：2019年末）を除き，GAAR等の整備は2018年末までに行うことになっています。

以上のことからいえることは，G20参加国の多くがGAARを導入していること，そして，EU加盟国がGAAR導入を目論んでいること等があり，EU加盟国がGAAR導入を終えた場合，日本との租税条約の適用等において，日本居住者（内国法人，個人居住者）が相手国において課税上不利になる場合も生じるのです。例えば，2017年1月から適用になる日独新租税協定では，GAARを規定しているドイツと規定のない日本では，双方の国の課税においてギャップが生じる可能性があります。対EU諸国との租税条約がすべて日独新租税協定と同様になるわけではありませんが，日本が，GAARに関して

孤塁をいつまで守れるかという時期になったといえます。

4-5 欧米各国の動向

Q 欧米各国のGAAR導入の状況はどうなっていますか。

A 欧米各国のGAAR導入状況は次のとおりです。

(1) 米国における経済的実質原則の制定

米国税法における経済的実質原則（Economic Substance Doctrine：以下「ESD」とします。）は，2010年3月10日に成立したHealth Care and Education Reconciliation Act of 2010（H. R. 4872：以下「2010年法」とします。）第1409条（Codification of economic substance doctrine and penalties）により制定法化され，内国歳入法典第7701条(o)に規定が置かれました。この制定法前のESDは判例等により確立したドクトリン（公理）でした。

2010年法におけるESD制定法化の意義は，納税義務者がESDを欠く場合の条件とその場合の加算税の賦課について制定法化したことが特徴です。その制定法化の効果としては，①歳入の増加，②予測可能性の向上，③租税回避を行う納税義務者への規制等が挙げられています。米国議会の租税合同委員会の説明（Joint Committee on Taxation, "General Explanation of Tax Legislation enacted in the 111th Congress" March 2011, JCS-2-11. p. 370.）によれば，ESD制定法以前の適用において同概念の使用において統一性（uniformity）に欠けていたことが指摘されています。ドクトリンとしてのESDについて，経済的実態と事業目的の2つを要件とするもの，いずれかを要件とするもの等に判例等における適用がまちまちであったため，制定法化されたのです。ドクトリンとしてのESDの規定は，米国のコモンローの判決を通じて生成した原則ですが，制定法では2つの要件を規定して，これらの双方を満たさない取引について，その税務上の便益を否認して加算税を賦課するというものです。制定法となったESDは，個別的否認規定ともいえず，

タックスシェルター防止等を目的とした米国型否認規定ともいえるのです。後述する英国は，米国と同じコモンローの国でありながら，英国は GAAR を選択し，米国は ESD の制定法化という異なる方向の展開となっています。

(2) ドイツの動向

ドイツは，英米の判例法により確立した公理による租税回避否認というアプローチではなく，また，大陸法系のフランス，オランダのように，私法における権利濫用の法理を利用するアプローチとも異なっています。

ドイツでは，租税法の解釈原則を定めた規定である経済的観察法が，1919年ライヒ租税通則法第4条に規定されましたが，この経済的観察法は1977年に廃止され，現在は，1919年12月公布・施行のライヒ租税通則法第5条から継続して展開してきた租税回避否認規定である租税通則法（AO: Abgabenordnung）第42条が適用となっています。なお，経済的観察法は，日本の実質課税の原則に影響を及ぼしたものです。

(3) 英国の動向

英国においては，租税回避対策として GAAR を導入することになり，2010年12月に弁護士である Graham Aaronson QC に GAAR の検討を依頼し，Aaronson 弁護士は，専門家委員会を設立し，2011年11月21日に報告書（以下「導入報告書」とします。）を公表しました[注1]。

この導入報告書の提出を受けて，英国政府は，2012年予算において，2013年財政法により GAAR 導入を公表し，2013年財政法第5款（第206条から第215条）及びシェジュール43に GAAR が規定されて2013年7月17日より適用されることになりました。

この2013年財政法第207条には，「仕組み取引（tax arrangements）」と「濫用（abusive）」の意義が規定されています。「仕組み取引」が「濫用」に該当するか否かの判断は，次に掲げる「濫用」の判断基準によることになっています。

① 仕組み取引の実質的な成果が税法規定の立法趣旨にある原則と合致しているか否か。
② その成果を生み出す過程が目論まれ或いは異常な手段を含むのか。

③ 仕組み取引が税法規定の欠陥を探し出すことを意図したものか否か。

租税回避の否認規定として「濫用」という概念を判断基準としているのは英国です。日本の司法判断において「濫用」が判示される場合，英国の例が参考になるものと思われます。

(4) 他の欧州諸国の GAAR

欧州諸国の GAAR を分析した Grauberg 氏の論文では(注2)，租税回避に対する否認の方法として次のように分類がなされています。

同氏の分類では，欧州諸国の GAAR は，①ドイツ，エストニア・アプローチ，②ベルギー・アプローチ，③オランダ，フランス・アプローチに分けられています。なお，これら以外の句について，同氏は，④アングロ-アメリカン・アプローチという区分もしています。

ドイツは前述のとおりですが，エストニアの税法（the Taxation Act）第84条は，取引等の経済的実質に基づいて課税が行われることを規定しています。

ベルギーの GAAR は，1993年に創設され，その規定は，所得税法第344条第1項，登録税法第18条，相続税法第106条に規定されていましたが，これらの規定が十分に適用できなかったことから，2012年に，GAAR の規定が改正されています。

ベルギー GAAR の特徴は，隣国のオランダとは租税回避否認の法理が異なっています。後述するオランダは，制定法ではなく，判例法により確立した権利濫用の公理を適用していますが，ベルギーの場合は，私法上の取引について適用されるものを，租税法においてもこれを認めるという原則があります。同国憲法第170条は，租税法律主義を規定していることから，租税法の解釈は厳格であり，類推解釈の類は認められていません。ベルギーの最高裁（Cour de Cassation）は，権利濫用の法理及び経済的実質の公理の使用を禁止しています。裁判所は，取引が見せかけのもの（sham transaction）かどうかを判断しています。結果として，租税回避に該当する場合は，課税当局が取引を見せかけであると立証した場合，或いは，納税義務者による租税回避の意図を立証した場合です。このことは，私法上の取引の意義が，租税法上の取引の意義の解釈に優先することになっています。

オランダ，フランス・アプローチにおける両国に共通する原則は，真正な権利の行使と権利の濫用という私法上の原則を基礎としている点です。フランスの租税手続法（French code of tax proceedings）第64条がGAARの規定ですが，フランスの場合は，課税当局により権利の行使がこの規定の適用に限定されていることです。さらに，その適用要件については，Janfin事案（CE, 27 Sep. 2006, No. 260050）により取引が濫用であるとする条件が強化されています。

（注1） Aaronson, Graham QC, GAAR STUDY - A study to consider whether a general anti-avoidance rule should be introduced into UK tax system, 11 November 2011.
（注2） Grauberg, Tambet, "Anti-tax-avoidance measures and their compliance with community law" JURIDICA INTERNATIONAL XVI/2009. pp. 144-148).

4-6 GAARパッケージとGAARパラドックスの視点からの分析

Q GAARパッケージという用語は聞きなれない用語ですが，どのような意味で使用されているのでしょうか。

A 前述のGAAR一覧表にもあるとおり，各国は，GAAR導入とともに，納税義務者の権利保護或いは予測可能性の確保の観点からアドバンス・ルーリング若しくは委員会制度を導入しています。このようにGAAR導入と保護的な施策がセットになることを筆者の造語でGAARパッケージと称していますが，その趣旨は，納税義務者の権利と課税当局の権限の調整を図ることです。

例えば，英国においてはGAAR諮問委員会（GAAR Advisory Panel）が設置され，その役割は次のようなものです。
① 委員会はHMRC（歳入関税庁）から独立しています。
② HMRCのコミッショナーは委員会のメンバーを任命しますが，HMRCの職員はメンバーにはなれません。
③ 委員会の機能は，HMRCによるガイダンスの承認及びHMRCの付議

に対して意見を述べることです。
④　裁判所及び審判所は，納税者が行ったアレンジメントを検討するに際して，委員会の意見を考慮することになります。

このように，納税義務者側からすると，租税が軽減となる取引を行う場合，事前に課税当局の意見聴取或いは承認を得るためのアドバンス・ルーリング制度，課税当局が行った租税回避に係る事案の課税処分見込事案について委員会が最終処分決定以前に審査等を行う委員会制度があれば，課税当局による強権的なGAAR執行を防ぐことになります。現在の世界の趨勢は，GAARとこのような納税義務者保護装置をパッケージにするのが一般的です。

Q GAAR導入をした国では，GAARパラドックスという現象があると聞きますが，これはどのようなものですか。

A GAARを導入した場合，課税当局の権限が強化されて，税務調査において疑わしい事案においてGAARの適用が頻発するという懸念がありますが，上述のGAARパッケージ等の適用とGAARの適用要件等に関する司法判断等から，課税当局の税務訴訟における勝訴の割合が増加するのではなく，逆に，敗訴となる確率が増加する可能性があります。これは，筆者の造語で，GAARパラドックスと称しています。

これは，単なる予測ではなく，GAARパッケージを導入しているカナダ，オーストラリアにおけるGAAR関連の訴訟では，国側勝訴の割合は低いのです。オーストラリアのGAAR適用判例を分析した論文によると[注]，この論文で取り上げられたGAAR関連の判例は9つありますが，課税庁側勝訴が4件，納税義務者側勝訴が5件となっています。

では，このGAARパラドックスが働くのであれば，立法・課税当局側はGAARを導入する意義がなくなるように思われますが，租税法律主義が重視される租税裁判では，GAARの規定があることにより，租税回避の濫用を防止し，租税回避事案に対する最後の砦としてGAARが働くことが予測されるのです。

（注）　Cooper, Graeme S, "Australian's GAAR Comes Alive in the Courts", Tax

Notes International, May 16 2011, pp. 559-566.

Q 日本の一部には，GAAR導入論があると聞いておりますが，どのような内容が考えられるのか教えてください。

A 日本へのGAAR導入論は，いまだ水面下にある状態ですが，平成14年4月から日本に導入された連結納税制度の導入時のことが比較になるものと思われます。連結納税制度自体は，日本にない制度である一方，欧米諸国ではすでに導入済みという状況でした。なぜ，連結納税制度が日本に導入されたのかという背景は，課税当局により明らかにされていませんが，間接的減税目的（減税規模約8,000億円），米国企業を中心とした外圧説，欧米の税制との比較からの税制整備説等，様々な背景が想定できますが，いずれが原因であったにせよ，日本は，米国型の連結納税制度をベースに，日本における特殊事情等を加味して現行制度を創設しました。将来，日本へのGAAR導入を検討する場合，すでに諸外国では先行例もあることから，これらの国の制度を参考にするのが一般的でしょう。

(1) 英国型GAAR導入の場合

英国型GAAR導入ということになれば，その特徴となる各事項は以下のようなことが想定できます。

立証責任	課税当局
否認要件	濫用（abusive）とされる判断基準は，次のとおりです。 ① 仕組み取引の実質的な成果が税法規定の立法趣旨にある原則と合致しているか否か。 ② その成果を生み出す過程が目論まれ或いは異常な手段を含むのか。 ③ 仕組み取引が税法規定の欠陥を探し出すことを意図したものか否か。
委員会制度	上述のとおりです。
GAAR適用の判断基準	二重合理性テスト（the double reasonableness test）

上記の二重合理性テストという用語の位置を再確認する必要があります。英国におけるGAAR適用の条件は，次のとおりです。
① 租税上の仕組み取引があること。
② その仕組み取引が濫用であること。
そして，濫用的仕組み取引の要件は，次の3点ということになります。
① 目的が税負担の軽減であること。
② 法の立法趣旨に反すること。
③ 二重合理性テストに該当しないこと。
この上記の要件の有無を立証するのは，課税当局（HMRC）です。

この二重合理性という意味は，第1に，仕組み取引が合理的な活動か否か，第2に仕組み取引についての判断を合理的にできるか否か，です。仕組み取引が濫用となるのは，このテストにより判定されることになります。

HMRC作成のガイダンスによれば，二重合理性テストは，GAARの適用における要点となっています。このテストは，実施された仕組み取引が適用法令に沿った合理的な一連の取引であったかどうかを問題にするのではなく，当該仕組み取引が合理的な一連の取引であったという見解を合理的に持つことができたか否かを問うものです。

この上記の合理性という用語の意味が不明瞭な感があることから，意訳すれば，2度の合理性の第1は，経済的必然性という用語に置き換え，第2は，仕組み取引について経済的必然性がないことを十分説得ある説明ができるかという解釈もできるのです。換言すれば，課税当局は，次のことを立証できなければ，GAARの適用はできないということになります。
① 仕組み取引に経済的必然性がないこと。
② ①について十分に説得力ある説明ができること。

逆に，上記の2つの要件を課税当局が立証できない場合，審判所及び法廷は，仕組み取引が合理的な一連の活動か否かを判断するのではなく，説得力ある説明の幅について考慮することになります。

(2) 米国型導入の場合

米国型は，GAARパッケージではなく，納税義務者に対する救済措置のな

い規定です。この米国型は，他国で同様の規定のある国はなく，また，英米法という区分で考えれば，英国型とは類似性がありません。

(3) ドイツ型導入の場合

欧州大陸法型は上述のとおり多種多様であるが，有力なのはドイツ型です。外圧型か，国内問題に基因したものであるかは不明ですが，日本へのGAAR導入について直面する問題として議論する段階が近いように思われます。

5 Tax Amnesty

Q Tax Amnesty（税の恩赦）という用語は，日本ではあまり聞かれませんが，どのような内容ですか。

A Tax Amnesty は，近年，各国において実施されている政策です。その内容は，課税当局が，納税義務者の過去の納税義務の一部を免除し，脱税による訴追等を行わず，定められた期間内に過去の税額の納付を促すために，加算税等を軽減して課す制度です。例えば，納税義務者が海外で取得した所得を海外の銀行に預金して自己の確定申告に反映させていなかったとします。課税当局は，海外の銀行からの税務情報を入手できる状態になった場合，海外口座の資金の源泉となった所得を自主的に申告されるために Tax Amnesty が実施されるのです。納税義務者にとっては，本来納付すべきであった過去の税額の一部を免除されること，脱税による起訴から免れること及び加算税等が減額されること等のメリットがあります。

Q 英国が2009年から開始しているLDF（Liechtenstein Disclosure Facility）というプログラムはどのような内容ですか。

A 英国は，リヒテンシュタインと2009年8月11日に情報交換協定と情報交換等の協力に関する覚書（以下「覚書」とします。）に署名しました。

第3章 租税回避・BEPS

　両国間における覚書の締結は，英国だけがリヒテンシュタインと1件別に情報交換を行うのではなく，リヒテンシュタイン側も5年間にわたり納税義務者への援助と申告水準向上を行うというものです。具体的には，リヒテンシュタインが同国にある金融機関に口座を持つ英国の者について，利益を実際に享受する者及びその関連者の本人確認等を行うということです。したがって，海外に金融口座を持つ者の居住地国が片務的にTax Amnestyを行うというのではなく，この覚書は，金融口座の所在地国が口座の実質的な所有者の確認等に協力するという新しい情報交換のあり方を示したものといえます。

　英国国税庁（HMRC）は，覚書に関する処理の受け皿として，この情報交換協定署名と同時に，LDFを公表しました。

　LDFは，実施期間が2009年9月1日から2015年3月31日までの間で，その対象者は，英国の納税義務者でリヒテンシュタインに銀行口座，法人等の財産を所有している者です。英国課税当局は，申告未済分に10％（通常は最高100％，その財産の所在を知らなかった場合は0％）の定率の加算税を課すこととし，遡及は10年（1999年4月1日から2009年4月5日まで）です。また，すべてが漏れなく修正された場合は脱税による起訴はありません。なお，2009年現在，英国課税当局は，LDFの利用者は1,200名程度を見込んでいるようです。

　LDFが施行された背景には，英国とリヒテンシュタインの間に情報交換協定と覚書が締結されたことで，リヒテンシュタインの銀行に預金口座等を所有する英国居住者が課税当局の把握することとなるのは時間の問題であるという認識ができたことです。この英国の動向は，今後の日本における情報交換協定の運用に影響を及ぼす可能性もあります。

Q 日本には，Tax Amnestyという考え方を取り入れた制度はないのですか。

A 国外財産調書が平成24年度の税制改正により導入され，平成26年1月から施行されています。この制度の根拠法は，国外送金等調書法第5条及び第6条であり，その対象は，その年の12月31日においてその価額の

合計額が5,000万円を超える国外財産を保有する居住者（非永住者を除きます。）です。

　この制度は，加算税の特例措置及び偽りの記載をして国外財産調書を提出した場合或いは正当な理由がなく提出期限内に国外財産調書を提出しなかった場合には，原則として，1年以下の懲役又は50万円以下の罰金に処することになっています。そして，加算税の特例措置である過少申告加算税等の軽減措置としては，期限内に国外財産調書を提出した場合，国外財産調書に記載がある国外財産に関する所得税（復興特別所得税を含みます。）又は相続税の申告漏れが生じたとき，その申告漏れに係る部分の過少申告加算税等について，5％減額されます。逆に，過少申告加算税等の加重措置として，国外財産調書の提出が提出期限内にない場合又は提出期限内に提出された国外財産調書に記載すべき国外財産の記載がない場合（重要な事項の記載が不十分の場合もこれに該当）に，その国外財産に関する所得税等の申告漏れが生じたときは，その国外財産に関する申告漏れに係る部分の過少申告加算税等について，5％加重されることになります。

　この上記の加算税5％減額措置は，Tax Amnesty に類似する思考が影響しているものと思われます。

> **（コラム4）判例・租税条約の適用の可否**
> 　日本・アイルランド租税条約の適用の可否の争点となった事案で，租税条約の適用を認め特典を享受できる旨の判決がでました（東京高判平成26年10月29日，上告不受理決定（最高裁平成28年6月10日）。

第 4 章

BEPS 後の動向

第4章　BEPS後の動向

1　パナマ文書事件

Q パナマ文書事件とはどのような内容ですか。

A 2016年4月の新聞各社の記事に，タックスヘイブンに設立した法人等の情報ファイルが南ドイツ新聞にもたらされたことが報道されました。この情報ファイルには，1,100万件を超える文書やEメールが含まれており，これに関与したのは，タックスヘイブンにおいての法人設立を手掛けるパナマの法律事務所「モサック・フォンセカ」の内部資料で，その期間は，1970年代から最近まででした。この内部資料（以下「パナマ文書」とします。）は，国際調査報道ジャーナリスト連合（ICIJ）がその分析に当たっています。

Q パナマ文書が与える影響としてはどのようなものが考えられますか。

A よく合法か否かという判断基準が争点になりますが，税務上の判断基準は，「申告是認」，「申告漏れ」，「所得隠し」，「脱税」で区分するとわかりやすいと思われます。この4つの用語のうちの2番目から4番目の用語は，報道機関が使用している用語です。そして，最初の用語である「申告是認」は，税務調査の結果問題なしということで報道に値しない事柄であることから，あまり見かけることはありません。「申告漏れ」は計算漏れ等の軽度の誤り等を是正した場合で，「所得隠し」は意図的な所得のごまかしですが，「脱税」として検察庁に告発するに至っていない事案です。要するに，パナマ文書に記載があるというだけで，「所得隠し」或いは「脱税」ということにはならず，「申告是認」のケースもあるでしょうが，パナマ文書事件を契機として，合法であっても税負担を逃れることを「課税逃れ」という用語でまとめることで，（パナマ文書に含まれた者＝課税逃れをしたずるい者）

という図式になり，日本では，外国子会社合算税制の抜本的改正或いは租税回避スキームの義務的開示制度の導入の可否という問題に発展しました。

Q パナマ文書事件以前にこの種の情報漏えい事件はありましたか。

A パナマ文書がこの種の初めての事件ではありません。パナマ文書がそれ以前の事件と異なり注目された理由は，各国の政治家，有名人等の名前が明かされたことによる税金スキャンダルという性格があったことも原因でしょう。以下はこれまで報道等された同種の事件ですが，税務の世界では，パナマ文書事件が特異なものという受け取り方はされていません。

(1) リヒテンシュタインにおける銀行スキャンダル

リヒテンシュタインには10を超える銀行が営業を行っているといわれていますが，平成18年（2006年）に，リヒテンシュタイン最古の銀行の1つであるLGTから元行員により持ち出された1,400人分の顧客名簿をドイツ連邦情報局（BND）が購入したという事件がありました。その後，BNDが取得した資料は，ドイツ検察庁と課税当局にわたり，平成20年（2008年）初頭，LGTの顧客名簿を基に脱税者摘発に乗り出し，その脱税摘発によって，ドイツの課税当局は3,000万ユーロ以上の追徴課税を行ったのです。この背景には，リヒテンシュタインがドイツと同一の言語圏であること，ドイツ富裕層にとっては，国境を接した場所に秘密口座を持てる銀行があったこと等の原因があったものと思われます。

(2) スイスの銀行による秘密口座の情報提供

2009年2月20日の新聞（朝日新聞朝刊）に，スイスの銀行最大手であるUBSが同年2月18日に，顧客の脱税を助長してきたことを認めて不正事業から得た利益等約730億円を支払うことで米国司法省と和解したという記事が掲載されました。さらに，同記事によれば，スイスの銀行の秘密口座が富裕層の資産を不正に隠しているという批判がありましたが，UBSはこの秘密口座事業から完全に撤退すると共に，同行は，200人から300人といわれる秘密口座の利用者の情報を米国司法省側に提供することを約束したのです。

第4章 BEPS後の動向

　UBSは，2008年10月17日にサブプライムローンによる経営危機に対して，スイス政府から公的支援として540億ドルが投入されています。銀行本体の経営危機が進行する中で，UBSの元行員が同行の顧客である米国人の米国での税逃れを手助けしたとしてフロリダ州で起訴され，この元行員は，同裁判所において米国人顧客の数百万ドルの脱税を幇助したと証言しました。2008年7月2日に，マイアミ連邦地裁判事は，この脱税事件に関して米国内国歳入庁に対してUBSに情報提供を求める権限を認める判断を示したのです。そして，これを受けて米国内国歳入庁は，スイス政府に対して正式に米国の税務調査に協力するような要請を行ったのです。さらに，2008年7月18日にUBS役員は米国議会でプライベートバンキングから撤退を発表しましたが，その際に，本事案の上院調査委員会の委員は，UBSにある米国人口座2万件のうち1万9,000件が米国当局に無申告であり，預金総額は180億ドルと証言しています。

　2009年4月2日に第2回G20首脳会議がロンドンで開催され，タックスヘイブンの規制強化が宣言に盛り込まれたのがこの時期です。米国司法省と課税当局は，召喚状を出して，UBSに対して，同行が管理する米国人顧客全員である5万2,000名の名簿の公表を要求しましたが，UBSはこれを拒否しました。その後，この問題に関して，2009年7月19日に，スイスの外務大臣が米国国務長官とUBSの件で会談する等の経緯を経て，2009年8月12日に米国政府とスイス政府はUBS問題で合意に達し，UBSは，4,450口座の所有者名を公表することになりました。

　この後，この合意では不十分ということで，米国は法改正（FATCA）に踏み切るのです。

(3) **スイス・リークス事件**

　香港上海銀行を母体として設立された英国最大の金融大手のHSBCのプライベートバンキング部門のジュネーブ本社（以下「HSBCスイス」とします。）から同社のIT担当職員であったFにより機密文書が持ち出され，2015年になって同行による富裕層に対する脱税ほう助が明らかになった事件です。

　2015年2月にスイス当局は，「HSBCスイス」が富裕層の脱税ほう助をし

たという疑惑を受けて，マネーロンダリングの疑いで「HSBCスイス」の家宅捜査をしています。Ｆは，この機密文書をフランスの新聞社に持ち込み，各国メディアがこの情報を共有することになりました。2015年2月9日に公表された文書によりますと，「HSBCスイス」は，200か国以上の顧客に対して脱税をほう助したとされ，これらの顧客の口座残高は，1,190億ドル（約14兆円）であり，その資料にある人数は約10万人といわれています。なお，日本国籍の個人が約300人いることが確認されています。今後，これらの資料が各国の課税当局の手に渡り，活用された結果，どのような展開になるか不明ですが，上記に述べた金融情報の国際的な交換制度の進展と共に，注目に値する出来事といえます。
(http://kasiko.me/%E8%8B%B1%E5%9B%BD%E9%8A%80%E8%A1%8Chsbc%E3%81%8C%E8%84%B1%E7%A8%8E%E6%8C%87%E5%8D%97%E2%80%95%E3%82%B9%E3%82%A4%E3%82%B9%E3%83%AA%E3%83%BC%E3%82%AF%E3%82%B9%E4%BA%8B%E4%BB%B6/：アクセス2016年4月6日）

Q パナマ文書事件は課税当局にどのような影響を及ぼしましたか。

A 法制度の整備は前述しましたので，執行面としては，国税庁は，2016年10月25日に「国際戦略トータルプラン―国際課税の取組の現状と今後の方向―」（以下「国税庁資料」とします。）を公表しました。この国税庁資料は，企業の海外取引と富裕層の税務を重点に，現行の制度を活用すると共に，税務調査の強化に向けての人材の確保等がその内容ですが，特に，目新しい施策がこの資料において論じられているわけではなく，国内法，租税条約，金融口座情報の自動交換，多国籍企業情報の報告制度等が相互に補完するとともに，今後は，国際課税に関する人材等の体制強化を図る方向です。

2 外国子会社合算税制の改正

Q 平成28年12月8日に「平成29年度税制改正大綱」が公表され，外国子会社合算税制が抜本的改正となりましたが，その背景は何ですか。

A 改正に至った原因は，いくつか考えられますが，1つは，国際的租税回避防止のために，OECD が行っている BEPS（税源浸食と利益移転：Base Erosion and Profit Shifting）行動計画3において本税制の強化が勧告されたことです。特に，2016年4月に「パナマ文書」が公表されたことで，税負担の低い国等を利用することを「課税逃れ」と呼び，取引の合法性等にかかわらず，非難する風潮が生じたことも背景といえます。

第2は，各国において法人税率引下げが行われたことで，税率による判定基準であるトリガー税率（現行20％未満）の適用が限界になったことがあります。トリガー税率の適用は，課税の有無を判断する基準としては，利便性に優れていますが，英国のように，将来的には法人税率18％と公言している国もあり，これ以上の引下げは困難という判断が課税当局にあったものと思われます。

そして本税制の名称ですが，昭和53年の本税制創設時は，タックスヘイブン対策税制と称され，税負担のない又は著しく低い国又は地域（タックスヘイブン）に実体のないペーパー会社を設立してそこに利益を留保するという租税回避を防止する目的で創設された税制といわれましたが，平成21年度改正の外国子会社配当益金不算入制度の導入，平成22年度改正のトリガー税率を20％以下とする改正等を経て，今回の改正により，タックスヘイブンに限定するのではなく，外国子会社を利用した租税回避全般を防止する税制にその性格を変えたともいえるでしょう。

2 外国子会社合算税制の改正

Q 外国子会社合算税制の改正点のポイントは何ですか。

A 今回の改正で，外国関係会社の租税負担割合で区分すると3つに分けることができます。なお，本改正の適用は，外国関係会社が平成30年4月1日以後に開始する事業年度からです。

(1) 租税負担割合20％未満の場合

トリガー税率は廃止されましたが，1つの判定基準として20％という税負担割合は残りました。現行法における適用除外基準は，改正後には，経済活動基準と名称と内容を変更しましたが，合算課税については，次のようになります。

① 税負担割合20％未満で，経済活動基準のすべての要件を満たす場合は，現行法の資産性所得を拡大改正した受動的所得が合算課税となります。

② 税負担割合20％未満で，経済活動基準のいずれかの要件を満たさない場合は，会社単位の合算課税となり，現行法と基本的に同じです。

③ 外国関係会社がペーパー会社，受動的所得の割合が多いキャッシュボックス，財務大臣から非協力としてブラックリスト会社となる場合は，会社単位の合算課税となります。

(2) 租税負担割合20％以上から30％未満の場合

外国関係会社が上記③に該当する場合は，会社単位の合算課税となります。

(3) 租税負担割合　30％以上の場合

会社単位の合算課税はありません。

以上のことから類推できることは，日本の現在の法人実効税率が約30％であることから，それを下回る税負担割合に所在する外国関係会社の課税が本税制のターゲットということになるようです。

Q 外国子会社合算税制の改正点として合算対象となる外国子会社の判定方法はどのように改正されましたか。

第4章 BEPS後の動向

A 現行制度は，居住者或いは内国法人等が合計で50％超を直接及び間接に保有する外国関係会社で，租税負担割合が20％未満のもので資産性所得を除いて，適用除外に該当しない外国関係会社を特定外国子会社等としてその所得を日本の親会社等の所得に合算して課税するものですが，トリガー税率が廃止されたことで，外国関係会社の判定における間接保有割合が改正されました。現行法では，間接保有の割合は，いわゆる掛け算方式が採用され，例えば，内国法人Ａの外国法人Ｂの持分が90％で，外国法人Ｂの外国法人Ｃへの持分が60％の場合，内国法人Ａの外国法人Ｃへの持分は掛け算方式により54％となりますが，今回の改正で50％超の株式保有を通じた連鎖関係がある外国法人が有する判定対象となる外国法人に対する持ち分割合等に基づいて算定するように改正されました。その結果，上記の例では，内国法人Ａの外国法人Ｂへの持分が50％超でなければ，外国法人Ｃへの持ち分は０ということになります。なお，この他に，居住者或いは内国法人と外国法人の間に外国法人の残余財産の概ねすべてを請求することができる等の関係がある場合（例えば，内国法人➡外国の組織➡外国法人のような場合で内国法人がこの外国法人の残余財産の概ねすべてを請求することができる等の実質支配関係にある場合等），この外国法人を外国関係会社に加え，当該居住者或いは内国法人は合算課税対象者とする実質支配基準が加えられました。

Q 今回の改正で，適用除外基準はどのように改正されましたか。

A 現行法における適用除外基準は，経済活動基準と名称が変更され，経済活動基準のいずれかを満たさない外国関係会社については会社単位の合算課税対象となりました。経済活動基準に含まれるものとしては，①事業基準，②実体基準及び管理支配基準，③所在地国基準，④非関連者基準，⑤経済的活動基準を満たすことが明らかな書類等の提出が期限までにない場合この基準を満たさないものと推定される，があります。なお，当該外国関係会社の租税負担割合が20％以上である場合は，経済活動基準による判定が免除され会社単位の合算課税の適用がないことになります。

2 外国子会社合算税制の改正

Q 現行の資産性所得の名称が受動的所得の部分合算課税制度となったようですが、その内容はどのようなものですか。

A 現行法では、適用除外要件を満たす特定外国子会社等であっても、資産性所得のうち所定の金額のものは合算課税となります。今次の改正では、資産性所得が受動的所得と名称変更してその範囲が拡大されました。この受動的所得は、①所定の利子、②所定の配当等、③有価証券の貸付けの対価、④有価証券の譲渡損益、⑤ヘッジ目的のものを除くデリバティブ取引損益、⑥外国為替差損益（業務の通常の過程で生じるものを除く。）、⑦①から⑥までに掲げる所得を生ずべき資産から生ずるこれらの所得に類する所得、⑧有形固定資産の貸付けの対価、⑨無形資産等の使用料（自己開発した無形資産等一定のものに係る使用料は除く。）、⑩無形資産等の譲渡損益、⑪外国関係会社の利益の額から上記①から⑩までの所得金額及び所得控除額を控除した残額、を含みます。なお、上記⑪の所得控除額は、（外国関係会社の総資産＋減価償却累計額＋人件費）×50%で計算されます。

受動的所得の部分合算課税制度の適用免除については、現行法では、資産性所得の合算課税対象所得に係る収入金額の合計額が1,000万円以下を少額免除基準としていますが、改正後はこの金額が2,000万円に引き上げられ、この基準を満たす旨の書面の確定申告書への添付及びその適用があることを明らかにする資料等の保存要件が廃止されました。

Q 税負担割合は20%以上で30%未満の場合、合算課税となるのはどのような場合ですか。

A 本改正により、外国関係会社の税負担割合が30%以上の場合は、本税制の適用はないのですが、本問では、外国関係会社の税負担割合が20%台であることから、①事務所等の固定的施設がない等のいわゆるペーパーカンパニーの場合、②総資産に対する所定の受動的所得の割合が30%を超える外国関係会社で、総資産に対する有価証券、貸付金及び無形固定資産の合計額の割合が50%を超える、いわゆるキャッシュボックスの場合、③情報

第4章 BEPS後の動向

交換等に非協力的と財務大臣が指定した国等に本店等を有する外国関係会社，の場合が会社単位の合算課税の対象となり，これらに該当する外国関係会社は，財務諸表等を確定申告書に添付することになります。

3　義務的開示制度

Q 義務的開示制度とはどのようなもので，その背景は何ですか。

A 義務的開示制度（Mandatory Disclosure Rules：以下「MDR」とします。）は，会計士や税理士等のプロモーター及び利用者が所定の租税回避スキームを課税当局に報告する制度で，米国，英国，カナダ，アイルランド，イスラエル，韓国，ポルトガル，南アフリカではこの制度が導入されています。BEPS行動計画12は，これらの導入済みの各国の制度を分析して勧告を行っています。この制度導入について，BEPS勧告は，MDRは，過度の租税計画（aggressive tax planning strategies）に関する包括的で適切な情報に早期にアクセスして，提供を受けた情報のリスク評価，税務調査，法令の改正等によりこれらに早期に対応するためである，としています。MDRの目的は，透明性の向上と，スキームが公表されることでそれに加入することを納税義務者がためらうという抑止力になることと，プロモーター及び利用者が，租税回避スキームを実行することを躊躇することから租税回避市場に圧力をかけることです。

Q 平成29年度税制改正大綱では，義務的開示制度が今後の検討課題として，近い将来導入の可能性が示唆されましたが，このような税制改正以外の項目が注目される理由は何ですか。

A 　会計士や税理士等のプロモーター及び利用者の開示義務の範囲等，すなわち，誰が，何を，等が問題になります。さらに，2016年8月17日，英国のBBC等によれば，英国政府は，租税回避に対して助言等をした会計士，アドバイザー等に軽減された税額の最大100％の罰金を科すことを発表しました。これは，MDRから派生する問題点ですが，焦点が，MDRの内容から次第にMDR導入後の一般否認規定（General Anti-Abuse Rules：以下「GAAR」とします。）導入の可否，そして，プロモーターに科される罰金問題に移る局面となっているからです。

　このように，英国において租税回避への新たな制裁措置が公表されたのですが，日本においてもMDR導入時には，タックス・プランニングが専門家から開示された場合，それを否認するためのGAARが必要といわれています。日本は，GAARをMDRと同時に導入するか否かは不透明ですが，英国では，MDR導入➡GAAR導入➡租税回避の制裁強化，という道筋を既に経験しており，わが国も同様のプロセスを今後経験するのかという意味では，英国における動向は，決して他国のものとして等閑視できるものではありません。

Q 　MDR導入を勧告したBEPS行動計画12の概要はどのようなものですか。

A **(1) 概　要**

　日本は，今後，BEPS行動計画12の勧告（以下「勧告」とします。）を踏まえて，将来，MDR導入の可否を検討することになりますが，日本への同制度の導入について，BEPS行動計画12がモデルになるものと思われます。

　勧告では，MDRの役割は，過度の租税計画（aggressive tax planning strategies）に関する包括的で適切な情報に早期にアクセスして，提供を受けた情報のリスク評価，税務調査，法令の改正等によりこれらに早期に対応するためである，としています。そして，勧告は，モジュラー方式（modular framework）という新規に導入する国が独自にその方式を選択できることを認めています。

　MDRの目的は，透明性の向上と，スキームが公表されることでそれに加

入する納税義務者への抑止力になることと，プロモーター及び利用者が，租税回避スキームを実行することをためらうことから租税回避市場に圧力をかけることです。

(2) 開示義務者

開示義務者は，オプションA（米国・カナダの例）としてプロモーター及び納税義務者が個々に開示義務を負う方式と，オプションB（英国・南アフリカの例）としてプロモーター又は納税義務者のいずれかで，一義的にはプロモーターが責任を負う方式を掲げています。

このオプションBの納税義務者が開示の義務を負う場合は，英国・南アフリカ，アイルランド，ポルトガルにある例ですが，①プロモーターが海外にいる場合，②プロモーターが不存在の場合，③プロモーターが法的な職業上の守秘義務を主張する場合，がこれに該当します。

(3) プロモーター又はアドバイザーの定義

ア　プロモーター等の定義

プロモーターは，租税回避スキームの設計，販売，組織化そして管理に関与する者です（英国，アイルランドの例）。また，重要なアドバイザー（material advisor）については，米国の場合，金額基準が設けられています。

イ　報告対象の範囲を特定化する方法

勧告のオプションBにあるマルチ・ステップ或いは閾値（いきち）アプローチは，英国，アイルランド，カナダ，ポルトガルが採用している方式で，金額等の基準を設けること，基準で開示する取引を特定化するものである。

ウ　開示対象取引に関する基準

(ア)　一般基準（Generic hallmarks）

この基準には，①顧客に守秘義務を課したもの，②税務上の便益に連動して成功報酬が払われるもの，が含まれます。

(イ)　特定基準

この基準は，導入している国により次のように異なるものとなります。

①　損失を利用するスキーム（米国，英国，カナダ，アイルランド，ポルトガル）

②　リース取引（英国）
③　雇用者便益スキーム（アイルランド）
④　所得変換スキーム（アイルランド，ポルトガル）
⑤　軽課税国所在の事業体を利用するスキーム（ポルトガル）
⑥　ハイブリッド事業体を利用した仕組取引（南アフリカ）
⑦　税務と会計の多額の差異を利用した取引（米国）
⑧　指定取引（米国）
⑨　課税当局が注目する取引（米国）

エ　開示の時期

(ア)　プロモーターが開示する場合

　勧告はスキームが利用可能になった時点で開示としていますが，それ以外に，実施の時期もあります。

(イ)　納税義務者が開示する場合

　勧告による実施の時期ですが，納税義務者のみが開示義務者の場合，課税当局がスキームに速やかに行動できるように短期間とすべきであるとしています。

オ　スキームの利用者の特定

　開示義務者がプロモーターの場合は，スキーム参照番号と顧客リストの双方，或いは顧客リスト，開示義務者が納税義務者である場合は，スキーム参照番号です。

カ　義務の遵守と不遵守

　MDRによる取引の開示は，課税当局から取引の正当性或いは租税回避規定の適用の回避を保障するものではありません（米国，英国，アイルランド，カナダの例）。また，不遵守とは，スキームの不開示，顧客リストの不提供及びスキーム番号の不提供等の場合であり，金銭的な罰則が科されることになります。

キ　開示すべき情報

　開示すべき情報は，①プロモーターとユーザーに関する情報，②スキームを開示とする法令の詳細，③仕組取引及びその名称と詳細，④税務上の利益

の根拠規定，⑤税務上の便益の詳細，⑥顧客のリスト（プロモーターのみ），⑦予測される税務上の便益の金額，です。

　ク　国際的租税スキーム

　国際的租税スキームの開示のための設計へのアプローチとしては，①閾値（いきち）テストは不要，②国際課税を照合するための新しい基準の設定，③仕組取引に対する広義の定義，④負担を考慮した開示の制限等，です。

Q 日本の先例になる可能性がある英国の義務的開示制度はどのようなものですか。

A 　米国はタックスシェルター対策として，1984年にMDRを導入していますが，英国は，2004年財政法Part7には租税回避スキーム開示のDOTAS（Disclosure of Tax Avoidance Schemes）制度を創設しました。そして，2010年に誕生した連立政権はその連立合意の中に租税回避対策に取り組むことを盛り込み，アーロンソン勅撰弁護士を中心とした研究会が発足して，2011年11月に研究報告（GAAR STUDY）が公表され，2012年に議会によるGAAR規定の原案が立案されました。その後に修正を経て，2013年3月財政法案が提出され，同年7月に女王の裁可が下されたことにより2013年財政法（第5款及びシェジュール43）にGAARが規定されたのです。

　英国のDOTASの概要は，届出すべき租税回避に関与した者が当該租税回避のスキームについての情報を課税当局に提供するというものですが，この情報提供を怠ると罰則が適用となります。課税当局は，この制度の適用により，租税回避スキームに関する情報とプロモーターを通じてその利用者を素早く知ることにより，この情報収集により，租税回避スキームに対する早期の警告とその利用者の把握をすることができるようになったのです。

　課税当局に対して届出を要することになる要件は，次のとおりです。

①　仕組み取引或いは仕組み取引に関する計画の存在
②　税務上の便益を提供するスキームの存在
③　税務上の便益の取得が主たる便益の1つであることが期待されている場合

④　当該スキームが9つある基準（導入時は8つ）の1つに該当する場合課税当局は，プロモーターにスキームの参照番号（Scheme Reference Number：SRN）を付与し，プロモーターは，SRNをその顧客に知らせなければなりません。当該顧客は，SRNを申告書に記載することになります。なお，このSRNの交付は，課税当局がこのスキームの適正性を認めたことではありません。また，罰則としては，課税当局に届出を怠った場合，1日当たり600ポンドの罰金を科されることになります。なお，2007年財政法により，無届の場合，日額の罰金の上限が5,000ポンドに改正され，プロモーターの報酬よりも罰金額が低い場合，最高上限額が100万ポンドとなっています。

さらに，2014年には，DOTASでは捕捉できなかった注意を要するプロモーターの行動を監視することで，租税回避スキームの使用を抑制するPOTAS（Promoters of Tax Avoidance Schemes）が導入されました。

Q　英国では，2004年のDOTAS導入，2013年のGAAR導入，そして2014年のPOTAS導入という租税回避対策を積み重ねてきましたが，まだ，規制を要する租税回避を行う者が存在してその対策が必要となりました。その内容はどのようなものですか。

A　日本は，現在，英国の2004年DOTAS導入以前の状態です。英国では，MDR導入後も，GAAR導入と租税回避対策強化策というMDR導入では解決しない問題への対応のため，追加的な対策として，それまでの対策では適用から漏れる継続的租税回避利用者及びプロモーター（high risk promotors）への罰則等が検討され，2015年1月，2015年12月，そして2016年8月と強化策案（Strengthening Tax Avoidance Sanctions and Deterrents：A discussion document）が公表され，この案が前述の100%罰金を述べているのです。この強化策案における焦点は，課税当局に否認された租税回避の関与者（enablers）の範囲が広範であることです。関与者には，租税回避を企画，促進，販売する者は勿論，租税回避仕組み取引を実行する最終使用者から便益を得ている租税回避の提供関与者（anyone in supply chain）も含むことになります。例えば，当該租税回避スキームに助言，助力をする者，当

該仕組み取引の販売に関連して手数料を得ている独立した財務アドバイザー，会計士等で，かつ，会社設立業者，銀行家，信託受託者，会計士，法律家等で，租税回避実行の関係者等である者等が含まれます。以上の者について，最大限100％の罰金が科されることになる。この範囲拡大が実務へのインパクトとなっています。

Q 平成30年以降の税制改正の項目としての義務的開示制度導入に際しての問題点は何ですか。

A 日本へのMDR導入の問題点は，それ自体の内容（誰が，何を，どこまで開示する義務が生じるのか）ばかりでなく，MDR導入とともに，一般否認規定（GAAR）導入がペアーとなる可能性があることです。平成29年度税制改正においてMDR導入を先送りした理由には，GAAR導入の検討が十分でなかったこともその原因ではないかと推察しています。

　さらに，MDR導入➡GAAR導入，と制度が整備されたとしても，これらの網をかいくぐって租税回避を行う者がいるというのが英国における実態です。平成30年度以降，MDR導入については，それ自体の検討ばかりではなく，これらの制度の抜け道を利用してその適用を逃れ，租税回避を計画する者にまで範囲を広げて制度設計をする必要があります。

　また，会計士及び税理士は，MDRの開示の範囲と責任に関して関心が集中するものと思われますが，「やりすぎ」或いは「意図的」な租税回避のプランニングでなければ，通常のビジネスにおけるタックス・プランニングまで開示を求められる制度でないことから，BEPS勧告の趣旨は生かされるものと期待しますが，英国の租税回避対策強化策案まで制度化されるかどうかは現在のところ不透明です。

4 EUの共通連結法人課税ベース(Common Consolidated Corporate Tax Base：CCCTB)の導入

Q CCCTBに至るまでのEUの動向はどのようなものですか。

A CCCTBに至るまでのEUの動向は次のとおりです。

1957年3月25日	ローマ条約調印（ベルギー，フランス，イタリア，ルクセンブルク，オランダ，西ドイツ（当時）の6か国が調印）：この条約は，欧州経済共同体設立条約（EEC）と欧州原子力共同体条約という内容です。
1963年	「ノイマルク報告」（加盟国の法人税制の共通化）"Neumark Report" EEC Report on Tax Harmomsatlon, AmsteIdam1963
1970年	「ヴァンデン・テンプル報告」（加盟国の税制の共通化）(Vanden Tempel, A. J., Corporation Tax and Individual Income Tax in the European Communities, 14138/XIV/69-D)
1991年	国境を越えた損失控除に関する指令案（the Cross-Border Loss Relief Directive）
1992年3月	「ルディング報告」（個人所得税の域内統一，法人税率の30％程度で調整）
1996年以降	OECD：有害な税競争
1999年1月1日	単一通貨ユーロ導入
2010年3月18日	米国で外国口座税務コンプライアンス法（FATCA：Foreign Account Tax Compliance Act）」が成立，2013年1月施行。
2011年3月16日	CCCTB指令案（European Commission 2011a）
2012年後半	英国等において，多国籍企業の租税回避問題が生じていることが報道されました。
2015年6月17日	・A Fair and Efficient Corporate Tax System in the European Union: 5 Key areas for Action.COM（2015）302 final ・Questions and Answers on the CCCTB re-launch.
2016年10月25日	欧州委員会，CCCTB再提案

第4章　BEPS後の動向

Q CCCTBの内容はどのようなものですか。

A EUのCCCTBに係る動向は，加盟国が独自に制定している法人税法等を域内で標準化することで，コンプライアンスコストの減少等のメリットがあることから，①1963年の「ノイマルク報告」，②1970年の「ヴァンデン・テンプル報告」，③1992年の「ルディング報告」，と検討を重ねてきましたが，いずれも成案とはなりませんでした。

そして，2011年のCCCTB指令案（以下「旧案」とします。）から，域内法人の課税ルールを共通化した上で連結所得計算を行い，その連結所得を一定のフォーミュラで関係法人に分配して，それぞれの所在地国が自国の法人税率を適用する案が欧州委員会から提案されました。旧案は，英国，アイルランドの反対もあり，その後検討を加えて内容を改めたのが2016年再提案（以下「新案」とします。）です。

旧案では任意としていた連結計算でしたが，新案は，年間総収入7億5,000万ユーロを超える大規模企業グループには強制適用としています。また，新案は，導入に際して，第1段階では，課税ルールの共通化，第2段階では，連結所得計算という2段階の導入を提唱しています。今後の見通しとしては，2019年に新案の第1段階，2021年までに第2段階の導入という予定のようですが，旧案導入に反対した英国がEUを離脱すること等，旧案と新案では，その状況が変化していることから，新案は，実現可能性という点では旧案よりも高いといえますが，第2段階の実施については，より議論を深める必要が生じることも想定できるのです。

第5章

事業体課税

第5章 事業体課税

1 日本における事業体課税の展開

Q 事業体課税として法人該当性が問題になる理由は何でしょうか。

A 法人或いは団体等は，それ自身が納税主体となる事業体（以下「団体課税」とします。）です。他方，組合等の事業体はその事業体自体が納税主体にならず，その構成員が納税主体になるパススルー形態の事業体（以下「構成員課税」とします。）です。この構成員課税の事業体の場合，構成員が同じ国に所在する場合と異なる国に所在する場合の以下の2つのケースに分けることができます。

① 構成員所在地国（構成員課税）・事業体所在地国（団体課税）
② 構成員所在地国（団体課税）・事業体所在地国（構成員課税）

例えば，上記②の場合，構成員所在地国が日本で，事業体所在地国が米国である場合，より具体的には，日本の投資家が米国のパートナーシップ等を通じて，米国不動産に投資をしたような場合がこれに該当します。日本において訴訟となる事案は，米国不動産投資により損失が生じ，その損失を日本に投資家に帰属させて損益通算して確定申告した場合です。

その後，課税当局による税務調査により，米国のパートナーシップ等が，日本の租税法上，法人に該当するのではという判断が示された例があります。米国の事業体が法人であれば，日本の投資家の損益通算は否認されることになります。このように，ある事業体を自国の租税法上団体或いは法人として扱うのかどうかの判断基準を法人該当性といいます。

Q 法人該当性に関して押さえておくべき事項にはどのようなものがありますか。

A 法人該当性について，日本における司法判断等については後述しますが，これについてはいくつかの必須事項がありますので以下に列挙します。

1 日本における事業体課税の展開

① 平成13年6月の国税庁「米国LLCに関する税務上の取扱い」通達
② 平成17年度税制改正により，個人については「特定組合員の不動産所得に係る損益通算等の特例」（租税特別措置法第41条の4の2，1項）の創設となり，法人については，「民法上の組契約等による組合事業に係る損失がある場合の課税の特例」（租税特別措置法第67条の12，1項）という個別規定が整備されました。
③ 平成19年10月10日 米国ニューヨーク州 LLC（Limited Liability Company）事案の東京高裁判決（国側勝訴）
④ 平成27年7月17日米国デラウェア州 LPS（Limited Partnership）事案（名古屋）最高裁判決（国側勝訴）

Q 日本における事業体課税に係る判例等の動向はどのようになっていますか。

A 日本における事業体課税における関連年表は次のとおりです。

判決日等	
平成11年9月16日	国税庁通達「レバレッジド・リース取引に係る税務上の取扱いについて（法令解釈通達）」
平成13年2月26日裁決（裁決事例集 No. 61, 102頁）	米国で設立されたLLCは我が国の租税法上「法人格」を持った法人であるという判断が示された。
平成13年6月	国税庁が「米国LLCに関する税務上の取扱い」を公表し，LLCが米国の税務上，法人課税又はパススルー課税のいずれの選択するにせよ，原則的には我が国の税務上，外国法人として取り扱うこととなった。
平成15年11月6日第3次日米租税条約署名	条約第4条第6項に事業体課税に係る租税条約の適用の条文が創設された。
平成16年10月28日	名古屋地裁（航空機リース）
平成17年4月	平成17年度税制改正
平成17年10月27日	名古屋高裁（航空機リース）
平成17年12月21日	ケイマンLPS（名古屋地裁）船舶リース

第5章 事業体課税

平成18年2月2日 (裁決事例集 No. 71, 118頁)	請求人は米国 LPS を投資事業有限責任組合と類似していることから民法上の組合と同様に扱うことを主張したが審判所で採用されず,不動産所得ではなく雑所得と判断された事案
平成19年3月8日判決	ケイマン LPS（名古屋高裁）船舶リース
平成19年（2007年）5月16日	さいたま地裁判決（平成17（行ウ）3）において,米国ニューヨーク州で設立された LLC は日本の租税法上法人に当たるという判決が示されている（東京高裁：平成19年10月10日）。
平成19年10月10日	米国ニューヨーク州 LLC（東京高裁）
平成20年1月24日	ケイマン LPS（岐阜）
平成20年3月27日	ケイマン LPS（名古屋）船舶リース：最高裁不受理
平成22年12月17日	米国デラウェア州 LPS（大阪地裁）（国側勝訴）
平成23年7月19日	米国デラウェア州 LPS（東京地裁）（納税義務者勝訴）
平成23年12月14日	米国デラウェア州 LPS（名古屋地裁）（納税義務者勝訴）
平成24年7月2日	米国 LPS 裁決
平成24年8月30日	バミューダ LPS（東京地裁）
平成25年1月24日	米国デラウェア州 LPS（名古屋高裁）（納税義務者勝訴）
平成25年3月13日	米国デラウェア州 LPS（東京高裁）（国側勝訴）
平成25年4月25日	米国デラウェア州 LPS（大阪高裁）（国側勝訴）
平成26年2月5日	バミューダ LPS（東京高裁）（納税義務者勝訴）
平成27年7月17日	米国デラウェア州 LPS（名古屋：最高裁）（国側勝訴）
平成27年7月17日	米国デラウェア州 LPS（東京・大阪）最高裁上告不受理
平成27年7月17日	バミューダ LPS（東京）最高裁上告不受理決定

Q 平成27年7月の米国デラウェア州 LPS 事案の最高裁判決（以下「最高裁判決」とします。）以降,事業体課税における課題としてはどのようなものが考えられますか。

A 米国デラウェア州 LPS に関する課税については,平成17年度の税制改正により,新規の事案による同様の租税回避は適用できないことになっています。したがって,次のようなことが考えられます。

① 最高裁判決の分析と最高裁判決と同日に最高裁が上告不受理としたバミューダLPS事案の判決の比較検討。
② 最高裁判決において示された判断基準が今後も法人該当性の原則的な基準になるのでしょうか。
③ 国税庁は，外国事業体の法人該当性について，最高裁判決を踏まえてガイドラインの類を公表するのでしょうか。
④ 事業体課税問題は日本以外の国においても直面しているはずです。では各国はどのような対策を講じているのでしょうか。

Q 米国LPS最高裁判決までに，日本においては，どのような動きがありましたか。

A 法人以外の各種事業体の課税では，国内事業体の組合該当性等の問題と外国事業体の法人該当性の問題がありました。前者の例としては，航空機リース事案があり^(注)，後者の例は，前述した米国LLC事案或いは米国デラウェア州LPS事案等の事案です。

(注) 名古屋地裁平成16年10月28日判決，名古屋高裁平成17年10月27日判決，であり，民法上の組合該当性を争点とした事案で，いずれも納税義務者側勝訴となっています。

2 米国LLCの法人該当性

Q 米国LLCの法人該当性に関する事案の平成13年2月26日の裁決事例（裁決事例集No.61，102頁）は平成13年6月のLLC通達以前の事例ですが，そこにおける争点は何ですか。

A この裁決は，米国LLCに関する法人該当性を争点としたもので，かつ，LLC通達制定の原因となったものです。その概要等は次のとおりです。

(1) 事実関係
以下の各項目は本事案の事実関係に属する事項です。

第 5 章　事業体課税

① 　請求人は，日本居住者で，年分は平成 8 年及び平成 9 年です。
② 　請求人は，米国ニューヨーク州に LLC（以下「米国 LLC」とします。）を設立し，平成 8 年 6 月24日に出資金100万ドルを送金し，構成員持分は 9 分の 4 です。
③ 　原処分庁は，米国 LLC の不動産運用損失は，我が国の租税法上，外国法人と認められる米国 LLC 自体に帰属するという理由から，請求人の構成員持分に見合う不動産運用損失を請求人の他の所得金額と損益通算して確定申告することはできないとして，平成11年 2 月 3 日付で更正処分及び過少申告加算税の賦課決定処分をしました。

⑵　**原処分庁の主張**

原処分庁の主張の概要は次のとおりです。

外国の事業体については，外国の法律によって設立が認められ，その事業体の成立時において権利・義務の主体となることができる特性を備えることにより，我が国の私法上，法人格を有すると判断されたものについては，我が国の租税法上も損益の帰属主体となる外国法人として取り扱うこととなります。

我が国の租税法上の法人に関する定義した規定は存在しません。したがって，我が国の租税法上の法人概念については，一般的に民法，商法といった我が国の私法上の概念を借用してこれと同義に取り扱うこととなります。我が国の私法上の法人概念としては，法人とは「権利を有し義務を負う能力を法律上有しているもの」をいうと解されています。また，外国法人について規定している民法第36条第 1 項の規定によれば，外国の法律によって設立され当該外国の法律の下で法人格が与えられた商事会社は，我が国の私法上，外国法人として認許されると規定されています。この場合の外国法人としての認許とは，外国の法律で認められた法人格を我が国においても承認し，法人として活動することを認めることと解されています。

この上記の原処分庁の主張は，その後の外国事業体の法人該当性における国側主張と同様のロジックです。

(3) 請求人の主張

請求人の主張の概要は次のとおりです。

我が国の租税法上は，法人格の有無が納税義務者となる法人の判定基準ですが，ニューヨーク州LLC法の解説マニュアルには，LLCは法人格がない事業体（Unincorporated Organization）であると明確に記載されており，ニューヨーク州弁護士が書いた雑誌においても，LLCには法人格がないと記述されており，これは，法律に携わっている者なら周知の事実（ないし常識）であるので，これについて我が国の行政府が異なる解釈をすることは，設立準拠法主義に違反するものです。

この設立準拠法主義の意義は，「その事業体に法人格があるかどうかは，我が国の法律ではなく，その国又は州の法律でそうなっている（法人格がある）かどうかで判断する。」ことであると理解できますが，原処分庁は，設立準拠法主義を「有限会社に有限会社法が，株式会社に商法があるように，LLCにはLLC法があるから，LLCは法人である。」というように解釈しているように思われますが，法人格のない我が国の投資事業有限責任組合にも準拠する法律はあるし，また，米国のパートナーシップにもパートナーシップ法はあるのであるから，原処分庁の主張には根拠がありません。

(4) 法人該当性に係る判断

法人該当性については，次のような判断が示されました。

① 法人とは，一般に「自然人以外のもので法律上，権利・義務の主体となることのできるもの」です。すなわち「権利を有し義務を負う能力を法律上有しているもの」をいうと解されます。
② この権利・義務の主体となることができる法律上の資格のことを法人格と称しています。
③ 外国の法律によって設立され，当該設立準拠法の下で権利・義務の主体となることができる法律上の資格（法人格）が与えられた事業体は，我が国の私法（租税法）上の外国法人に該当し，我が国の租税法上

損益の帰属主体となると解するのが相当です。

> ④　外国の法律によって設立された事業体が我が国の租税法上損益の帰属主体となるか否かについては，当該設立準拠法の下で権利・義務の主体となることができる法律上の資格（法人格）が与えられているか否かが判断基準ですが，ニューヨーク州 LLC 法には，法人格の存在を直接規定した条項は存在しません。

> ⑤　米国 LLC が損益の帰属主体となるか否かについては，ニューヨーク州 LLC 法の下で米国 LLC に認められている権利・義務の内容から判断しなければなりません。

(5) 米国 LLC の法人該当性

米国 LLC は以下に掲げる特徴を有していることから同法の下で権利・義務の主体となることができる資格を付与された事業体であると認められるという判断が下されました。

> ①　商行為をなすことを業とする目的でニューヨーク州 LLC 法に従った設立手続を経て設立された事業体であること。

> ②　設立準拠法であるニューヨーク州 LLC 法の下で，契約，財産権の所有，裁判，登記等において当事者となることができる資格を与えられていること。

> ③　ニューヨーク州 LLC 法で「LLC は（構成員とは別個の）独立した法的主体である。」と規定されていること。

したがって，米国 LLC は，その設立準拠法であるニューヨーク州 LLC 法の下で，権利・義務の主体となることのできる法律上の資格を付与された事業体であり，このような法律上の資格と実態を有する米国 LLC は，我が国の私法或いは租税法上の外国法人に該当し，当該 LLC が行う事業から生じる損益は，LLC 自体に帰属すると認めるのが相当である，という判断が示さ

⑹ 米国 LLC に法人格がないことに関する裁決上の判断

　請求人は，ニューヨーク州 LLC 法の解説マニュアルには，LLC は法人格がない事業体（Unincorporated Organization）であると明確に記載されており，LLC に法人格がないことは米国では周知の事実である旨主張しています。

　我が国と米国とでは税務上の法人概念のとらえ方が著しく異なるところ，米国の租税法上では構成員課税が適用されている LLC の場合，当該 LLC は設立準拠法の下で法人格を与えられていますが，税務における取扱上は法人として認められた事業体ではないと解することができますし，また，「LLC には法人格あり」とする見解も少なからず存在しており，さらには，米国の租税法上，現に法人課税の対象とされる LLC も存在するなど，請求人主張の「LLC に法人格がないことは米国では周知の事実」と判断することはできず，この点に関する請求人の主張は採用できません。

　さらに，請求人は，契約主体となり得ることと法人格の有無とはまったく別のもので，法人格があれば当然に契約主体となり得るが，契約主体となり得るからといって法人格があるとは限らない旨主張しています。

　確かに，契約主体となり得ることのみをもって法人格の有無を判断することはできませんが，米国 LLC が，我が国の租税法上，法人格を持った事業体であると判断されるのは，設立準拠法の下で権利・義務の主体となることのできる法律上の資格が与えられている事業体であると認められるからであって，契約主体となり得ることのみを根拠とするものではないから，この点に関する請求人の主張は採用できません。

　本裁決は，以上のような判断から，米国 LLC が「人格のない社団等」に該当するか否か，又は「民法上の組合」若しくは「匿名組合」に該当するか否かについて検討するまでもなく，米国 LLC は我が国の租税法上「法人格」を持った法人であると認められ，米国 LLC が行う事業から生じる損益は米国 LLC 自体に帰属すると判断すべきである，と判断されたのです。

(7) 小　括

上記の裁決事例における判断は，後述する裁判における原告及び被告の主張と重なる部分も多いことから，その多くを引用したのですが，以下の法人該当性については，この裁決をベースにその相違点という形での理解が必要となります。

3　LLC に関する国税庁通達

Q　平成13年6月発遣の LLC 通達はどのような内容ですか。

A　平成13年6月に国税庁は，「米国 LLC に関する税務上の取扱い」を公表しました。この通達では，LLC は，原則的には我が国の私法上，外国法人に該当するものと取り扱われるとしており，その判断要素を次のように掲げています。

① LLC は，商行為をなす目的で米国の各州の LLC 法に準拠して設立された事業体であること。
② 事業体の設立に伴いその商号等の登録（登記）等が行われること。
③ 事業体自らが訴訟の当事者等になれるといった法的主体となることが認められていること。
④ 統一 LLC 法においては，「LLC は構成員（member）と別個の法的主体（a legal entity）である。」，「LLC は事業活動を行うための必要かつ十分な，個人と同等の権利能力を有する。」と規定されていること。

結論として，LLC が米国の租税法上，法人課税又はパススルー課税のいずれの選択を行ったかにかかわらず，原則的には我が国の税務上，「外国法人

(内国法人以外の法人)」として取り扱うのが相当としています。

この通達は，その発遣時期からして，前問の裁決の結果を踏まえて，LLCに関する取扱いを統一する趣旨から定められたものと思われます。

4 租税条約における事業体課税

Q 現行の日米租税条約には，事業体課税に係る規定がありますが，なぜ，日米租税条約にこのような規定が置かれたのでしょうか。

A 現行の日米租税条約は，平成15年（2003年）11月6日に日米租税条約の改正署名が行われ，平成16年3月30日をもって発効しています。この日米租税条約第4条第6項には事業体課税に係る規定がありますが，現行日米租税条約の署名が，平成13年6月の国税庁LLC通達の後であることに注意が必要です。

日米租税条約の適用対象者に関して，同条約第4条（居住者条項）において，居住者とは，一方の締約国において課税を受けるべきものとされる者と規定されています。前問で明らかなように，日本では，米国LLCを外国法人とする取扱いです。米国における当該米国LLCへの課税が構成員課税とすると，この米国LLC自体は，米国において納税主体となっていないことから，租税条約適用上の米国居住者とはなりません。では，米国における課税が構成員課税であることから，構成員自体が米国居住者かどうかを判定すればよいということにもなりますが，我が国はすでに米国のLLCを外国法人と定めていることから，外国法人である米国のLLCの取得する所得をその構成員の所得とすることはできません。

このような隘路を解決するために，日米租税条約では，LLCが構成員課税を選択した場合と，団体課税を選択した場合に分けて租税条約上の便益を受ける者について規定をしたのです。その結果，米国のLLCについて，日本が法人課税，米国が構成員課税を採用しても，納税義務者の不利にならないような措置が採用されたといえます。

第5章　事業体課税

Q 租税条約には一般的定義を定めた条項があり，ここには，法人に関する定義がありますが，この定義と法人該当性は関係がありますか。

A 租税条約には一般的定義を定めた条項があり，日米租税条約第3条第1項(f)に法人に関する定義があります。この規定によれば，法人は，「法人格を有する団体又は租税に関し法人格を有する団体として取り扱われる団体をいう」と定義されていますが，これは，租税条約上において，「法人」について双方の締約国において認識を共有するためのもので，条約相手国の事業体の法人該当性を判定する基準ではありません。

したがって，租税条約における法人該当性に関する理解は次のようになります。すなわち，租税条約に事業体の法人該当性を判定する機能はなく，双方の締約国がそれぞれに異なる判定（団体課税と構成員課税）をした場合に，国際的二重課税排除の観点から，租税条約は，その調整を行う役割を有していると考えられます。

5　米国ニューヨーク州LLC事案判決

Q 米国ニューヨーク州LLC（以下「NYLLC」とします。）については，司法上の判断が示されて，日本では法人として扱うことで決着したようですが，その経緯はどのようなものですか。

A この裁判は，第一審がさいたま地方裁判所（平成19年5月16日判決），控訴審が東京高裁（平成19年10月10日判決）で，第一審は国側勝訴，原告は控訴しましたが，控訴棄却となっています。前問までに述べた，米国LLCに関する裁決事例，国税庁によるLLC通達，そして，本件判決という経過により，米国LLCが日本においては法人として扱われることが定着しました。

第一審における裁判所の判断は次のとおりです。なお，控訴審は控訴を棄

却していることから，その判断に変更はないものと思われます。
① 我が国の租税法上，法人そのものについて定義した規定はありません。
② 租税法上の法人は，民法，会社法といった私法上の概念を借用し，これと同義に解するのが相当です。
③ 我が国の租税法上，「法人」に該当するかどうかは，私法上，法人格を有するか否かによって基本的に決定されていると解するのが相当です。
④ 本件LLCが法人格を有するか否かについては，米国ニューヨーク州法の内容と本件LLCの実質に基づき判断するのが相当です（民法36条，会社法933条，旧商法479条，法の適用に関する通則法等参照）。
⑤ 本件LLCを被告の主張する英米法上において法人格を有する団体の要件に当てはめると，本件LLCは，NYLLC法上，法人格を有する団体として規定されており，自然人とは異なる人格を認められた上で，実際，自己の名において契約をするなど，原告等からは独立した法的実在として存在していることが認められ，我が国の私法上或いは租税法上の法人に該当すると解するのが相当です。
⑥ 原告は，NYLLC法に基づき設立されたLLCは，有限責任制，内部自治原則及び構成員課税を採用している点で，日本版LLCとされる合同会社ではなく，むしろ有限責任事業組合に相当するもので，我が国の租税法上の法人には該当しない旨主張しましたが，我が国における有限責任事業組合は，民法上の組合の特例として創設されたものであり，出資者が有限責任を享受するとしても，組合であって，法人ではなく，組合自体の名義で財産を所有したり，契約を締結したりすることはできません。そうすると，本件LLCが我が国における有限責任事業組合に相当するとはいえず，原告の上記主張は採用できません。

6　米国デラウェア州LPSに係る判決

6-1　本事案判決の概要

Q　米国LLCの法人該当性については，前問までで日本において法人として扱うということで定着を見たと思いますが，LLCと本問のLPSとの違いは何ですか。

A　米国LLC（Limited Liability Company）は，米国の州法であるLLC法により設立された全員有限責任の組織体です。米国LPS（Limited Partnership）は，パートナーシップの一形態で，全員無限責任のジェネラル・パートナーシップ（General Partnership: GP）と，無限責任と有限責任のパートナーから構成されるリミテッドパートナーシップ（LPS）があります。米国におけるパートナーシップには，この他の形態もありますが，GPとLPSは共に，州法であるGP法，LPS法に基づいて設立されています。日本において，平成27年7月の最高裁判決となった事案は，米国デラウェア州LPSに係るものということになります。

Q　米国デラウェア州LPS事案の裁判は，東京，大阪，名古屋でそれぞれ判決が出されましたが，整理するとどうなりますか。

A　東京，大阪，名古屋の各裁判の経緯は次のとおりです。なお，各事案は確定申告で米国LPSを通じての不動産投資による損失額を申告しましたが，課税当局は，米国LPSを法人と認定することで，当該損失額の通算を否認して争いとなったものです。

	第一審	控訴審	最高裁
東京	平成23年7月19日 （納税義務者勝訴）	平成25年3月13日 （国側勝訴）	平成27年7月17日 （上告不受理決定）
大阪	平成22年12月17日 （国側勝訴）	平成25年4月25日 （国側勝訴）	平成27年7月17日 （上告不受理決定）

| 名古屋 | 平成23年12月14日
(納税義務者勝訴) | 平成25年1月24日
(納税義務者勝訴) | 平成27年7月17日
(国側勝訴) |

この裁判は，上記の表のように，最終的には国側の主張が最高裁で認められた形ですが，国側の主張と納税義務者側の主張を整理する必要があります。

Q 第一審と控訴審において，判断が異なった東京地裁及び東京高裁判決では，どのような点で相違があったのですか。

A それぞれの判決の要旨等は次のとおりです。

(1) 東京地裁判決要旨

本事案において米国LPSが行った不動産賃貸事業により生じた損益は，本件各LPSが我が国の租税法上の法人及び人格のない社団のいずれにも該当せず，本件各LPS契約で定める損益分配割合に応じて，本件各受託銀行を介して原告らに直接帰属するものと認められ，かつ，上記損益に係る所得が事業所得又は譲渡所得のいずれにも該当しないことから，当該損益に係る所得は，いずれも不動産所得に該当するものと認められるとして請求を一部認容したものです。

(2) 東京高裁判決

ア　判決要旨

原審は，処分の一部が違法であると認めた事案ですが，本判決では，控訴人（国）の控訴を認め，原判決中の控訴人敗訴部分を取り消し，被控訴人（納税義務者）らの請求をいずれも棄却しました。

イ　本件各LPSの租税法上の法人該当性について

外国の法令に準拠して組成された事業体が我が国の租税法上の法人に該当するか否かの判断（控訴人基準①②③）は，次のとおりです。

① その構成員の個人財産と区別された独自の財産を有するか否か。

② その名において契約を締結し，その名において権利を取得し義務を負うなど，独立した権利義務の主体となり得るか否か。

③ その権利義務のためにその名において訴訟当事者となり得るか否か。

また，原審と控訴審の損益の帰属主体に関する判断の相違点は次のとおりです。

| 原審 | 権利義務の主体として取引を行い，財産及び債権債務の帰属主体となる存在が必ずしも損益の帰属主体になるとは限らない，としました。 |
| 控訴審 | 通常，取引に係る損益を構成する収入や支出は，当該取引に関する債権債務と表裏一体の関係にあり，構成員と区別された独自の財産を有し，独立した権利義務の帰属主体となる事業体であれば，その事業を営むことにより利益や損失が生ずれば，それらの損益は当然に当該事業体に帰属するから，事業体が損益の帰属主体となることは明らか，としました。 |

原審と控訴審の控訴人基準についての判断の相違点は次のとおりです。

| 原審 | 控訴人基準は法人と法人でない団体（事業体）とを区別する基準として機能し得ないと判示しました。 |
| 控訴審 | 控訴人基準①について，組合や人格のない社団の場合，その権利義務の帰属形態が共有又は総有であることから，構成員個人が自由にそれを処分することができるわけではないという意味で，その財産は構成員の個人財産とは区別することができるものの，法的には，法人財産のように，法人の独自の財産として法人に帰属し，構成員の個人財産と厳格に区別されるといった関係はありません。控訴人基準②についても，任意組合や人格のない社団が代表者名で法律行為をすることが認められているのは，構成員全員の氏名を列挙することの煩を避けるためであり，人格のない社団の不動産の登記は，代表者が構成員全員からの受託者としての地位において，その個人名義で登記をすべきものとされています。したがって，控訴人基準によって法人と人格のない社団及び任意組合とを区別することは十分に可能です。控訴人基準によれば，本件各LPSは，我が国の租税法上の「法人」であると優に認められます。 |

原判決の法人該当性の基準（原判決基準①②）は次のとおりです。

①　我が国の法人制度と諸外国の法人制度が異なるにもかかわらず，当該外国の法令が当該事業体を法人とする（当該事業体に法人格を付与する）旨規定しているか否か。
②　その実質を考慮する場合も，当該事業体が損益の帰属すべき主体として設立が認められたものといえるか否か。

この原判決基準①②に関する高裁の判断は次のとおりです。

①　形式的基準を基本とする点は相当ではありません。州LPS法における「separate legal entity」の規定は，「同法に基づくLPSは（その構成員から）独立した法的主体である」と規定している以上，これをその文言から読み取れるとおり解釈し，この規定を踏まえた上で，州LPS法により設立されたLPSに対し，法的主体として具体的にどのような権利・義務が付与されているのかを検討して，法人格を付与する旨の規定といえるか否かを判断すべきです。したがって，原判決基準①によっても，本件各LPSが準拠法によって法人とする旨規定されていると見ることができます。
②　その実質を考慮する場合も，当該事業体が損益の帰属すべき主体として設立が認められたものといえるか否かという基準によることには合理性がありません。本件各LPSの米国租税法上の取扱いは，チェック・ザ・ボックス制度により，構成員課税を選択したものとみなされているからといって，私法上の損益の帰属先が直接影響されることはないことからすれば，本件各LPSが損益の帰属すべき主体として設立されたとは認められないという根拠はありません。したがって，原判決基準②によっても，本件各LPSは，損益の帰属すべき主体として設立が認められたものというべきです。

> （結論） 原判決基準①及び②によっても，本件各LPSは，我が国の租税法上の「法人」に該当します。

　上記の原判決基準①について，外国の法令の規定内容によって，我が国の租税法の適用において，我が国の法人と同様の権利能力を有する事業体が法人として扱われず，逆に，我が国の法人の有する権利能力を有さない事業体を法人として扱うことになりかねず，このようなことは，公平の原則に反する上，法人法定主義が採用されていない法制下では，我が国の租税法上の法人として扱われる事業体が存在しないこととなり，極めて不合理な結果を招来するというのが控訴審判決における判断です。

　また，原判決基準②について，租税法上の法人の概念の解釈として，損益の帰属主体として設立が認められたものであることに着目し，これを法人該当性の判断基準とすることは，根拠に乏しいといえます。法人税法の規定や任意組合についての所得税基本通達等から法人の意義や法人該当性の判断基準を導き出すことはできず，実質所得者課税の原則（所得税法第12条及び法人税法第11条）は，所得の帰属者について名義人と収益を享受する者とが食い違う場合に，その所得は後者の所得とすることを明らかにしたものであって，課税物件の帰属について「名義と実体，形式と実質とが一致しない場合」に問題となるものです。

　ウ　本件各LPSの租税法上の人格のない社団該当性について

　人格のない社団該当性の要件を満たすか否かの評価は，ある程度相対的なものであり，そのような観点から判断すれば，本件各LPSが人格のない社団に該当すると優に認めることができます。

6-2 最高裁判決

Q 名古屋地裁及び名古屋高裁判決により敗訴した国側は，最高裁に上告して，平成27年7月17日に国側勝訴の判決が出ました。その内容はどのようなものですか。

A 最高裁では，原審における本件各処分が違法であるとして，これらを取り消すべきものとしましたが，原審の上記判断は是認することができないという判断が示されました。その理由は，次のとおりです。

(1) 判断基準

第1基準	外国法に基づいて設立された組織体が所得税法第2条第1項第7号等に定める外国法人に該当するか否かについては，当該組織体が権利義務の帰属主体とされているか否かを基準として判断することが相当であると解されます。
第2基準	外国法に基づいて設立された組織体につき，設立根拠法令の規定の文言や法制の仕組みから，日本法上の法人に相当する法的地位が付与されていること又は付与されていないことが疑義のない程度に明白である場合には，そのことをもって当該組織体が所得税法第2条第1項第7号等に定める外国法人に該当する旨又は該当しない旨の判断をすることが相当であると解されます。

(2) 外国法に基づいて設立された組織体が所得税法第2条第1項第7号等に定める外国法人に該当するか否かを判断する基準

第1段階（これが明らかでないときは第2段階に進みます。）	当該組織体に係る設立根拠法令の規定の文言や法制の仕組みから，当該組織体が当該外国の法令において日本法上の法人に相当する法的地位を付与されていること又は付与されていないことが疑義のない程度に明白であるか否かを検討します。
第2段階	当該組織体が権利義務の帰属主体であると認められるか否かを検討して判断すべきものであり，具体的には，当該組織体の設立根拠法令の規定の内容や趣旨等から，当該組織体が自ら法律行為の当事者となることができ，かつ，その法律効果が当該組織体に帰属すると認められるか否かという点を検討します。

(3) 上記(2)の基準の本事案への当てはめ

①	デラウェア州LPS法は，同法に基づいて設立されるLPSがその設立により「separate legal entity」となるものと定めていますが，同州法を含む米国の法令において「legal entity」が日本法上の法人に相当する法的地位を指すものであるか否かは明確ではありません。
②	「separate legal entity」であるとされる組織体が日本法上の法人に相当する法的地位を有すると評価することができるか否かについても明確ではありません。
③	デラウェア州LPS法において同法に基づいて設立されるLPSが「separate legal entity」となるものと定められていることをもって，本件各LPSに日本法上の法人に相当する法的地位が付与されているか否かを疑義のない程度に明白であるとすることは困難であり，同州LPS法や関連法令の他の規定の文言等を参照しても本件各LPSが州法において日本法上の法人に相当する法的地位を付与されていること又は付与されていないことが疑義のない程度に明白であるとはいい難いのです。
④	本件各LPSが法人該当性の実質的根拠となる権利義務の帰属主体とされているか否かについて検討する場合，州LPS法は，LPSにつき，営利目的か否かを問わず，一定の例外を除き，いかなる合法的な事業，目的又は活動をも実施することができる旨を定めるとともに，同法若しくはその他の法律又は当該LPSのパートナーシップ契約により付与されたすべての権限及び特権並びにこれらに付随するあらゆる権限を保有し，それを行使することができる旨を定めています。このような州LPS法の定めに照らせば，同法は，LPSにその名義で法律行為をする権利又は権限を付与するとともに，LPS名義でされた法律行為の効果がLPS自身に帰属することを前提とするものと解されます。本件各LPSは，自ら法律行為の当事者となることができ，かつ，その法律効果が本件各LPSに帰属するものということができるから，権利義務の帰属主体であると認められます。
⑤	本件各LPSは，上記のとおり権利義務の帰属主体であると認められることから，所得税法第2条第1項第7号等に定める外国法人に該当するものです。

(4) 判　決

　被上告人らの請求のうち，本件各更正処分及び本件各通知処分の取消請求は理由がないことから，第一審判決のうちこれらの請求を認容した部分をいずれも取り消し，これらの請求をいずれも棄却する。また，被上告人らの請求のうち，本件各賦課決定処分の取消請求については，本件が例外的に過少

申告加算税の課されない場合として国税通則法第65条第4項に定める「正当な理由があると認められる」場合に当たるか否かが問題となるところ、この関係の諸事情につきさらに審理を尽くさせるため、上記破棄部分のうち上記請求に係る部分につき、本件を原審に差し戻します。

Q 法人該当性の検討について、前問にある最高裁判決が出たことで、日本におけるこの問題についての方向性は見えたというむきもありますが、今後はどのような事項が検討されるべきでしょうか。

A 前問の最高裁判決は、法人該当性へのアプローチの基準を示したという評価もできますが、納税義務者にとって予測可能性が十分に示されたとはいえない状態です。今後は、課税当局がケースバイケース方式により対応するのか、ガイドライン或いは通達のような文書を公表するのか等々、種々のことが想定できますが、最高裁判決により、米国デラウェアLPSの法人該当性については結論が出ましたが、今後、新たに生じる外国事業体の課税問題に対して、この最高裁判決は、ある程度の汎用性を持つことになるでしょうが、公理として広く適用できるか否かについては不透明な部分もあります。1つの方法は、外国事業体の課税問題に直面する他の国の現状を分析して、そこで採用されている措置を我が国においても参考にするということがあります。

このような観点から、以下では、米国、カナダ、英国の判例、法令等を検討することで、我が国におけるこの分野における理論的進展に参考になる部分を探ることとします。

7 米国における法人該当性の判例等

7-1 米国の動向

Q 比較法の観点から米国における法人該当性の動向を知るための関連する判決等にはどのようなものがありますか。

A 米国における法人該当性を検討する場合の2つの著名な判例と米国租税法における法人該当性の関連事項は次のとおりです。
① 1935年：モリセイ事案最高裁判決(注1)
② 1954年：キントナー事案控訴審判決(注2)
③ 1960年制定：キントナー規則（Kintner Regulations(注3)）
④ 1997年1月1日施行：チェック・ザ・ボックスルール（Check-the-box Classification Regulations：以下「CTB」とします。)(注4)

(注1) Morrissey et al. v. Commissioner of Internal Revenue, 296 U.S. 344 (1935). 74 F.2d 803 (9th Cir. 1935).
(注2) United States v. Kintner, 216 F.2d 418 (9th Cir. 1954).
(注3) §301.7701-1 to-11 (1960). この財務省規則は、1959年12月に proposed regulation が作成され、1960年11月15日に final regulation (T.D. 6503) となりました。
(注4) 26 CFR §301.7701-1.

7-2 モリセイ事案最高裁判決

Q モリセイ事案とはどのような訴訟なのか教えてください。

A モリセイ事案を項目別にすると次のとおりです。

(1) モリセイ事案の基礎データ

原告	T. A. Morrrissey and James m. O'Brien
課税年度	1924〜1926年

追徴税額	1924年：＄1,890.55, 1925年：＄1,623.49, 1926年：＄1,036.90
根拠法令	1924年及び1926年歳入法§2(a)(2)
最高裁判決	1935年12月16日（本事案の信託の法人該当性が認められました。）
第9巡回裁判所判決	1935年1月7日
争点	本事案信託が社団（association）か信託かが争われた事案

(2) 事実関係

原告は，1921年10月に不動産信託を設定し，ロサンゼルスに土地を取得し，1921年と1922年にその一部を譲渡しました。その利益は，原告の1923年から1926年の所得に含まれています。1922年に原告はゴルフコースを建設し，1924年1月12日までその運営をしていました。1923年7月に，原告は，法人株式を対価としてゴルフクラブを売却し，その後は，譲渡先法人からリースを受けていました。1924年から1926年に譲渡先法人から受け取った配当金額は次のとおりです。

1924年配当	＄53,560.65
1925年配当	＄21,973.60
1926年配当	＄21,973.60

課税当局はこれらの受取配当を原告の所得から除外して，その配当を団体の所得としました。異議審査庁（United States Board of Tax Appeals）は，これらの所得を団体に帰属する所得と判断し，控訴審においても原告の控訴を却下しました。原告は控訴審において，歳入法の規定する団体を設立したものではなく，信託を作成したもので，事業に従事（doing business）した要素はないことを主張しました。

(3) 争 点

特定の信託或いはパートナーシップは，それ自体納税主体とならず，その構成員等の段階で課税されることになりますが，信託が法人と類似の活動をすることで，法人と認定されると，法人段階の課税が行われ，法人と個人の

第5章 事業体課税

二重課税ということになります。本事案の信託は，法人所得税の対象となる団体に該当するかどうかが争われた事案です。

(4) 最高裁判決

最高裁判決では，団体とパートナーシップ及び信託を区分するために，法人とみなす基準（corporate resemblance test）を以下のように掲げています。

① 団体（associates）であることの特徴は構成員が存在することで，信託にはこれがありません。
② 事業を遂行し利益を分配する目的を媒体として作成維持されていること。
③ 実体として財産の所有権があること。
④ 継続性のある実体（continuing body）であること。
⑤ 経営の集中化（centralization of management）ができること。
⑥ 組織の存続に影響することなく持分権の譲渡可能なこと。
⑦ 有限責任であること。

(5) モリセイ事案最高裁判決の意義

上述のモリセイ判決では，企業が社団（association）であるかどうか判定する基準として，前出の基準が「法人とみなす基準」として採用されました。このうち，①構成員の存在，②事業を遂行し利益を分配する目的，が事業信託を除く信託の要件にはないために，このような信託は社団としては扱われないのです。しかし，実際の判定は難しく，重要な判定要素は，その組織が資産の管理及び投資よりも事業に従事している場合，社団という判断になる可能性が生じます。

7-3 キントナー事案判決とキントナー規則

Q モリセイ事案に続くキントナー事案とはどのような内容ですか。

A キントナー事案の概要は次のとおりです。

(1) キントナー事案の基礎データ

被控訴人	Arthur R. Kintner and Alyce Kintner
課税年度	1948年7月1日以降に開始となる課税年度
第9巡回裁判所判決	1954年10月14日
争点	当該団体から年金信託への拠出金が被控訴人の所得か否かが争点となり，医療関係の非法人団体（unincorporated association）の法人該当性が争われた事案です。

(2) 事実関係

被控訴人はKintner夫妻ですが，妻は合同申告書の関係で被控訴人となったことから，本事案の納税義務者は，医師である夫（以下「X」とします。）です。Xは，モンタナ州で，1948年6月30日までパートナーシップで医療活動をしていましたが，同日，パートナーシップを解消し，非法人団体の構成員を探しました。パートナーシップの資産と負債は当該団体に引き継がれ，パートナーシップの2名の使用人は当該団体の使用人となりました。当該団体は，当初からの構成員が全員死亡した段階で終了になります。当初からの構成員はパートナーシップの構成員であった8名の医師で，当該団体の経営は，執行委員会により運営され，事務職から選抜された5名がその任に当たっていました。構成員は，執行委員会から給与を支給されていました。当該団体の純利益は構成員の給与の額を基準に分配されました。モンタナ州の地方裁判所（107F. Supp. 976.）は当該団体をパートナーシップではなく法人という判断を示したため，政府は控訴しました。

(3) 争点と判決

この事案は，モリセイ事案と異なり，納税義務者側が医療関係の非法人団体を法人であると主張し，課税当局の主張は，医療行為は人的役務によるもので，法人がそのような業務に従事はしないというものです。過去の判例等[注1]から法人は医療行為ができないとされていたことがその主張の根拠です。

判決は，当該団体を法人と認めるのですが，この事案がパートナーシップ或いは団体（法人）を争点にしたのは，個人と法人の税負担の相違ではなく，

内国歳入法典第401条に規定する適格年金プラン（qualified pension plan）に団体からの拠出金が該当するかどうかです。すなわち，当該団体が法人であれば，その拠出金は課税繰延べとなるのに対して，パートナーシップであれば，個人所得になるというものです。

(4) キントナー規則に関連する事項

上記のキントナー事案控訴審判決の前に，1936年控訴審判決のペルトン事案[注2]において，州法（本事案の場合はイリノイ州）により法人による医療行為を認めていないにもかかわらず，本事案の判決では医療クリニックは団体であるという判決が出されている等が考慮され，モリセイ事案判決を参照して，キントナー事案の控訴審判決は，国側敗訴という結果になりました。

米国内国歳入庁（IRS）は，キントナー事案控訴審判決後も，年金の取扱上有利となるために，医師が団体となる場合にはパートナーシップという見解を維持して歳入ルーリングを発遣しましたが[注3]，1957年に方針を変更し，1959年12月に proposed regulation が作成され，1960年11月15日に final regulation が制定され，その財務省規則 §301.7701-1，§301.7701-2がキントナー規則といわれるものです[注4]。

このキントナー規則に関連する判例（1976年）としては，ラーソン事案があります[注5]。この判決では，キントナー規則（§301.7701-2(a)(1)）に規定する6つの要件，①団体性，②事業を遂行し利益を分配する目的，③継続性のある実体，④経営の集中化，⑤有限責任性，⑥持分権の譲渡可能性，のうち，③〜⑥の要件が法人とパートナーシップを区分する要件としています。そして，これらの要件は，いずれもその重要性において等しいとされています。

(5) キントナー規則

キントナー規則と称されているのは，1960年11月15日に final regulation （T. D. 6503）として制定された §301.7701-1から §301.7701-12の財務省規則のことで，特に本論と関係のあるのは，上述のとおり §301.7701-2 (associations) です。

繰り返しになりますが，1954年のキントナー事案控訴審判決において国側

敗訴となり，医療関係の非法人団体は，租税法上，法人と同様の団体という司法判断が出されたのに対して，IRSは，歳入ルーリング56-23，57-546において，これらはパートナーシップという見解に固執しましたが，その後見解を改めて，キントナー規則に至ったのです。

前出（4）に掲げた法人該当性の6要件については，①団体性，②事業を遂行し利益を分配する目的，がすべての組織に共通する要件ですが，信託と法人の区分要件は，この①と②の有無です。法人とパートナーシップについては，①と②は共通ですが，残りの4要件に相違が生じます[注6]。

（注1） Mobile Bar Pilots' Association v. Commissioner, 97 F.2d 695 (5th Cir. 1938).
（注2） Pelton v. Commissioner 82 F.2d 473 (7th Cir. 1936).
（注3） Revenue Ruling 56-23, 57-546.
（注4） Andrew Jr. Louis J, "Wisconsin Professional Service Corporations Under the New" Kintner "Regulations", Marquette Law Review, Vol. 49 Winter 1966, p. 564.
（注5） Larson v. Commissioner, 66 T. C. 159 (1976).
（注6） §301.7701-2(a)(2). この4要件による判定は "four factor test" と称されています。

7-4 チェック・ザ・ボックスルール（Check-the-box Classification：CTB）

Q CTB導入前のモリセイ事案及びキントナー事案は，いずれも米国国内の法人該当性の問題でしたが，外国事業体について，米国では何らかの対策等はなかったのですか。

A 1960年のキントナー規則制定から1997年のCTB制定まで約40年弱の間隔があります。キントナー規則までの議論の中心は，国内における法人とパートナーシップ或いは信託の要件である租税法上の法人該当性でしたが，1970年代以降，CTB制定までの間に，外国事業体の米国租税法上の区分の問題が生じています。以下に掲げたのは，外国事業体の米国における課税に係る歳入ルーリングです。

第5章 事業体課税

Revenue Ruling 73-254	米国市民が外国の事業体（非法人組織）に出資をしてその構成員となった場合，構成員間の法的関連及び持分はその事業体所在地国の法律の適用となることが規定されています。
Revenue Ruling 77-214	ドイツのGmbHは，キントナー規則6要件を有することから米国租税法上，団体と判断されました。
Revenue Ruling 88-8	外国法に基づいて組織された組織は財務省規則§301.7701-2に掲げた基準に基づいて租税法上の取扱いが判断されます。
Revenue Ruling 93-4	GmbHの取扱いが再検討され，法人としての特徴である4要件のうち3要件を有することから，米国租税法上団体として扱われることになりました。

Q　米国がCTB制定に踏み切った理由は何ですか。

A　CTB制定（1997年1月1日適用）の背景としては，法人とパススルー事業体の区分基準としてキントナー規則の適正性が問題であったことは大きな要因ですが，それ以外に，LLC（Limited Liability Company）が1977年にワイオミング州で法定化され，税法上の取扱いは，歳入ルーリング88-76によりパートナーシップとなったこと等も影響しているものと思われます(注1)。ちなみに，日本の国税庁が「米国LLCに関する税務上の取扱い」を発遣したのは2001年です。

上記の歳入ルーリングは，国内LLCに係るものですが，米国各州は，外国において設立されたLLCについては，次の4つの方法により区分しました(注2)。

　① LLCの共通する特徴により判断する実質アプローチ（substance approach）
　② 外国等においてLLCと定義されたものとして判断する外形アプローチ（label approach）
　③ 上記の基準の混合型アプローチ（hybrid approach）

④　法令等で定義をせずに，司法判断等にその解釈を任せる方式

このように，米国各州において，外国LLCに係る判断方法が統一できなかったこと等も，CTB制定の要因と考えられます。

(注1)　1977年に制定法化されたLLCは，1994年末までに46州で制定法化され，多数のLLCが設立されています（Cf. Ribstein, Larry E., "The Emergence of the Limited Liability Company" The Business Lawyer, Nov. 1995, p. 3）。
(注2)　Ibid. p. 35.

Q CTBは，財務省規則§301.7701-3(a).にその規定がありますが，その要旨は何ですか。

A CTB制定は，制定前の財務省規則が柔軟性に乏しく，予測可能性に問題があったというのが大きな理由として考えられます。他方，固有の法人（per se corporation）は除外されますが，それ以外の事業体は，選択可能事業体（eligible entity）として，基本的に，納税主体となるかパススルー事業体となるかの選択が可能となりました。また，選択可能事業体のうち，選択不履行（default classification）の場合の規定があります。

7-5　米国のファンドによる投資（バミューダLPS事案）

Q バミューダLPS事案は，東京地裁判決が平成24年8月30日，東京高裁判決が平成26年2月5日で，いずれもバミューダLPSは，我が国の租税法上法人に該当しないという判断が示された事例ですが，この原告のロンスターファンドは韓国においても同様の訴訟を起こしているようですが，その概要はどのようなものでしょうか。

A 上記のバミューダLPSを統括するロンスターファンドは，韓国においても同ファンドのデラウェア州LPSの法人該当性を争う事案（韓国に土地等を有する法人株式を譲渡して譲渡益を得た事案）で，韓国最高裁は2012年1月27日に法人該当性を認める判決を出しました。

米国の投資会社であるロンスター（Lone Star）の行ったソウル市内の45

階建ての建物の譲渡に関連して1億1,000万米ドルを課税した韓国国税庁の処分が，韓国行政裁判所により支持され，上告して上述の判決となったのです。

ロンスターは，本事案以外に，韓国為替銀行（Korea Exchange Bank）株式の譲渡益に対する課税処分を2007年6月に受けており，この事案は，株式の譲渡益と租税条約の適用による課税問題です。ロンスターは，米国のダラスに本拠を置く投資ファンドで，値下がりした韓国の物件を購入して，後に値上がりしたときに，これを売却して多額の譲渡益を得て韓国において納税せずに，その資金を国外に持ち出すというものである(注1)。

この事案には，韓国・ベルギー租税条約の適用があります。当該譲渡物件は，Xのベルギーにある子法人が2001年にシンガポール投資庁から購入したものです。この事案は，韓国不動産を所有するベルギー法人S社（Star Holdings）の株式を譲渡することで，当該韓国不動産の所有権を移転するという間接譲渡の事案です。

ロンスターの主張では，韓国・ベルギー租税条約が適用されて，株式の譲渡益はS社の居住地国であるベルギーでのみ課税となるということでした。これについてコメントしますと，株式の譲渡益は，租税条約に規定する「その他所得」の適用となり，その株式の発行法人の所在地国（本事案ではベルギー）でのみ課税となるのであります。

これに対して，裁判所の判断は，S社が脱税のためにベルギーに設立された導管法人（a conduit company）であり，同社は，事業活動も行わず，利益に対する管理支配の権利もないという判断を下しました。そして，韓国財務省は，Xの居住地国は米国であり，株式等の譲渡益は，その所得の発生した国において課税すべきであることから，米韓租税条約の適用という見解を示したのです(注2)。

（注1）　Lone Star's "eat and run" in S. Korea By Yoo Seungki, 2011-11-19.（http://news.xinhuanet.com/english2010/indepth/2011-11/19/c_131257688.htm）（2014年3月19日ダウンロード）.
（注2）　Lone Star Must Pay South Korean Tax On Tower Sale by Mary Swire, Tax-News.com, Hong Kong（06 July 2007）.

（http://www.tax-news.com/news/Lone_Star_Must_Pay_South_Korean_Tax_On_Tower_Sale_27796.html）（2014年3月17日ダウンロード）.

8 カナダ国内法の動向

8-1 法人該当性の変遷の概要

Q カナダ国内法における事業体課税関連事項にはどのようなものがありますか。

A カナダ国内法において，外国事業体の課税上の取扱いに関連する事項は次のとおりです。

① 1970年4月2日：Economics Laboratory（Canada）Ltd. v. M. N. R., 70 D. T. C. 1208（T. A. B.）.（外国の事業体の損失をカナダ居住者が控除できるかどうかが争われた事案で，2段階アプローチ（two-step approach：以下「TSA」とします。）が初めて示された事案）

② 1976年9月7日：Interpretation Bulletin IT-343（法人という用語の意義）

③ 1977年9月26日：Interpretation Bulletin IT-343R（IT-343の改訂版）

④ 1998年9月3日：Continental Bank Leasing v. Canada ［1998］2 S. C. R. 298（判決）

⑤ 2001年3月1日：Backman v. Canada（2001 SCC 10）（判決）

⑥ 2001年3月1日：Spire Freezers Ltd v. Canada（2001 SCC 11）（判決）

⑦ 2008年9月22日：Income Tax - Technical News No. 38（Foreign Entity Classification）

なお，カナダにおいて法人（corporation）が独立した法的人格を有するという判決が出されたのは，Hague v. Cancer Relief & Research Institute, ［1939］4 DLR 191（Man.K. B.）です。

第5章　事業体課税

Q 前問①の事案はどのような内容ですか。

A 　カナダでは，前出の Economics Laboratory (Canada) Ltd. 事案判決（1970年）において，ドイツの有限責任会社（GmbH）の特徴がカナダの有限会社（Limited Company）と類似していることから法人と認定し，ドイツの有限会社の出資者であるカナダ居住者は，ドイツ有限会社の損失を控除できないと判示しています。この判決がカナダにおいて後に影響を及ぼす2段階アプローチ（TSA）の最初の例といわれています[注1]。この最初のTSAは，伝統的なものといわれ[注2]，このアプローチは，後日進展を見るのです。

　　（注1）　Boidman, Nathan and Kander, Michael, "Foreign entity classification and the meaning of "corporation"" Canadian Tax Journal Vol. 57 No. 4 (2009) p. 884.
　　（注2）　Ibid. p. 882.

8-2　2段階アプローチの変遷

Q 前問にある TSA は，そのまま現在に至っているのでしょうか。

A 　TSA はその後次のように変遷します。

(1) 旧 TSA
最初に TSA は次のように説明されています[注1]。
① 外国の商法の下で，外国の事業上の団体の特徴を決定します。
② 外国事業体を分類するために，①の特徴をカナダの商法の下での事業上の団体と比較します。

　この TSA は，前問の租税裁判所（Tax Appeal Board）における1970年の Economics Laboratory (Canada) Ltd. 事案の判示事項といわれています[注2]。この事案は，ドイツの有限責任会社（GmbH）の法人該当性を争点とした事

案です^(注3)。この上記のTSAは，その後に問題が生じたことから，ここでは，TSAのオリジナル版という意味で旧TSAとします。

(2) 2000年制定の米国デラウェア州の改正統一パートナーシップ法の影響^(注4)

米国のデラウェア州は，2000年に改正統一パートナーシップ法（Delaware Revised Uniform Partnership Act：以下「DRUPA」とします。）を制定しました。このDRUPAは，2000年に制定され，2001年から施行されたものですが，カナダの課税当局（Canada Revenue Agency：CRA）の意見としては，当初，DRUPAに基づいて設立されたパートナーシップは，基本的に構成員から独立した実体として，カナダ租税法上，法人とみなすという見解でした。

カナダ課税当局は，その後に見解を変更して，DRUPAに基づいて設立された実体の属性は，共同して事業を行う等の点から，カナダのコモンローにおけるカナダのジェネラル・パートナーシップと類似しているとして，カナダの租税法上，当該事業体をパートナーシップに改めました。この見解の変更は，前述した旧TSAを改正した新TSAということになります^(注5)。

(3) IT-343からIncome Tax-Technical News No. 38までの変遷

1976年9月7日発遣のInterpretation Bulletin IT-343について，その改訂版のInterpretation Bulletin IT-343Rが1977年9月26日に発遣されました。この2つの文書は，法人（corporation）に関する見解と，外国の事業体で法人となるものを列挙し，外国事業体の法人該当性の基準を，独立した法的実体（separate legal entity）としていました。2008年のNo. 38では，旧TSAを改めて新TSAとしていますが，TSAであることに変わりはありません。

No. 38における新TSAは，従前の基準ではなく，準拠法及び合意の下における構成員と構成員の権利と義務の関連性の性格が最も重要な属性ということになりました。旧TSAを批判したMarc Darmoの論文は，No. 38発遣の原因といわれていますが，カナダのコモンローに基づいて設立されるパートナーシップの特徴として，①利益と損失の分配，②パートナーシップ財産の未分割持分の所有権，③相互代理権（mutual agency）が挙げられています^(注6)。

(注1) Boidman, Nathan and Kander, Michael, op. cit., p. 882 n. 5.
(注2) Ibid. p. 883.
(注3) Ibid. p. 884.
(注4) Ibid. p. 885.
(注5) 2005年にMarc Darmoの論文("Characterization of Foreign Business Associations" Canadian Tax Journal Vo. 53 No. 2, 2005)において，旧TSAの適用上の困難性が指摘され，新たな解釈が示されました。すなわち，「構成員から独立した実体」という要件のみでは判断できないとしたのです (Ibid. p. 886.)。
(注6) Ibid., p. 886.

8-3 ベックマン事案最高裁判決

Q 2001年最高裁判決の出たベックマンの事案は，前述した1976年のIT-343と2008年のIncome Tax - Technical News No. 38の中間に位置しており，TSAの変遷等に影響を及ぼしたといわれていますが，その概要はどのようなものでしょうか。

A (1) ベックマン事案の事実関係

本事案の事実関係は次のとおりです。

① LPSであるCは，1985年にテキサス州法に基づいて米国居住者により設立されました。

② Cは，土地とアパートを取得しました。

③ 1988年8月までに，Cの所有する不動産の取得価額が時価よりも下落しました。

④ 原告及び38人のカナダ居住者とA法人（以下「カナダ・パートナー」とします。）は，Cの米国パートナーからその持分を譲り受けました。

⑤ 取引は，1988年8月29日に行われ，カナダ・パートナーが米国居住者からパートナーシップの持分を18万ドルで取得しました。

⑥ C所有の不動産を当初のパートナーであった米国居住者に譲渡し，発生した譲渡損を1988年分の申告において控除しました。

⑦ カナダ・パートナーは，5,000カナダドルでカナダの石油とガスの権利を取得しました。

この事案の事実関係は，カナダ・パートナーが，含み損のある不動産を所有するパートナーシップであるＣの持分を当初のパートナーから譲り受け，それを時価で元のパートナーに譲渡することで譲渡損を発生させ，その譲渡損を確定申告において控除したのですが，課税当局がこの損失の控除を否認したもので，原告は租税裁判所，連邦高裁，そして最高裁に訴えたものです。なお，カナダが一般否認規定（GAAR）を導入したのは1988年であり，本事案はその適用開始前の事案です。

(2) 租税裁判所[注1]・連邦高裁の判決[注2]

　租税裁判所の裁判官は，本事案の取引が適法であり，見せかけ取引（sham）ではなく，租税回避否認規定の適用もないと判断しました。裁判官の関心は，カナダ・パートナーが正当なパートナーシップの構成員かどうかでした。裁判官の判断では，パートナーシップの定義は，利益を追求する事業を遂行する複数の者の間の関連性が必要であるとしていましたが，本事案における唯一の目的は，含み損の取得であると断じています。そして，カナダ・パートナーは，Ｃ所有不動産の所有権に関してパートナーシップの構成員ではないと判断して，訴えを却下しています。

　連邦高裁判決は，パートナーシップの定義と合致させるために，利益追求の事業が行われたという推論を容認していません。租税裁判所及び連邦高裁は納税義務者側敗訴となっています。そして，納税義務者側は，上告しましたがその訴えは却下されたのです。

(3) TSAに関する判示

　本事案の争点の第１の点は，カナダ・パートナーがパートナーシップの損失を控除できる正当なパートナーシップの構成員かどうかです（カナダ所得税法第96条第１項適用の可否）。第２の点は，第１の点にかかわらず，譲渡に関して上告人がパートナーの資格があるのかという点です。

　判決では，カナダのパートナーシップにおける損失を所得税法第96条に基づいて控除する場合，納税義務者は，パートナーシップの根拠法である州法等の定義を満たす必要がある，としており，外国のパートナーシップについてもカナダのパートナーシップにおける本質的な要素（essential elements）

が必要であると述べています。

カナダの課税当局による文書によるコモンローにおけるパートナーシップの定義は次のとおりです(注3)。すなわち、利益を追求するために共同して事業を遂行する者間に存在する関連、であり、その要件は、複数の者が、①事業の遂行、②共同、③利益追求、を行うということです。

⑷ 日本の米国デラウェア州LPS事案との比較

日本の米国デラウェア州LPS事案は、平成11年（1999年）から平成13年（2001年）の申告分です。

米国のデラウェア州は、2000年に改正統一パートナーシップ法（DRUPA）を制定し、2001年から施行しています。カナダの課税当局は、当初、DRUPAに基づいて設立されたパートナーシップを、基本的に構成員から独立した実体として法人とみなすという判断でしたが、その後この見解を変更して、カナダの租税法上、当該事業体をパートナーシップとしたのです。

デラウェア州LPS法については、米国LPS事案の名古屋地裁判決（平成23年12月14日判決）の資料によれば、同州のLPS法は、1990年改正法と2001年改訂のDRUPAであることが記述されています。それによれば、1990年改正法201条(b)では、州LPS法により組成されたLPSは、独立した法的主体（separate legal entity）と規定され、DRUPAでは、同法104条(a)において、パートナーから独立した主体（an entity distinct from its partners）と規定されています。

日本における米国LPS事案のデラウェアLPSが1990年改正の適用であり、カナダの課税当局に影響を与えたDRUPAが2001年改訂と異なっていても、LPSが独立した法的主体であるという点は共通しています。

以上のことから、米国LPS事案についての日本の最高裁判決とカナダにおけるTSAは、法人該当性に関して同様の手法を用いていながら、米国のデラウェア州LPSの法人該当性について異なる判断を下したことになります。結果としていえることは、法人該当性については、その判定の手法が同じであっても、課税する国において、法人或いはパートナーシップを判定する居住地国において根拠法が異なると異なる結果になることが判明しました。

(注1) 97 D. T. C. 1468.
(注2) ［2000］1 F. C. 555.
(注3) Income Tax Follio-S4-F16-C1, What is a partnership?

9 英国における外国事業体の法人該当性の動向

9-1 英国における法人該当性に係る沿革

Q 英国における外国事業体の法人該当性に関する判例にはどのようなものがありますか。

A 英国においても外国事業体が関わる税務事例が発生していた点では、日本をはじめとしてこれまで検討してきた米国，カナダと同様の状況です。最近では，アンソン事案（Anson v. Commissioners for Her Majesty's Revenue and Customs）最高裁判決（2015年7月1日）において米国LLCの法人該当性が問題の焦点となっていますが，外国事業体の法人該当性に関する判例のうちのいくつかを列挙すると次のとおりです。

① C. L. Dreyfus v. The Commissioners of Inland Revenue, 14 TC 560 (1929).
② Ryall (H. M. Inspector of Taxes) v. The Du Bois Company Ltd., 18 TC 431 (1933).
③ Memec plc v. The commissioners of Inland Revenue ［1998］STC754.
④ Swift v. HMRC, ［2010］UKFTT88（TC）
⑤ Anson v. Commissioners for Her Majesty's Revenue and Customs ［2015］UKSC44（1 July 2015）.

英国の課税当局は，上記の③の判決を受けて，英国租税法上の外国事業体の法人該当性に関する判定基準（INTM 180010）と，国別の事業体ごとの判定結果一覧表（INTM180030）を公表しています。

第5章 事業体課税

9-2 初期の2つの判決

Q 前問の①と②の初期の判決はどのような内容ですか。

A 前問①は，フランスの事業体である，Societe en nom collectif（SNC）に関するものです。②は，ドイツの事業体であるGmbH（有限会社）に関するものです。いずれも英国の租税法上では法人という判断が下されています。

SNCは，現行も存続している人的会社で，基本的には構成員課税ですが(注)，法人税の課税の選択も可能です。また，ドイツのGmbHは，米国（Revenue Ruling 77-214）及びカナダ（1970年判決のEconomics Laboratory（Canada）Ltd. 事案）においても検討された事業体です。米国及びカナダよりも，英国の上記②の判決は時期的には相当早い時期のものといえます。なお，英国課税当局の分類では，SNCは構成員課税，GmbHは法人課税と判定されています。

ここでの問題は，このような外国事業体を法人と判断した当時の英国の法人該当性の基準です。

①の事案は，現在も穀物メジャーとして活動中のルイ・ドレフュスに関するもので，1910年に英国に導入された累進付加税（super-tax）の課税が焦点です。この税の納税義務者は個人であり，法人は納税義務者ではありません。この判決は，本事案における事業体が，構成員から独立した事業体である等の理由により，1918年制定の所得税法第20条に規定するパートナーシップには該当しないというものであり，当該事業体の定款等の分析に基づいて，英国の根拠法への当てはめを行う手法が採用されています。

②の事案は，ドイツのGmbHを支配する英国法人が当該ドイツ事業体からの所得を所得税法のシェジュールDのケースV（外国財産からの所得で海外事業所得も含みます。）の適用上，英国法人により所有されるドイツの事業体のstock and shareが，上記の適用法令の規定に合致するかどうかが

争われ，ドイツの事業からの所得は英国で課税という判決となりました。

いずれの判決も，その手法は，事業体設立国における法律関係の分析後に，課税する英国税法の規定或いは類似する事業体との当てはめ，或いは比較をするものです。

(注) 柳瀬秀郎「フランスの税務行政と税制の概要」『税大ジャーナル』9，2008年10月，178頁。

9-3 メメック社事案控訴審判決

Q メメック社の控訴審判決は1998年と最近の判決ですが，この判決の特徴となる点は何ですか。

A 本判決の概要は次のとおりです。

(1) 本事案の基礎データ

本事案の第一審（High Court Division, Chancery Division）は，1996年10月24日判決です。控訴審（Court of Appeal civil division）は，1998年6月9日判決[注1]で，いずれも国側勝訴です。

(2) 本事案判決の意義

本事案の控訴審判決は，1998年です。この判決は，後述する米国LLCを英国租税法上，パススルー課税という判決としたアンソン事案（2015年最高裁判決）で検討されることになりました。なお，アンソン事案の第一審は，2010年判決のスイフト（Swift）事案です。これは，第一審では，原告が匿名を希望したため，最高裁では原告名称が変わりました。

(3) 事実関係

本事案の事実関係は次のとおりです。

① 本事案の原告であるメメック社（以下「M」とします。）は英国居住法人であり，英国の完全子会社4社を通じて，ドイツのGmbH（以下「G」とします。）のすべての株式を所有しています。G及び英国完全子会社4社のGの持分はそれぞれ20％ずつです。

② Gは持株会社で，ドイツ居住法人である2社（以下「ドイツ子会社」とします。）を支配しています。
③ 1985年までにドイツ子会社はGに配当を支払っています[注2]。
④ 1985年2月14日に，MとGは，ドイツ法に基づくパートナーシップ契約（silent partnership：以下「SP」とします。）を締結し，Mは匿名パートナーでGに出資した見返りに，パートナーシップの利益の87.84％を取得することとなりました。なお，ドイツ法の下では，当該パートナーシップは独立した法的実体ではありません。
⑤ ドイツ法の下では，営業者であるGは事業資産とその資産からの利益に対する所有権を有しており，Mは資産に対する所有権を有していません。
⑥ 英国内国歳入庁は，1986年から1987年，1988年12月期の間におけるMの法人税申告における外国税額控除の請求を認めませんでした[注3]。その理由は，Mの所得はパススルーされたもので，ドイツ子会社からの配当とはいえないからです。
⑦ Mは，SPが所得源泉ではないことから，ドイツ子会社から支払われたものが配当であり，当該子会社の負担したドイツの事業税（trading tax）が控除対象外国税額であること，英独租税条約第6条に規定する配当に該当し，ドイツ子会社から配当は，外国税額控除の対象となる等と主張しましたが，Mの訴えは認められませんでした。

(4) **特別委員会の決定**

Mからの異議申立てを受けた特別委員会は[注4]，Mが，ドイツ子会社からの配当を配当として受領してもいないし，そうする権利もないことから，外国税額控除の権利もなく，また，1988年所得・法人税法に規定する配当は，SPからの利益の分配を含まない，と判断しました。

(5) **法人該当性の基準**

本事案のポイントは，ドイツで締結されたSP契約に基づくパートナーシップからの分配金が配当となるか否かということが焦点ですが，英国法の下でパートナーシップからの分配金は，一般に配当としてはみなされないとい

う結論でした。要するに，英国法に基づく判断が基準となったということです。

そして，控訴審判決において，英国のパートナーシップの特徴として次の点が挙げられている(注5)。

① パートナーシップは，法的実体ではありません。
② パートナーは，利益を目的としてパートナーシップの事業を共同して遂行します。
③ 各パートナーは，ファーム（firm）の代理人であり，その行為の効果は，ファームに帰属し，ファームの名で行われた行為はパートナーを拘束します。
④ パートナーは債務等に対して無限責任です。
⑤ パートナーは，パートナーシップの資産に対して利害を共有します。

(注1) Memec plc v. The commissioners of Inland Revenue [1998] STC754.
(注2) ECは，1990年に指令（90/435/EEC）を出し，域内の親子間配当（25％所有要件）を免税としました。
(注3) 1986年当時の英国の法人税の課税は，賦課課税方式であり，1993年9月後からPay and File方式になり，1999年以降，申告納税方式となっています。
(注4) 当時は，賦課課税制度の下で裁定を受けた金額等に不服のあるときは，特別委員会に訴えることができました。
(注5) 英国のパートナーシップ法は，Partnership Act 1890です。リミテッド・パートナーシップ法は，Limited Partnership Act 1907です。上記の判例は，前者のジェネラル・パートナーシップの特徴であり，リミテッド・パートナーシップの場合，パートナーは，パートナーシップの事業における管理に関与しないことになります。

9-4 スイフト事案判決

Q 本事案は，前問において説明がありましたが，アンソン事案（2015年最高裁判決）の第一審判決ですが，その内容はどのようなものですか。

A 本事案の概要は次のとおりです。

第 5 章　事業体課税

(1) 本事案の基礎データ

この事案の判決は，2010年2月22日に下級審判所（First-tier Tribunal）で出されています。対象となる年度は，1997年4月6日から2004年4月5日の7課税度分です。本事案は，個人の所得税に関するもので，個人の所得税では1996・1997年から申告納税制度となっていることから，本事案は申告納税制度適用年度の事案ということになります。

(2) 本事案の概要

原告 S は，1996年設立の米国デラウェア州の LLC（Limited Liability Company）の利益に課された米国所得税等について，英国で外国税額控除の請求をしてその適用可能性が争われた事案です。英国課税当局（HMRC）は，当該 LLC を納税主体と認定し，LLC からの所得が英国において配当としての課税を受けないこととしました。判決は，米国所得税については，英米租税条約により(注1)，そして，当該 LLC がボストンで活動していたことからマサチューセッツ州税（以下「M州税」とします。）が課され，これについては英国国内法に基づいて外国税額控除が認められるとしました。本事案の判決は，LLC を納税主体とする HMRC の従来の見解に反するものです。

(3) 事実関係

本事案の事実関係は次のとおりです。

① 原告は，1997-98年度英国居住者（永住者ではありません。）であり，1991年以降，Sandpiper 社の使用人です(注2)。
② 原告は，デラウェア州法により設立された Sandpiper LLC（以下「SLLC」とします。）の創立者です。課税年度は，1997/98年度から2003/2004年度（以下「対象期間」とします。）です。
③ 原告は米国非居住者です。
④ SLLC の利益は，LLC の約款に定められた割合により分配されました。
⑤ SLLC の対象期間に生じた利益は，米国連邦税とM州税が課されました。
⑥ SLLC は，米国においてチェック・ザ・ボックスルールの適用を受けてパートナーシップとしての課税を選択しました(注3)。その結果，原告

を含むパートナーを納税義務者とする構成員課税となり，SLLCからの分配金は，連邦税とM州税が課されました。
⑦　原告は，米国非居住者として，Form1040NRの提出義務がありました。また，SLLCは，外国人パートナーに対して39.6％の税率の源泉徴収義務がありました。この源泉徴収税額は，原告の非居住者申告では税額控除されています。
⑧　原告はM州においても非居住者として申告を行いました。なお，M州では，源泉徴収は行われませんでした。
⑨　原告は1997年から2003年9月まで，SLLCからの分配金を受領し，1998年から2004年までの課税年度にSLLCからの分配金を申告しています。

(4) 外国税額控除の適用

本事案の対象年度に適用となっていた期間における米国連邦税については，1975年署名の第2次英米租税条約と2003年適用の第3次英米租税条約の適用関係があり，英国の外国税額控除に対して同租税条約の規定が適用されました。なお，第2次条約と第3次条約の二重課税の排除に係る規定に相違はありません。

M州税に関する英国の外国税額控除では，英米租税条約の対象税目に地方税は含まれていないため，M州税の外国税額控除は英国国内法の適用となります[注4]。

原告の英米における税負担は，所得100に対して米国の税額が45，税引き後の所得55に対して，英国の税額が22です。原告は，英国居住者（resident）であるが永住者ではありません（non-domiciled individual）。そのため，英国源泉所得及び国外からの送金分が英国における課税範囲です。

(5) SLLCを法人としたHMRCの主張

外国税額控除の適用に関して，HMRCは，SLLCが構成員課税であれば外国税額控除が適用できるが，SLLCが団体課税であれば，外国税額控除は認められないと主張しました。

メメック事案におけるアプローチを採用して，法人該当性について，

HMRC は，以下のような要件を掲げました。
① 法的実体（legal entity）
② 事業遂行
③ 事業遂行の主体
④ 債務と義務を負うこと
⑤ 事業の所有
⑥ 事業の利益のすべてに受益者としての持分を有すること

これらの要素は，SLLC に該当するので，SLLC は英国では団体課税となるという課税当局の判断です。

(6) 判 決

前述したメメック事案では，当該事案におけるドイツのパートナーシップと英国のパートナーシップ（England or Scottish Partnership）の類似性が焦点となりましたが，この判決では，このメメック事案のアプローチが採用されました。そして，デラウェア州法に基づく SLLC の特徴が考慮され，利益が構成員に帰属することから，上述の英国のパートナーシップ及び英国の会社（UK company）と以下のような比較が行われました。
① イングランドのパートナーシップは資産の共有等の特徴から法人（legal person）ではありません。
② スコットランドのパートナーシップは資産負債の所有等の理由から法人です。
③ 英国の会社（UK company）は，有限責任等の特徴から法人です。

SLLC は，スコットランド・パートナーシップ及び英国の会社と類似性がありますが，所得帰属性の観点からパートナーシップという判断です。

（注1） 現行の英米租税条約は，2001年署名，2003年適用の第3次租税条約であるが，この第3次租税条約が適用になるまでの期間は，1975年署名の第2次租税条約の適用です。
（注2） 英国における個人の居住形態では，居住者（resident）と永住者（domiciler）が区別されています。
（注3） 米国では，チェック・ザ・ボックスルールが，1997年1月1日から適用となっています。
（注4） 英国国内法の規定は1988年所得・法人税法の第790条第4項です。

9-5 アンソン（Anson）事案[注1]

Q アンソン事案の裁判はどのような経緯ですか。

A 本事案の概要は次のとおりです。

(1) 本事案の概要

本事案については，下記に示したように下級審判所，上級審判所，控訴審，最高裁と 4 つの判決等が示されましたが，本事案の米国デラウェア州設立の LLC に対する構成員課税と団体課税とする見解がそれぞれの判決等により異なるという結果になりました。なお，本事案の争点は原告による英国の租税法適用上の外国税額控除の可否です。

2010年2月22日判決	Swift v. HMRC	米国LLCは構成員課税
First Tier Tribunal : John F. Avery-Jones CBE and Ian Menzies-Conacher FCA	[2010] UKFTT 88	（原告側弁護士）：Jonathan Peacock QC（被告側弁護士）：David Ewart QC ※以下も弁護士同じ。
①2011年8月3日判決（法人該当性）②2012年2月16日判決 Upper Tier Tribunal : Justice Mann	HMRC v. George Anson ① [2011] UKUT318 ② [2012] UKUT59（TCC）	米国LLCは団体課税（2011年8月3日の判決）
2013年2月12日判決 Court of Appeal（控訴審） Lady Justice Arden Lord Justice Lloyd Lord Justice Laws	HMRC v. George Anson [2013] EWCA Civ. 63.	米国LLCは団体課税

第 5 章　事業体課税

2015年7月1日判決 Supreme Court（最高裁）： Lord Neuberger Lord Clarke Lord Sumption Lord Reed（判決文作成） Lord Carnwath	Anson v. HMRC,〔2015〕UKSC44	米国LLCは構成員課税

(2) 本事案の事実関係

スイフト事案に次の事実が追加されます。

① 米国のLLCの名称は，HarbourVest（以下「HV」とします。）です。

② HVは，米国において構成員課税を選択しました。

③ 納税義務者（Anson）は，英国居住者ですが，永住者（domicile）ではないことから，米国源泉所得のうち英国への送金分が英国で課税になり，米国と英国の双方で課税を受けたと主張しました。

④ HMRCの見解は，米国と英国において課税を受けた所得の種類が異なることから外国税額控除の適用を受けることはできないというものです。

⑤ 下級審判所（First Tier Tribunal）は，納税義務者の訴えを認めました。その際の参考判例はメメック事案です。

⑥ 上級審判所（Upper Tier Tribunal）は，納税義務者が二重課税を受けていないという判断を下しています。その理由として，納税義務者がHVの資産及び利益に対して所有権的な利害を有していないこと，HVが英国のパートナーシップと類似性がないことから，米国から払われた利益はHVの利益であるという判断であり，納税義務者は，HVからの分配金を受け取る権利がないということでした。

(3) 最高裁における事実確認

ア　争いのない事実

以下は本事案における争いのない事実です。

① LLCは，法的実体です。

② LLCの事業活動はLLC自身により行われています。

③ LLCの事業に使用されている資産はLLCに帰属し、構成員ではありません。
④ LLCは債務を負うことができます。

イ　下級審判所による事実認定

上記アに加えて下級審判所が行った事実認定を要約すると次のとおりです。
① LLC法に基づいて構成員はLLCから資産の分配を受ける権利があります。
② LLCの持分は原則譲渡可能ですが、本事案のLLC規約書（agreement）では原則譲渡できないことになっています。
③ LLC法では、LLCの損益はLLC規約書に基づいて構成員に分配されます。

ウ　上級審判所

LLCからの分配金が納税義務者に配分されて帰属するという下級審判所の判決に対して、上級審判所は外国税額控除を認めない判決を行いました。

下級審判所と上級審判所の判断が相違した点は、下級審判所においてLLCがスコットランドのパートナーシップと比較されたことです。イングランドとスコットランドのパートナーシップは多くの点で類似していますが、スコットランドのパートナーシップは、独立した法人格（separate legal personality）を有しています。それ故に、パートナーは、パートナーシップの資産に対して直接的な所有権を有していません。上級審判所の裁判官は、LLCの構成員がLLCの資産に対して所有権的な権利を有していないことから、利益はLLCに帰属し、英米において同一の所得ではないという判断を下したのです。

エ　控訴審判決

第2次英米租税条約第23条第2項(a)は直接税額控除の規定であり、第23条第2項(b)は間接税額控除の規定です。なお、間接税額控除の規定は個人には適用がなく、米国法人が英国法人に所定の配当を行った場合に適用されます。したがって、外国子法人を所有する外国パートナーシップから英国法人への配当は、間接税額控除の適用は可能です。

第5章　事業体課税

　控訴審の裁判官の説明では，デラウェア州法は，その設立地の法によりLLCの構成員の権利を管理しています。LLCの規約は，その法に従うことを明白にしていますが，LLCの所得が構成員の所得かどうかは，課税する国の国内法の問題としています。これにより，LLCの利益は構成員に帰属しません。LLCの利益の所得源泉は事業の場所であり，控訴人（Anson）は，その利益の分配権を有していることになります。控訴人は，LLCの資産の所有権を有していないことから，イングランドとスコットランドのパートナーシップのパートナーとは異なる位置にあるという控訴審の判断です。

　オ　最高裁

　最高裁は，下級審判所判決に対する課税当局の批判を認めていません[注2]。上告人が利益の分配を受ける権利があると判断し，米国において生じた所得は，利益の分配額であるとしています。それ故に，英国に送金された部分については英国で課税となります。上告人の英国における納税義務は，米国において課税された同一の所得に関するものであることから，英米租税条約第23条第2項(a)の直接税額控除が適用となるという判断です。

　最高裁の判断は，上告人の権利をLLCの設立地であるデラウェア法で解釈した結果，上記の判断が生じたのであり，国内法に基づく判断を採用していません。その結果，上告人（Anson）の訴えは認められたのです。

　カ　最高裁判決の影響

　英国の課税当局はInternational Manualとして公刊されたガイダンスでは，デラウェアLLCは，団体課税であるという見解でしたが[注3]，この最高裁判決により従来と異なる対応が必要となりました。

(注1)　Anson v. HMRC,［2015］UKSC44．なお，下級審判所から最高裁まで，原告側と被告側の弁護士は同一です。
(注2)　本判決の解説としては，川田剛「米国LLCに生じた所得が出資者である英国居住者に帰属する所得であるとされた事例」『税務事例』Vol. 48 No. 1, 65-67頁，があります。
(注3)　Anderson, James Jupp, Alex, "Delaware LLCs and UK Entity Classification: The Fallout From the Curious Case of George Anson"（https://www.skadden.com/sites/default/files/publications：アクセス2016年2月1日）

154

10　英国最高裁判決（アンソン事案）の影響

10-1　英国課税当局（HMRC）による法人該当性のガイドライン

Q　英国課税当局（HMRC）は外国事業体の判定基準についてどのような措置を講じていますか。

A　HMRCは，International Manual（INTM）180010において[注]，1998年6月の控訴審判決において国側が勝訴したメメック社（Memec）判決におけるアプローチ法を参考にして次の6つの判定要素を公表しました。

① 外国事業体はその事業体に利害を有する構成員から法的に独立した実体か否か。
② 事業体は，法人における株式と同様に株式に類似するものを発行しているのか否か。
③ 事業は事業体自身が行うのか，或いは事業体とは別に独立した利害を有する構成員により共同で行われるのか。
④ 事業体と利害を有する構成員は，事業体の利益の分配を受ける権利があるのか。或いは，分配される利益の金額は，利益の発生した期間後に，利益を分配するために，事業体或いは構成員の決定によるのか。
⑤ 事業遂行の結果生じた債務に誰が責任を負うのか。事業体或いは利害を有する構成員のいずれか。
⑥ 事業遂行に使用した資産は，事業体或いは利害を有する構成員に帰属するのか。

これらの要素は，総合的に勘案されることになります。これらの諸要素を勘案する場合，事業体の設立国の外国会社法に基づいて事業体の内部構成が考慮の対象となります。当該事業体の外国における租税法上の分類は判断基準となりません。したがって，事業体が外国で団体課税或いは構成員課税のいずれかということは問題にならず，最終的な結論は，英国租税法によるこ

155

(注)　Tax bulletin 39 of February 1999.

10-2　メメック事案控訴審判決と米国のルーリング

Q メメック事案(注)と米国の歳入ルーリングは同じドイツのGmbHを検討対象としていますが，両者に相違はありますか。

A 英国における外国事業体の法人該当性に係るリーディングケースは，メメック事案控訴審判決（以下「M事案」とします。）です。この事案は，英国法人であるメメック社（以下「M社」とします。）が，ドイツの有限責任会社（GmbH：以下「G社」とします。）を所有し，M社とG社は，ドイツ法に基づくパートナーシップ契約を締結し，M社はG社の利益の87.4％を取得しました。この事案の争点は，G社が子会社から受け取る配当について，M社が当該子会社においてドイツで課された税について外国税額控除ができるか否かということでした。

このドイツの有限責任会社（GmbH）の法人該当性は，米国のRevenue Ruling 77-214においても検討され，当該事業体は，キントナー規則（§301.7701-2(a)）に規定する6つの要件，①団体性，②事業を遂行し利益を分配する目的，③継続性のある実体，④経営の集中化，⑤有限責任性，⑥持分権の譲渡可能性，により判定することになりましたが，本件のGmbHは，上記の6要件を有することから米国租税法上，団体と判断されました。

英国のM事案は，GmbHの法人該当性が直接的な対象ではなく，ドイツ法に基づくパートナーシップ契約の性格が対象となりましたが，この判決は，ドイツ法に基づいてパートナーシップ契約を英国のパートナーシップ法に基づいてその特徴を分析し，M社の所得はパススルーされたもので，ドイツ子会社からの配当とはいえないという課税当局の主張が認められたのです。

要するに，メメック事案判決に続くアンソン事案最高裁判決は，M事案と同様に外国税額控除に関する事案ですが，課税当局の主張は，表面的には正反対となりました。

(注) 控訴審判決：Memec plc v. The commissioners of Inland Revenue［1998］STC754.
　　　高等法院（第一審）判決：Memec plc v. The commissioners of Inland Revenue［1996］STC1316.

11　パートナーシップ等に関する基本事項

Q　各国の事業体に関する法人該当性の基準に関する比較では，事業体の設立した国の法令と，投資をした者の居住地国における当該事業体に関する法令との適用関係が問題になりましたが，これをどのように整理するのですか。

A　事業体課税については，次に掲げるような2つの領域があります。
①　国内事業体における構成員課税と団体課税の区分
②　外国事業体における構成員課税と団体課税の区分

上記①については，我が国において航空機リース事案があり，②については，先の問にあった米国LPS事案があります。特に，問にある事項は，この後者のクロスボーダーの，いわゆるハイブリッド・エンティティの問題です。上記②の場合における事業体の権利能力について，法律の分野においても次の2つの考え方が対立しています(注)。

従属法主義	事業体がその設立地で当事者能力が認められていれば日本でも認めるという考え方です（設立地の法を準拠法とするもの）。
法廷地法主義	法廷地である国の法令により当事者能力を判断する考え方です。

(注)　小梁吉章「パートナーシップの法人格と当事者能力―日本とフランスの比較検討―」『広島法科大学院　第8号』2012年　26頁。

Q　これまでの問でパートナーシップが論じられてきましたが，米国と英国では，パートナーシップの定義が異なりますか。

A　両国のパートナーシップ等に関する基本資料は次のとおりです。

(1) パートナーシップの定義

パートナーシップは，英国において少数の者により事業を行う共同体として進化し，その後に英連邦の国々，米国等において利用されるに至ったものです。

米国の統一パートナーシップ法（以下「UPA」とします。）[注1]において，パートナーシップは，次のように定義されています[注2]。

「パートナーシップとは，2以上の者が利益を目的として共同して事業を営む団体（association）です。」

米国の内国歳入法典第7701条(a)(2)にあるパートナーシップ及びパートナーの定義は次のとおりです。

「パートナーシップは，事業，財務活動或いは投機を行うためのシンジケート（syndicate），グループ（group），プール（pool），ジョイント・ベンチャー（joint venture）或いは法人ではない組織を含み，信託，遺産財団（estate），法人（corporation）を含みません。」

「パートナーは，シンジケート，グループ，プール，ジョイント・ベンチャー或いは組織の構成員を含みます。」

米国内国歳入法典におけるパートナーシップの課税に関しては，K節（subchapter K）第701条から第777条に規定があり，パートナーシップは納税主体ではなく，パートナーに課税する構成員課税です。

(2) パートナーシップの性格

ア　米国におけるパートナーシップの性格

UPA第2款（Article）第201条（実体としてのパートナーシップ）は次のように規定しています。

「パートナーシップは，パートナーから独立した実体です。」

また，同法第3款第307条(a)では，パートナーシップが自己の名前で訴訟の当事者になることが規定されています。

イ　英国におけるパートナーシップの性格

英国におけるパートナーシップ法は，1890年制定のパートナーシップ法[注3]第1条第1項のパートナーシップの定義は，次のとおりです。なお，

リミテッド・パートナーシップ法の制定は1907年です[注4]。

「パートナーシップとは，利益を追求するために共同して事業を遂行する者間の関係です。」

また，同法第4条第1項では，パートナーの集合体を事業体（firm）と称し，事業をこの事業体の名称で行うことができる旨規定されています。そして，同条第2項に，スコットランドでは，この事業体は，パートナーから独立した法人（legal person）と規定しています。

この英国におけるパートナーシップの定義が，前述した判例に影響を及ぼしていることになります。

(3) パートナーシップの類型

法制史的に見ても，パートナーシップは，パートナーが全員無限責任であるジェネラル・パートナーシップから，無限責任を負うジェネラル・パートナーと有限責任を負うリミテッド・パートナーから構成されるリミテッド・パートナーシップへと展開してきたことは明らかです。

以下は，パートナーシップの形態別区分です。

general partnership	パートナーが全員無限責任
limited liability partnership (LPS)	パートナーが無限責任と有限責任
limited liability company (LLC)	出資者全員が有限責任
limited liability partnership (LLP)[注5]	パートナーが全員有限責任

（注1） 米国統一パートナーシップ法（Uniform Partnership Act）は，当初1914年に制定され，その後，改正されて本稿では，1997年改正版を使用しています。
（注2） 1997年米国統一パートナーシップ法，第1節第101条第6項に定義があります。
（注3） Partnership Act, 1890 (53 & 54 Vict.) (Ch. 39).
（注4） Limited Partnership Act, 1907 (7 Edw. 7 Ch. 24).
（注5） 1991年にテキサス州が米国において初めてLLPを立法化しています（小梁吉章　前掲論文　53頁　注56）。

12　日本における事業体の区分

Q 日本における事業体にはどのようなものが含まれていますか。

A 日本とフランスは，英米等と異なり，パートナーシップ法が制定されていません。日本において課税上問題となる事業体は次のとおりです。

民法上の組合	組合員は無限責任（民法第667条～第688条）
匿名組合	組合員は無限責任と有限責任（商法第535条～第542条）
合同会社（日本版LLC）平成18年5月1日施行	社員全員が有限責任（会社法第576条第4項）
中小企業等投資事業有限責任組合（平成10年11月施行）	無限責任組合員と有限責任組合員による組合（中小企業等投資事業有限責任組合契約に関する法律）平成16年に「投資事業有限責任組合に関する法律」に改称
投資事業有限責任組合（平成16年名称変更）（日本版LPS法）	無限責任組合員と有限責任組合員による組合
有限責任事業組合（平成17年8月施行）（日本版LLP法）	出資者全員が有限責任

13　外国事業体に係る法人該当性のまとめ

Q ここまでの検討により，同じ事業体であっても，国により，また，課税の状況等により，法人該当性に関して相違が生じていますが，納税義務者側からすると，租税法の適用上，有利な国等を選択することは可能ですか。

A (1) 租税裁定

租税負担を軽減する行為として，租税裁定或いは租税裁定行為若し

くは租税裁定取引（tax arbitrage）という用語（以下「租税裁定」とします。）があります。

金子宏名誉教授によれば，租税裁定は，状況次第で節税に当たる場合と租税回避に当たる場合とがありうると，租税回避との関係が説明されています[注1]。そして，この用語の定義は，中里実教授の著書にあることが注書されています[注2]。この記述によれば，租税裁定は，課税における様々な（法的，ないし，取扱い上の）差異を利用して租税支払の減少を図ろうとする納税者の経済的行動のことである，と説明されています。

(2) 事業体課税と租税裁定

ここまで各国の事業体課税の分析を通じて，基因となる問題点は異なるにせよ，結論部分における同一の事業体に対する租税法上の適用関係が国により或いはその事業体の設立国により異なることが判明しました。

　ア　日本の場合

LPS の設立地により日本において租税法上の取扱いが次のように異なっています。

米国デラウェア LPS	法人該当性が認められました。
ケイマン・バミューダ LPS	法人該当性が認められませんでした。

　イ　日本とカナダの場合

米国デラウェア LPS について，日本とカナダにおいて租税法上の取扱いが次のように異なっています。

日本	法人該当性が認められました。
カナダ	カナダの租税法上，当該事業体はパートナーシップと判定されました。

　ウ　日本と英国における米国 LLC の取扱い

米国 LLC について，日本と英国において租税法上の取扱いが次のように異なっています。

第5章 事業体課税

日本	平成13年6月の国税庁通達において米国LLCを法人として扱うこととし，平成19年10月10日の東京高裁判決においても米国ニューヨーク州LLCを法人とする判決が出ました。
英国	アンソン事案最高裁判決（Anson v. HMRC,［2015］UKSC44）において，間接的ですが，米国LLCは英国租税法上構成員課税とする判断が示されました。

　この問題は，各国の私法及び国内税法等の多様性の組み合わせに基因していることから，BEPS活動計画のような形で国際的コンセンサスを形成できるかどうか課題があるように思われます。

Q ここまで検討してきた各国の事業体に関する法人該当性の基準の今後はどうなりますか。

A 　外国事業体を自国の租税法上どのように判定するのかという点では，米国のチェック・ザ・ボックス・ルールがあり，判定基準としては，カナダの2段階アプローチが明確な内容です。

　米国のRevenue Ruling 73-254，日本，カナダ，英国においても，外国事業体の租税法上の法人該当性については，外国事業体設立国における法律関係を第1段階とし，次に，課税する国の法令等比較検討することを第2段階とする点は各国共通の事項といえます。しかし，事例の内容により，外国事業体に生じた損失を構成員に帰属させるか否かを争点とするもの，外国税額控除を争点とするものにより，解釈に相違があることも事実です。

　要するに，同じ事業体に対して，国によりその取扱いが異なる場合，同様の事業体であってもその設立国における法律関係等で団体課税とパススルー課税に分かれる場合があるということは，租税裁定行為の余地があるということになります。法人該当性は，移転価格税制，タックスヘイブン対策税制にも影響することになります。

（注1）　金子宏『租税法　第18版』弘文堂　123頁。
（注2）　中里実『タックスシェルター』有斐閣　11頁。

第6章
富裕層の税務

第6章　富裕層の税務

1　富裕層の現状と対策

Q 外国に居住している日本人はどのぐらいの数ですか。

A 富裕層の国外移転ということは気になる動向ですが，外務省による「海外在留邦人数調査統計」（平成27年10月１日現在）では，外国在留日本人の総数は，約131万人で，前年度より約2.1％増加しており，本統計を開始した昭和43年以降最多となっています。このうち，３か月以上の海外在留者でいずれ帰国する者である「長期滞在者」は85万9,994人で全体の約65％を占め，当該在留国等より永住権を認められ，生活の本拠を海外へ移した者である「永住者」は45万7,084人となっています。また，国別では，１位米国（約41万人），２位中国（約13万人），３位オーストラリア（約８万9,000人），４位英国（約６万8,000人）で，以下，タイ，カナダ，ブラジルの順です。

Q 日本には，いわゆる富裕層といわれる個人がどのくらい居住しているのですか。また，世界の状況はどうですか。

A クレディ・スイス銀行による2015年度「グローバル・ウェルス・レポート」によれば，富裕層（100万ドル以上の富の保有者）数では，日本は2015年から2020年の間に約359万人の増加が予測されています。この調査によると，2020年の予想人数では，１位米国，２位英国，３位日本，４位フランス，５位ドイツ，６位中国，となっています。このような調査は，為替相場，株価等の影響により変動するものですが，いずれにせよ，日本が富裕層に関しては，世界上位であることが明らかです。

Q 日本国内における富裕層の分布状況はどうですか。

A 2016年11月28日に株式会社野村総合研究所から公表された日本の富裕層に関する調査（2015年）では，超富裕層（純金融資産５億円以

上）が7.3万世帯，富裕層（同1億円以上5億円未満）が114.4万世帯，準富裕層（同5,000万円以上1億円未満）が314.9万世帯，アッパーマス層（同3,000万円以上5,000万円未満）が680.8万世帯，マス層（同3,000万円未満）が4,173.0万世帯となっています。

Q 国際相続という用語が注目されていますが，その背景としてはどのようなことが想定できますか。

A 平成25年度税制改正により，平成27年1月1日以降の相続・遺贈に適用となる改正が行われました。基礎控除が3,000万円＋600万円×法定相続人数に引き下げられ，最高税率が55％に引き上げられました。この改正の理由は，バブル後の地価の大幅下落等への対応，格差の固定化の防止等の観点からという財務省の説明がありますが，所得税或いは法人税とは異なり，相続税は，これらの税制の有無或いはその制度の内容等において国ごとに異なっており，分類すると，相続税制のある国とない国に分かれています。このように，日本の相続税増税に基因して相続税を回避するために相続税のない国に移転するという問題が生じます。

Q 世界各国の相続税制の動向はどのような状況ですか。

A 相続税のある国では，課税方式について，①遺産課税方式（米国，英国等），②遺産取得課税方式（オランダ，スイス等），③法定相続分課税方式（日本）に区分することができます。また，相続税はないが，相続に基因して資産の所有権が移転する場合，その譲渡益に課税する国（カナダ等）があります。さらに，米国のように，連邦遺産税と州の相続税というように，国税と地方税の双方が課される国もあります。また，スイスのように，国税（連邦税）としての相続税はなく，州税として相続税及び贈与税が課される国もあります。

世界の相続税制の現状の概要は次のとおりです。

第6章　富裕層の税務

相続税制のある国	ブラジル，フランス，ドイツ，イタリア，韓国，オランダ，北マリアナ諸島（サイパン），フィリピン，スイス，台湾，米国，英国等
相続税制のない国（日本と関係の深い国）	オーストラリア，ケイマン諸島（有名なタックスヘイブン），中国，グアム，インド，インドネシア，マレーシア，ニュージーランド等
近年相続税を廃止した国	・マカオ（2001年8月1日以降廃止） ・香港（2006年2月11日以降廃止） ・シンガポール（2008年2月15日以降廃止）
OECD諸国を中心とした遺産税（相続税贈与税の税収構成比とGDPとの比率（OECD作成2007年資料による）	1位がベルギー（1.3%），2位フランス（1.19%），3位が日本（1.14%），第4位韓国，第5位オランダ，第6位米国

Q 各国の相続税制における動向で今後注目する国はどこですか。

A 国民の間の所得格差が広がりつつある中国が今後相続税制を創設するかどうかです。また，2010年1年間だけ日本の相続税に相当する遺産税の課税を停止するとした米国は，その後の法改正により遺産税課税が復活したことで，注目度は低くなりましたが，2017年より共和党の大統領になることから遺産税廃止問題が再燃する可能性があります。台湾は，2009年の税制改正により遺産税の税率を10%の単一税率とする改正を行っています。

Q 相続税の課税方式が国により異なるのはどのような理由ですか。

A 相続法には，包括承継主義と管理清算主義という考え方があります。包括承継主義は，被相続人の財産と債務を相続人に包括的に承継するとするものであり，管理清算主義は，被相続人の財産等の清算が行われ，その残余が相続人に分配されます。前者は，取得者課税方式の根拠となり，後者は遺産課税方式と結びつくことになります。

1 富裕層の現状と対策

Q 主要国における相続税課税割合と日本の税収に占める相続税収の比率はどのぐらいですか。

A 中小企業庁が平成26年3月に作成した「諸外国の相続・贈与税,事業承継税制等（未定稿）によれば,主要各国の相続税課税割合（死亡者に占める課税件数の割合）と税率は次のとおりです。

国　名	相続税課税割合	相続税率
日本	4.1%	10〜55%
米国	0.1%	18〜40%
英国	2.8%	40%（一律）
フランス	14.5%	5〜45%
ドイツ	12.78%	7〜30%

フランスは基礎控除額が10万ユーロと低く,ドイツは課税件数を相続人数としていることが原因と思われます。

日本の税収と相続税の関係は次のとおりです。

平成27年度予算額	96兆3,420億円
平成27年度歳入見込額	税収：54兆5,250億円（前年：50兆） 国債等：36兆8,630億円（前年：41兆2,000億円）
税収の構成比 （平成27年度予算額）	所得税30.15%,法人税20%,消費税31.3%,相続税3.2%（税収：約1兆7,000億円）
被相続人数（平成26年分）	死亡者数127万人（うち課税対象者5万6,000人：4.4%）
課税価格（平成26年分）	課税価格（11兆4,766億円）
相続財産構成比（平成25年分）	土地41.5%,現金預金26.6%,有価証券15.3%等

Q 国税庁の発表した海外資産関連事案の調査結果はどのような内容ですか。

A 平成27事務年度における海外資産に係る申告漏れ課税価格は147億円,同非違件数は117件です。租税条約に基づく情報交換等の整備が

第6章　富裕層の税務

進む等のことが増加している原因といわれています。

Q 日本の税制は，富裕層に対してどのような施策を講じていますか。

A 日本では，富裕層の国外財産を把握するための調書制度等が次のように整備されています。

国外送金等調書 平成10年4月施行	適用対象金額を100万円超として，国外送金又は国外から送金を受領する者を対象としています。
国外財産調書 平成26年1月施行	対象は，その年の12月31日においてその価額の合計額が5,000万円を超える国外財産を保有する居住者（非永住者を除きます。）です。
国外証券移管等調書 平成27年1月施行	対象は，金融商品取引業者等が顧客の依頼に基づいて行う国内証券口座から国外証券口座への有価証券の移管と国外証券口座から国内証券口座への有価証券の受け入れです。
財産債務調書 （平成28年1月1日以後に適用）	対象者は，その年分の総所得金額及び山林所得金額の合計額が2,000万円を超え，かつ，その年の12月31日においてその価額の合計額が3億円以上の財産又は1億円以上の国外転出特例対象財産を有する者です。
出国税（平成27年7月1日以後適用）	①　国外転出時における国外転出特例対象財産の合計額が1億円以上である者，及び ②　国外転出の日前10年以内に，国内に住所又は居所を有していた期間として一定の期間の合計が5年超である者
非居住者に係る金融口座情報の自動的交換（平成27年度税制改正）	平成27年度税制改正により「非居住者に係る金融口座情報の自動的交換のための報告制度の整備」が行われました。これは，日本の金融機関に対し，非居住者の口座情報の報告を求める制度であり，日本の金融機関に口座を保有する非居住者の氏名，住所，外国の納税者番号，口座残高，利子・配当等の年間受取総額等を国税庁が年1回まとめて外国の税務当局に情報提供を行うものです。これは外国からも同様の情報が提供されるということです。

なお，非居住者に係る金融口座情報の自動的交換の報告制度について，日本は平成30年適用国ですが，その具体的な実施作業は次のようになります。

平成27年～平成28年	国内法（平成27年度税制）の整備
平成29年	金融機関による手続開始
平成30年	租税条約に基づき第1回目の情報交換

　以上のように，日本居住者が国外に財産を移転する等の行為に関しては，課税当局へ情報を提供する制度が整備されたといえます。

Q　外国に居住する日本人の日本の所得税の課税上，注意すべき点は何ですか。

A　外国に居住する日本人の場合，日本の所得税法において，個人は，居住者（所法2①三）が，非永住者（所法2①四）と非永住者以外の居住者（永住者）に分けられ（所法7①一），居住者以外は，非居住者（所法2①五）となっている。外国に1年を超えて居住する日本人は，この場合，非居住者に該当し，国内源泉所得のみが日本で課税となる。例えば，外国に居住している日本非居住者の場合であっても，日本に不動産所得，給与所得等がある場合は日本における申告納税等が必要になる。なお，外国において転々と住む場所を変える「永遠の旅人」と称される個人の場合は，住所の判定が重要な課税要因となる。

Q　外国に居住する日本人の日本の相続税の課税上，注意すべき点は何ですか。

A　日本の相続税の納税義務者は，相続財産の取得時に日本に住所を有する無制限納税義務者と，相続財産の取得時に日本に住所を有しない制限納税義務者，非居住者無制限納税義務者に分けられています。外国に居住する日本人を前提にしますと，相続人又は被相続人が，相続又は遺贈に係る相続開始前5年以内のいずれかのときに日本に住所がある場合，非居住無制限納税義務者となり，国外財産を含むすべての相続財産について日本で課税となります。

　外国居住の日本人の日本における相続税の課税に関する注意点は，まとめ

ると次のとおりです。

① 国内財産は，国外居住であっても課税対象となります。
② 相続人が日本在住の場合，日本の相続税の課税は回避できません。
③ 上記②の場合，国外財産に課された外国税額について，外国税額控除の適用の検討が必要となります。
④ 国外財産について，日本の相続税の課税が回避できる場合は，被相続人及び相続人がいずれも5年を超えて海外に住所がある場合です。この規定は平成29年3月31日までの相続，遺贈，贈与に適用となります。

なお，平成29年度税制改正大綱により，相続人等又は被相続人等が10年以内に国内に住所を有する日本人である場合，国内財産及び国外財産が相続税等の課税対象となる改正が行われることになりました。この改正は平成29年4月1日以後の相続，遺贈，贈与に適用されます。

Q 日本の相続税制を念頭にして外国の相続税制を検討する場合，気を付けるべきことは何ですか。

A 第1の点は，相続税の課税方式が，欧州諸国に多い遺産取得課税方式と，英米系の国に多い遺産税方式に分けられることです。日本は，法定相続分課税方式を採用して相続人に課税をすることから，この方式は遺産取得課税方式の一形態に分類されます。日本の相続税法の理解を前提にすると，英米系の遺産課税方式に違和感があるむきもあります。遺産課税方式を採用している米国の場合，相続人が申告段階で登場することはなく，裁判所から選任された遺産執行人（遺言がある場合）又は遺産管財人（遺言がない場合）が遺産の整理を行い，相続開始後，原則として9か月後までに遺産税の申告納付を行うことになります。要するに，遺産執行人等は，遺産を整理して遺産税等の負債を控除した純財産を遺言に応じて分配するか，遺言がなければ州の相続法等に従って分配することになります。第2の点は，米国の場合もそうですが，地方税としての相続税がある場合です。米国のような場合，相続税のある州とない州があると，住む州により税負担が異なるのではという印象がありますが，相続税総額を連邦と州で分け合うので，州税と

しての相続税は納税義務者にとって負担増ということではありません。また，スイスのように，連邦税としての相続税はなく，州税のみであり，かつ，州により同税制のある州とない州が混在している国もあります。

Q 各国の相続税と贈与税の関係はどうなっていますか。

A 相続税と贈与税の関係は次のように整理できます。
① 遺産課税方式・贈与者課税方式
② 遺産取得課税方式・受贈者課税方式

遺産課税方式を採用している国は，被相続人が生前に遺産を減らすために贈与を行う動機があるため，贈与者に贈与税の納税義務が生じることになります。また，遺産取得課税方式の国では，相続人が生前に贈与を受けて相続財産を減らす動機があるため，贈与を受ける受贈者に納税義務が生じることになります。前者には米国が該当し，日本は後者です。米国の場合，米国市民及び米国居住者は，生涯控除額（2016年が545万ドル）の範囲内であれば，財産の移転に係る贈与税と遺産税の課税がありません。なお，この生涯控除額は税額に換算されて統合税額控除（unified credit）として控除されます。

Q 租税条約には，相続税・贈与税租税条約がありますが，日本はどのような状況ですか。

A 我が国が締結している相続税・贈与税租税条約は，1954年に署名した米国との条約例1つのみです。この形態の租税条約が存在する理由は，遺産課税方式の国と遺産取得課税方式のように課税方式の異なる国間における国際的二重課税の排除を目的としています。

この分野の先進国といえる米国の場合，締結している相続税・贈与税租税条約は，1998年の対ドイツ租税条約の改正までで16例あります。米国の締結している同種の租税条約は，対オーストラリア，対オーストリア，対デンマーク，対フィンランド，対フランス，対ドイツ，対ギリシャ（贈与税なし），対アイルランド（贈与税なし），対イタリア（贈与税なし），対日本，対オラ

ンダ（贈与税なし），対ノルウェー（贈与税なし），対南アフリカ（贈与税なし），対スウェーデン，対スイス（贈与税なし），対英国です。

Q OECDは，1982年に1966年草案に贈与税を加えたモデル相続税条約（以下「1982年モデル条約」とします。）を制定して現在に至っていますが，日米相続税条約との相違は何ですか。

A (1) 課税を受ける者

日米相続税条約には，「住所」という条項はなく，第2条第3項において，相続又は贈与のときに，自国内に住所又は国籍を有していたかどうかは，自国の法令に従って決定するとしています。

1982年モデル条約第4条は，遺産又は贈与財産を有する者について規定しています。第4条第1項は，居住者に関する定義ですが，所得税条約では，居住者の判定はその居住地国において，住所等の基準により居住者として課税を受ける者を条約の適用対象者としていますが，1982年モデル条約の規定も共通しているといえます。そして，第4条第2項には，双方居住者の振分け規定があります。

(2) 財産の所在地

日米相続税条約では，財産の所在地について同条約第3条において財産別に詳細に規定していますが，1982年モデル条約は，不動産，恒久的施設又は固定的施設の動産について，不動産はその所在地，恒久的施設等の動産については恒久的施設の所在地が課税できることを規定しています。それ以外の財産については，居住者の所在地国のみで課税できることを規定しています。

(3) 二重課税の排除

日米相続税条約における二重課税の排除の規定の特徴は，第三国に所在する財産がある場合（第5条第2項，第3項）その税額を外国税額控除することができるという点です。1982年モデル条約における特徴は，第三国所在の財産がある場合，双方の締約国において無制限納税義務者として課税を行うのであれば，一方の締約国において他方の締約国において課税を受ける財産に対する一方の締約国の税額相当額を控除することになります。

2　国際相続の法的側面

Q　日本においては相続が民法と密接な関連を有していますが，米国ではどうですか。

A　米国の場合，私法は州法により規定されていることから，州ごとに，相続法，財産法等が異なり，日本と事情は異なることになっています。

Q　国際相続では，複数の国の私法関係が交差することになりますが，両国の私法が抵触する場合はどうするのですか。

A　各国の私法が抵触する状況を解決するために国際私法があります。我が国では，明治31年に制定された「法例」がありましたが，平成18年に「法例」に代わって「法の適用に関する通則法」（以下「通則法」とします。）が制定されました。通則法の役割は，適用される法律（準拠法）を定めることです。

　例えば，被相続人がX国人で，Y国に不動産を有していたとします。Y国が英米，中国のように分割主義であれば，不動産については所在地であるY国法，動産（預金等）については被相続人の住所地であるX国法が適用となります。これに対して，X国が，相続財産に対してすべて被相続人の本国法又は被相続人の住所地法を適用するという統一主義（日本，台湾，韓国等が採用）であれば，準拠法が異なる事態が生じることになります。上記の例によれば，被相続人が外国であるY国に財産を所有したために複数の国における私法関係が生じるため，いずれの国の私法を適用するのかという準拠法を定める必要が生じます。

Q　具体的に通則法が適用になる場合とはどのような場合ですか。

A　例えば，被相続人が外国人であるときに，遺産が未分割である場合，通則法第36条に「相続は，被相続人の本国法による。」と規定されて

いることから，被相続人の本国法の規定による相続人及び相続分を基にして計算することになります。ただし，相続税の総額の計算は日本の民法の規定による相続人及び相続分を基にして計算することになります。例えば，外国人が死亡した場合は，被相続人の本国法によることになりますが，その本国法が同性婚を認めている国の場合，この者は英国では法定相続人になりますが，日本では，相続税の総額の計算は日本の民法の規定による相続人及び相続分を基にして計算することになることから，日本の民法の規定では，同性婚を認めていないことから，法定相続人になりません。

3　米国における相続関連の用語等

Q　米国における夫婦財産制度はどのようなものですか。

A　米国において夫婦共有財産制という財産所有制度を認めている州は，アリゾナ，カリフォルニア，アイダホ，ルイジアナ，ネバダ，ニューメキシコ，テキサス，ワシントンの各州です。米国属領では，プエルトリコも夫婦財産共有制です。それ以外の州は，夫婦別産制ですので，ハワイ州は，夫婦別産制で，コモンローの州になります。

Q　米国における相続関連の用語として，日本にはない独自なものにはどのようなものがありますか。

A　①　州税として相続税等がある州は，コネチカット，デラウェア，コロンビア特別区，ハワイ，イリノイ，メイン，メリーランド，マサチューセッツ，ミネソタ，ニュージャージー，ニューヨーク，ノースカロライナ，オハイオ，オレゴン，ロードアイランド，テネシー，バーモント，ワシントンの各州です。州相続税は，州税がなければ連邦がすべて徴収する金額の一部を州が徴収するもので，州税が課税されたことで税額全体が増加するものではありません。

②　Probate（プロベイト）Court とは，検認裁判所（州裁判所）のことです。例えば，ハワイ州の場合は，Probate Law とハワイ州の最高裁が定めた規則（Probate Rules）があります。

③　Executor は，遺言執行人のことです。遺産執行人の仕事は，すべての財産の把握と財産目録の作成（裁判所に提出），財産の所有権を被相続人から遺産財団に移転，検認裁判所に対する定期的報告，負債への支払いと税金の納付，遺産の保護，遺産の分配，です。法律上では，Personal Representative（人格代表者）として表記され，Executor 以外に遺言がない場合の Administrator（遺産管理者）も含まれます。

④　Estate は遺産財団のことです。米国では，相続開始後，遺産は遺産財団（未分割財産と同じ状態）となり，相続開始後に生じた所得について，遺産財団は納税義務者として申告を行います。

⑤　Testator（遺言者）は，多くの州では18歳以上で書面によることを要件としています。2名の立会人も必要です。なお，無遺言の場合についてはすべての州に規定があります。

⑥　Small Estate Affidavit とは小規模財産宣誓のことです。遺産の金額が少額の場合（多くの州では，5,000ドルから100,000ドルの範囲），遺産管理者がその財産に対して，小規模財産であることを宣誓すると簡素化した手続が適用されます。ただし，州により，不動産を除く州，税金等の債務控除後の金額とする州によりその金額算定方法が異なります。

4　米国の遺産税課税の手続

Q　米国遺産税の手続はどのような順序ですか。

A　遺産税の手続は次の順序で行われます。
　①　相続開始した場合，死亡証明書（葬儀屋等を通じて入手），保険証書の写し，婚姻証明書の写し（夫婦のいずれかが死亡した場合），

子供の出生証明書（子供が死亡した場合：州等の保健事務所から入手），遺言を入手します。
② 検認裁判所における代理人の選任，遺言の検認が行われます。
③ 遺言執行人の役割は，裁判所へ提出する財産目録の作成，遺産の所有権の移転のための書類作成，裁判所への定期的な報告，債務と税金の支払い，訴訟等からの財産の保護，遺言に基づく資産の分配等です。
④ 遺言執行人の必要とする情報としては，被相続人の配偶者，子供，遺言のある者，無遺言相続法の下で相続権のある者の住所と氏名，遺産のおおよその総額です。なお，遺言執行人は，遺言により指名をされた個人であり，裁判所はこれを正式に任命します。
⑤ 遺産は，遺産財団（Estate）に移されます。
⑥ 遺言執行人は，相続開始後9か月以内に納税申告書を提出し，遺産分配前にIRS（内国歳入庁）よりクロージング・レター（申告是認通知に相当するもの）を受け取るようにします。
⑦ 遺産の清算は，早くて1年，通常は2～3年を要し，遺産の清算に要する費用は，グロス財産（負債等の控除前の金額）の5～8％程度といわれています。このうち，人格代表者の報酬が高いことから，検認を避ける傾向が生じるのです。

Q 遺産税の計算はどのように行われるのでしょうか。

A 遺産税の計算は，次の順序で行われます。
① 被相続人の死亡時に，その財産を時価により評価します。なお，この場合，選択として，死亡後6か月後を評価の基準日とすることもできます。
② 債務の控除，寄附金控除，配偶者控除等を差し引いて課税遺産額を算定します。
③ 1976年後の贈与税を課された財産を課税遺産額に加算します。
④ ③の金額に統合税率（unified tax rate）を乗じて算出税額を計算しま

す。
⑤ 1976年後に納付した贈与税額，州税，外国相続税，統一税額控除（生涯控除額の税額換算額）等の税額を控除して納付税額を算定します。
⑥ 申告の期限は，被相続人が米国市民，米国居住者である場合，遺産税等申告書（Form 706）を死亡後9か月以内に申告しなければなりません。

なお，申告期限の6か月延長を申請する場合は，Form 4768を提出することになります。したがって，日米双方で相続税の申告書を提出する場合，日本が相続開始後10か月ですが，米国は申告期限の延長を申請する場合が多いことから，米国の方が後にあるケースもあります。

Q 我が国が被相続人の相続財産に国外財産がある場合，その評価はどうするのですか。

A 財産評価基本通達5-2（国外財産の評価）によれば，国外にある財産の価額についても，この通達に定める評価方法により評価することが原則であり，この通達の定めによって評価することができない財産については，この通達に定める評価方法に準じて，又は売買実例価額，精通者意見価格等を参酌して評価するとなっています。国税庁の質疑応答集によれば，取得価額等を基に評価することについて課税上弊害がある場合とは，その財産を親族から低額で譲り受けた場合など，取得価額等が取得等のときの適正な時価と認められない場合や，時点修正をするために適用する合理的な価額変動率が存しない場合となっています。

Q 米国における不動産の評価方法はどのように行うのですか。

A 米国における不動産評価方法としては，① Property Tax（地方税）の評価（例：ニューヨーク州の場合：売買実例，再調達価額等（コストアプローチ），収益還元法），②売買実例，③不動産鑑定士（国家試験ではなく，鑑定士協会によりライセンスが与えられる。）等があります。路線価

がない米国の場合，日本と評価方法等が異なることになります。なお，上記の評価方法のうち，住宅地は売買実例，商業地は収益還元法が多く適用されます。

Q 相続開始後に生じた所得について米国ではどのように処理するのですか。

A 米国遺産財団の所得課税は，Form 1041という申告書様式を使用して所得税の申告を行うことになります。この場合の納税義務者は遺産財団です。この遺産財団（Decedents' Estate）は，米国連邦税適用上の独立した法的実体で，個人の死亡の時点で存在することになります。遺産財団の所得計算では，総収入金額は個人とほぼ同様ですが，分配した所得を控除することができ，この分配額は受益者段階で課税となります。申告要件は，①課税年度の総収入金額が600ドル以上又は非居住者外国人が受益者の場合です。外国の遺産財団の場合は，その受託者が，Form 1041に代わって1040NRを使用して申告することになります。申告期限は，事業年度がある場合，事業年度終了後4か月と15日後まで，事業年度がない場合は，申告書等を4月15日までに申告することになります。なお，信託は事業年度の選択がなく暦年です。申告書の署名は，受託者であり，会計期間は，遺産財団の場合，死亡した時点が課税年度の開始日となります。

Q 米国の相続では，検認を通さずに相続する方法が多く論じられていますがその理由は何ですか。

A 1つの理由は，執行人の報酬が高いことです。そして，検認を通さないで相続できる財産は，①保険等の受取人が指定されている財産，②財産の所有形態が合有の場合，③夫婦共有契約の対象となる財産，④取消可能生前信託（Revocable Living Trust）等です。検認になると遺産内容を外部の者が閲覧可能となりますが，この④の信託は，受益者が決まっているため検認を回避することができるばかりではなく，信託財産の内容は非公開となります。

4 米国の遺産税課税の手続

Q 被相続人が日本に住所のある者であり，米国に課税対象となる財産がある場合，米国では非居住外国人として遺産税課税を受けることになりますが，米国市民との相違はどうなるのですか。

A (1) **生存配偶者が米国市民である場合**

被相続人から生存配偶者に対する財産の移転について，夫婦間控除（Marital Deduction）に金額上の制限はありません。

(2) **生存配偶者が米国市民でない場合**

この場合は，夫婦間控除が認められないことになります（内国歳入法典第2056条(d)(1)）。したがって，生存配偶者が非居住外国人である場合，この米国遺産税における特典ともいえる夫婦間控除の適用の可否は，大きな問題となります。例えば，外国籍の者が米国市民を妻として外国で居住していた場合，当該外国籍の者が被相続人であれば，米国遺産税の計算では，夫婦間控除を適用することが可能となりますが，生存配偶者が米国市民であることが条件ですから，逆に生存配偶者が居住外国人であった場合では，この適用は原則として受けられないことになります。

(3) **生存配偶者（居住外国人）が米国市民となる場合**

生存配偶者が米国市民でない場合，夫婦間控除をまったく受けることができないかというと，夫婦間控除適用の特例として，生存配偶者が遺産税申告前に米国市民となり，かつ，被相続人の死亡後から市民となった期間のいずれのときであっても米国居住者であった場合，この適用受けることができます（内国歳入法典第2056条(d)(4)）。

(4) **適格内国信託の利用**

生存配偶者が外国人の場合は，税負担の点で有利な夫婦間控除が認められませんが，所定の信託を利用した財産の移転の場合は，夫婦間控除が認められることになります（内国歳入法典第2056条(d)(2)）。

その場合とは，適格内国信託（Qualified Domestic Trust：内国歳入法典第2056A条）を利用する場合です。適格内国信託は，被相続人の死亡時に遺産税の課税はなく，生存配偶者が死亡した時点で遺産税の課税があることから，

第6章　富裕層の税務

生存配偶者が死亡するまでの間の課税の繰延効果を持っていることになります。

(5) **居住外国人と非居住外国人の遺産税課税上の相違点**

　米国所得税法における居住形態は，米国市民，居住外国人及び非居住外国人に区分されている。非居住外国人は，米国市民及び米国居住者でない者と定義されています（内国歳入法典第7701条(b)(1)(B)）。米国市民は米国国籍の者とほぼ同義ですから，米国市民でなければ，米国では外国人ということになります。したがって，用語上の問題ですが，居住外国人は，米国居住者ということになります。内国歳入法典第7701条における居住外国人は，永住が法的に認められた者，所定の物理的滞在日数の要件を満たす者及び初年度選択をした個人ということです。遺産税課税において，非居住外国人の場合は，生涯控除額が6万ドルのみ認められますが，相続税租税条約がある国の居住者の場合はその取扱いが異なります。

5　米国に不動産を有する日本居住者に対する日米相続税条約の適用

Q　被相続人のAは，相続開始時には日本在住でしたが，帰国前の長期間にわたり米国において勤務していた時代があり，その当時に取得した不動産を米国西海岸に保有していました。Aの相続人は，いずれも日本居住者であることから，日本における相続税の課税はいずれも無制限納税義務者としての課税となりますが，Aの米国不動産については米国において遺産税課税が生じる可能性がありますか。また，日米間には，相続税・贈与税租税条約がありますが，この租税条約はAの米国における課税に影響を及ぼしますか。なお，Aの遺産は，米国と日本2分の1ずつです。

A　(1) **米国の遺産税の概要**

　米国は，日本の相続税法の課税方法と異なり，被相続人の遺産に税

を課す遺産課税方式を採用しています。米国遺産税は，2001年制定の改正法により，2010年までに遺産税が暫時縮小して2010年には1年限りで課税停止となったこともありますが，その後，2001年法が改正されて現在でも遺産税の課税はありますが，日本と異なり，緩やかな課税となっています。

米国の市民及び居住者に対する遺産税は，2012年12月31日後，最高税率40％で，基礎控除額500万ドルですが，2015年は543万ドル，2016年が545万ドルの控除額です。この控除額545万ドルは，1ドル110円で換算すると約6億円ということになります。

非居住外国人への適用最高税率は40％，控除額は6万ドル（円換算：約660万円）です。課税対象となる財産は米国国内に所在する財産です。

(2) 日米相続・贈与税租税条約の概要

日米相続税・贈与税租税条約（以下「日米相続税条約」とします。）は，昭和29年4月に署名され，昭和30年4月に発効して以降，現在まで内容の変更が行われていません。その条文構成は，第1条（対象税目），第2条（一般的定義），第3条（財産の所在地），第4条（制限納税義務者に対する控除の配分），第5条（二重課税排除の方法），第6条（情報交換及び，徴収共助），第7条（相互協議の申立て），第8条（本条約の解釈），第9条（発効，終了）の全9条です。

日米相続税条約第4条に「制限納税義務者に対する控除の配分」という規定があります。この規定は制限納税義務者に対しても一定の人的控除を認める規定です。この場合，人的控除の額を制限納税義務者とした課税になる財産の価額を課税の対象となされる財産の全部の価額で除した比率を乗じて計算することになります。

(3) 米国内国歳入法典の規定

米国遺産税の申告書はForm 706-NAですが，その解説書（Instructions for Form 706-NA）には，内国歳入法典第2102条(b)(3)に規定があり，被相続人が日本居住者であり，米国の非居住外国人である場合，米国市民・居住者用の控除額が，米国国内財産を日米合計の総財産で除した割合を乗じた額に減額されて控除することになります。なお，米国の場合は，基礎控除額を相続財

産から控除する方式ではなく，基礎控除額の税額控除換算額を税額控除することになります。例えば，米国における非居住外国人の控除額は6万ドルですが，税額換算すると，1万3,000ドルです。

内国歳入法典第2102条(b)(3)の規定の見出しは，2102条が「税額控除」，同条(3)が「特例」で，同条(b)(3)が「租税条約との調整」です。なお，念のため，上記の規定を以下に掲げます。その概要は，米国の非居住外国人で，米国との相続税租税条約が締結されている国の居住者である場合，米国市民・居住者用の控除額が，米国国内財産を日米合計の総財産で除した割合を乗じた額に減額されて控除することになる，という内容です。

> (3)　Special rules
> (A)　Coordination with treaties
> To the extent required under any treaty obligation of the United States, the credit allowed under this subsection shall be equal to the amount which bears the same ratio to the applicable credit amount in effect under section 2010 (c) for the calendar year which includes the date of death as the value of the part of the decedent's gross estate which at the time of his death is situated in the United States bears to the value of his entire gross estate wherever situated. For purposes of the preceding sentence, property shall not be treated as situated in the United States if such property is exempt from the tax imposed by this subchapter under any treaty obligation of the United States.

本事例の場合を検討しますと，日米相続税租税条約は，今から約60年前に締結された条約であり，当時の米国における遺産税の課税方式がどのようなものであったのかは不明ですが，米国における課税は，上記の規定により明白となっています。

現状において，米国遺産税の基礎控除額が2016年では邦貨で約6億円となり，事例のAの場合，日米双方に遺産があり，Aの米国の遺産の比率は約半分ということになるが，米国では，基礎控除額の2分の1の金額（本事例で

あれば，約3億円）以下であれば，米国遺産税の納税義務は生じないことになります。

(4) 本事例の適用関係

本事例の場合，2つの状況が想定できます。事例では，Aの具体的な遺産額がわからないことから，米国において，遺産税の納税義務が生じる場合と生じない場合に分けて考える必要があります。

(5) 遺産税の納税義務が生じる場合

米国では，日本と異なり，相続人が納税段階で登場することはなく，裁判所から選任された遺産執行人（遺言がある場合）又は遺産管財人（遺言がない場合）が遺産の整理を行い，相続開始後，原則として9か月後までに遺産税の申告納付を行うことになります。要するに，遺産執行人等は，遺産を整理して遺産税等の負債を控除した純財産を遺言に応じて分配するか，遺言がなければ州の相続法等に従って分配することになります。

(6) 遺産税の納税義務が生じない場合

日米相続税条約及び米国内国歳入法典第2102条(b)(3)の規定の適用を受けて，米国における控除額が，米国所在の遺産額（本事例の場合は，西海岸不動産の評価額）を上回れば，納税額は生じないことになります。しかし，本事例の場合，日米相続税租税条約の適用を受けて，米国における遺産税の課税を免れたことになるため，「租税条約に関連したことによる報告義務」が生じることになります。米国の財務省規則§301.6114-1（Treaty-based return positions）にこれに関連した規定があります。この租税条約に関連した申告書（Form 706-NA）の場合，租税条約の適用による控除を受けることを示すForm 8833の添付をすることになります。

第6章 富裕層の税務

6 米国の課税例

Q 被相続人が夫で，その配偶者のみが相続人の場合，双方が日本人で10年以上米国在住の米国居住者であり，米国にのみ財産がある場合の課税関係はどうなりますか。

A 米国の市民及び居住者に対する遺産税は，2012年12月31日後，最高税率40％で，基礎控除額500万ドルですが，2015年は543万ドル，2016年が545万ドルの控除額です。この控除額545万ドルは，1ドル110円で換算すると約6億円ということになります。

Q 前問の例で，相続人に，米国在住の配偶者と日本在住の子弟がいる場合はどうなりますか。

A 米国の場合，相続法は州法ですから，どの州の法律が適用になるのかという問題はありますが，被相続人の遺言により，配偶者と子弟が相続財産を等分に相続したとします。この場合，次の問にあるように，米国非居住者で日本居住者に対する租税条約の適用により課税なしとなれば，米国における遺産税の課税は生じないことになります。日本においては，本問の子弟は，無制限納税義務者ですから，米国所在の相続財産の課税を受けることになります。その場合は，日本における申告に際して，米国財産の評価，米国の遺産執行人等との連絡，申告期限までの申告書の作成問題等が生じる可能性があります。

Q 米国の場合は，夫婦間の相続，贈与は課税上どのように扱われていますか。

A 日本では，夫婦間で居住用の不動産を贈与したときの配偶者控除（相法21の6）があり，婚姻期間が20年以上の夫婦の間で，居住用不動産又は居住用不動産を取得するための金銭の贈与が行われた場合，基礎控除110万円にプラスして最高2,000万円まで控除（配偶者控除）できる特例が

あります。しかし，米国では，配偶者に対する贈与に制限がありません。

7　英国の課税例

Q　夫（甲）が死亡して，配偶者が相続することとなったロンドン在住10年になる日本人夫婦で，資産を英国海外領土の信託に投資しています。この場合の課税関係はどうなりますか。

A　本問の場合，本題に入る前に英国の税制に関するいくつかの事項を整理する必要があります（参照：2010年，HMRC，RDR1，Glossary）。

①　最初に，夫婦ともに，日本非居住者になって5年を超えており，かつ，日本に財産がなく，相続人もいないことから，日本において相続税の課税は生じません。なお，平成29年度税制改正大綱により，平成29年4月1日以後の相続，遺贈，贈与からこの5年は10年に改正されて適用されます。

②　王室直轄地であるジャージー島，ガーンジー島，マン島は，税制上外国となります。これらの地域にある銀行口座或いは投資（investment）は国外財産となります。

③　英国では，2013年財政法によりStatutory Residence Test（SRT）を導入しました。これにより，英国における居住形態の1つであった「通常の居住者（ordinary resident）」が廃止されました。

④　英国では，2013年財政法による改正後，居住者，非居住者，ドミサイル（domicile）の3つの概念が適用されています。

⑤　ドミサイルは永住地（permanent home）の場所のことです。ドミサイルは，一般的な法概念であり，国籍との関連がなく，住所地とも別です。この永住地は，ドミサイル判定に考慮されるもので，特定の財産の所在と関係はありません。永住地とは，現在又は過去に住んだことのある国で，かつ，その国に住み続けたいか或いは永住のために帰国したい国をいいます。

⑥ 英国居住者は，課税年度における英国滞在期間が183日以上である場合，英国居住者となります。

Q 英国の送金課税基準とは何ですか。

A 2013年財政法改正により「通常の居住者」概念が廃止されています。その結果，個人の居住形態と課税所得の関係は次のように整理されることとなりました。なお，送金課税基準は，国外所得がありながら英国に送金しない場合の英国における課税の基準のことです。

1	居住者（原則）	全世界所得が課税となる。
2	非居住者	英国国内源泉所得のみが課税となる。
3	居住者であるがドミサイルがない場合	国外所得と国外キャピタルゲインについて送金がない場合英国における課税なし。

居住者であるがドミサイルがない個人が，次の条件に該当する場合は，送金課税基準が自動的に適用可能となります。

① 1課税年度における送金しない国外所得及び利得が2,000ポンド未満である場合。
② 適格利得の英国への送金がなかった者が，前9課税年度のうち6課税年度以上で英国居住者であり，かつ英国国内源泉所得が100ポンド以下の源泉徴収となる投資所得である場合。

Q 甲は，英国居住者ですが，ドミサイルのない者です。この場合の英国における課税はどうなりますか。

A 甲は，海外領土の信託で利得を得ていましたが，英国に送金しない方式を選択していたとします。この場合，英国における所得税，譲渡収益税の課税はないことになります。この海外領土で課税上の優遇措置を受けることができれば，信託の所得に課税はないことになります。

また，英国は遺産課税方式であり，遺産執行人等が選定されて，遺産の処理が行われます。この場合，甲は英国にドミサイルがないとしましたが，相

続税の適用上以下に該当する場合は，英国にドミサイルがあるとされるのです(注)。

① 直前3年間に英国にドミサイルがあった場合
② 過去20課税年度中，17課税年度英国居住者であった場合

仮に，英国にドミサイルがあるとされると，英国国外の財産も含めて英国において課税対象となります。しかし，上記の①又は②のいずれにも該当しない場合，甲の英国国内の遺産のみが課税対象となります。英国の相続税は，税率が一律40％で，基礎控除額が32万5千ポンド，納期限は6か月です。

また，日本では，相続等により財産を取得した人が，被相続人からその相続開始前3年以内に贈与を受けた財産があるときには，その相続税の課税価格に贈与を受けた財産の贈与のときの価額を加算する，贈与財産の加算（相法19）がありますが，英国の相続税では，配偶者への財産の移転は課税がなく，相続開始前7年間の移転が課税対象です。

（注） Laing, Sarah, CCH, British Master Tax Guide 2007-08, CCH p. 1095.

8　フランス，スイスの場合(注)

Q パリ在住の日本人の父が死亡しました。フランスに財産がある場合のフランスの相続税の課税はどうなりますか。なお，相続人は日本居住者です。

A フランスの相続税は，遺産取得課税方式ですが，被相続人がフランス居住者である場合或いは相続人がフランス居住者である場合，全世界の純財産が課税となります。外国居住者の場合は，相続財産がフランス国内にある場合相続税の納税義務が生じます。日本との相違は，被相続人がフランス居住者かどうかということが納税義務と関係することです。したがって，事例にある日本人の父が，フランス居住者であれば，フランス国内及び国外に保有するすべての相続財産がフランスにおいて課税となりますが，相続人が配偶者等の場合は免税です。また，両親及び子供が相続する場合の控

第6章　富裕層の税務

除額は2012年法で10万ユーロ（約1,250万円），税率は5〜45％です。兄弟の場合は，税率は35〜60％です。

Q スイスは富裕層が海外から移住していますが，税制上，これらの者に対する優遇措置があるのですか。

A 　スイスには，富裕層に対する所得税の優遇税制として一括税があります。この税を申請できる者は，初めてスイスに来た外国人或いは10年以上スイスを離れていて戻ってきた外国人で，スイス国内で所得を得ていない外国人が対象となります。この税は，当該外国人のスイス国外で取得した所得等を課税標準とせず，スイスにおける生活費等（所有不動産等の年間賃貸価値の所定の倍数以上）に基づいて課税することから，通常のスイス居住者として，国外源泉所得も含めて課税を受ける場合と比較すると税負担が軽減され，毎年所定の金額を納付すれば，それで納税義務を果たしたことになるため，富裕層にとってはこの制度は優遇税制です。しかし，最近は，各州において一括税廃止の動きがあり，スイス在住の富裕層が国外に移住を始めています。

Q スイスの相続課税はどのような内容ですか。

A 　スイスは，連邦税としての相続税はなく，すべて州（カントン）の税金です。例えば，国際オリンピック委員会の本部があるローザンヌ（ヴォー州：Vaud）に居住していれば，相続税及び贈与税の課税はありませんが，多くの州は相続税及び贈与税を課税しています。納税義務者は，相続人等であり，贈与税も原則，受贈者課税です。税率も最高50％ですが州により異なっています。そして，ほとんどの州が，配偶者と子供に対する相続税と贈与税を免税としています。

　　（注）　フランスとスイスの相続税については，E & Y, Worldwide inheritance and gift tax 2015. を参考としました。

9　韓国の相続税制

Q　韓国の相続課税はどのような内容ですか。

A　韓国の相続税は被相続人の遺産に対して課税する遺産課税方式ですが，その遺産に係る税額を相続人等が取得した遺産の割合に応じて納税義務を負うという，米国における遺産課税方式とは異なるものです。

日韓双方で国際相続の発生する場合として次のような状況が想定できます(注)。

① 被相続人，相続人（共に日本居住），相続財産は日韓両国に所在の場合，被相続人は，韓国制限納税義務者，相続人は，日本無制限納税義務者となります。

② 被相続人（韓国居住），相続人（日本居住），相続財産は日韓両国に所在の場合，被相続人は，韓国無制限納税義務者，相続人は，日本無制限納税義務者となります。

③ 被相続人（日本居住），相続人（韓国居住），相続財産は日韓両国に所在の場合，被相続人は，韓国制限納税義務者，相続人は，日本制限納税義務者となります。

④ 被相続人，相続人（共に韓国居住），相続財産は日韓両国に所在の場合，被相続人は，韓国無制限納税義務者，相続人は，日本無制限納税義務者となります。

相続の控除では，相続人は，基礎控除（2億ウォン）と人的控除（子女控除・未成年控除・老年者控除・障害者控除）の合計額と5億ウォンのいずれか大きな額を控除します。なお，配偶者が単独に相続する場合，基礎控除と人的控除の合計額のみの控除となります。

税率は最高税率50％の累進税率で，申告期限は相続開始日から6か月以内です。なお，被相続人又は相続人が外国に居住している場合の申告期限は9か月です。

第6章 富裕層の税務

(注) 坂田・杉田・矢内共著『Q&A 国際相続の税務』税務研究会106-107頁。

10 台湾の相続税制

Q 台湾の相続課税はどのような内容ですか。

A 台湾の相続税は遺産税方式ですが，近年のトピックは，2009年1月の税制改正により，遺産税と贈与税の税率が従前の最高税率50％から一律10％に引き下げられたことです（遺産税・贈与税法第13条）。旧法の遺産税等の税率が財産形成の意欲を阻害するという批判があったこと等から，この批判に応えたことにもなりますが，香港，シンガポールにおける相続税制廃止も考慮されたのではないかと推測しています。台湾は，相続税以外でも，営業事業所得税（法人税）の税率を従前の20％から2010年5月の改正により17％に引き下げることが決定しています。

台湾の遺産及び贈与税法の特徴をまとめると次のとおりです。
① 台湾の遺産税法は，遺産課税方式を採用しています。遺産税の納税義務者は，遺言執行人ですが，遺言執行人がいないときは相続人又は遺贈を受けた者であり，それ以外の場合は法により選任された遺産管理人がなります。
② 台湾の贈与税は，遺産税の補完税であり，贈与者課税となっています。
③ 配偶者控除は445万元，被相続人が台湾居住で，中華民国国民の場合は1,200万元を控除できます。なお，贈与税の基礎控除額は220万元です。
④ 相続税及び贈与税の税率は10％です。申告期限は相続開始から6か月以内となっています。

11　無利子非課税国債の論点整理

Q　この制度は，無利子の国債を購入することで，その国債相当額を相続税の課税上免税とするものですが，どのような長所と短所がありますか。

A　財政制度等審議会委員提出の資料等によれば，次のような数字が掲げられています(注)。

個人の金融資産	約1,500兆円
家計に埋蔵されている預金等	タンス預金（30兆円），個人の普通預金等（120兆円）
余剰貯蓄（NIRA報告書）	150～179兆円：65歳以上の世帯の貯金残高は558兆円で，老後の必要資金を差し引いても179兆円になります（平成21年2月15日読売新聞）。

(1)　無利子非課税国債への賛否

無利子非課税国債に関する賛否を要約すると次のとおりです。導入賛成派には，政治家，前出の委員，反対派は，財務省及び学者等です。

導入賛成派	・国債利払いの負担軽減 ・新たな財政出動のための財源 ・個人金融資産の活用
導入反対派	・金持ち優遇という国民の批判 ・相続税の税収減が大きく財政的にマイナス ・相続税の富の再配分機能を歪める等

(2)　政策の選択肢

今後，相続税制に関して政策上の選択肢がいくつか想定できるのです。
① 富裕層に対する課税強化と国内囲い込みの税制の継続（第1案）
② 無利子非課税国債の導入（第2案）
③ 相続税を廃止して財産の移転について所得税で代替する（第3案）

第6章　富裕層の税務

　ア　第1案の検討

　第1案の問題点は，相続税制の国際比較という観点から見ると，日本の周辺国の多くが相続税課税をしていないこと，また，世界一の富裕者数を誇る米国が，遺産税の税負担が軽く，共和党政権であることから，遺産税課税なしという事態も想定外ではありません。他方，欧州諸国は相続税の税負担が日本より重い国もあります。要は，世界有数の富裕者数である日本が，富の再配分機能だけを重視した政策を今後も行うのか，多額納税者であるこれらの富裕層に対して何らかの手当てをするのかという方針の確立が必要となります。

　イ　第2案の検討

　無利子非課税国債に対する批判では，フランスにおけるピネー国債の失敗例を挙げるむきもありますが，この国債のように，相続直前に購入し，相続直後に売却することを認めずに規制すればよいので，別に問題はありません。また，土地保有者が，借入金でこの国債を購入して租税回避を図る場合も，債務控除の制限で措置できるのです。問題は，第2案は主として財政上の歳入減が生じるかどうかということです。これまでの議論で論じられなかった点は，仮に，日本が当該国債を導入して，部分的とはいえ，相続税の免税範囲を拡大した場合，外国の富裕層が日本に移住する可能性がないとはいえないことです。日本が，第2のシンガポール化するわけですが，財政当局は，このような不確定要素のある予測には与しないものと思われます。

　ウ　第3案の検討

　この案は，相続・贈与に基因した財産の移転に関して所得税を課税するというものです。税収面でいえば，現行の相続税よりも税収増が見込める案です。ある意味で，財産の移転に広く課税をすることから，現行制度よりも公平ですが，納税義務者数が増加することにより，執行面を含めた検討が必要になります。

　（注）　www.kantei.go.jp/jp/singi/ansin_jitugen/.../watanabe01.pdf（アクセス：2015年10月3日）

（コラム５）マイナンバー制度と預貯金

１　マイナンバー制度とは何ですか

　マイナンバー制度は通称で，政府等の公式文書では，「社会保障・税番号制度」といわれています。この制度は，平成25年５月に成立したマイナンバー関連４法案が根拠法であり，そのうちの，「行政手続における特定の個人を識別するための番号の利用等に関する法律」は，略称「番号利用法」といわれてこの制度の中心となる法律です。この「番号利用法」により平成27年10月から個人番号と法人番号が付番されて通知されています。この個人番号をマイナンバーといい（法人番号を含めてマイナンバーとして使用している例もあります。），基本的に住民票を有する全員が付番されることになっています。また，法人番号は，法務省の資料等に基づいて国税庁が付番しています。そして，平成28年１月より順次この番号の利用が開始される予定です。

２　マイナンバー制度への変遷

　古くから行政の効率化に資するため番号による管理体制に関する検討は行われていましたが，マイナンバー制度の場合は，「平成21年度税制改正大綱」において納税者番号制度導入が検討事項となったことが発端です。当時は麻生内閣でしたが，その後，民主党に政権が移り，「平成22年度税制改正大綱」において番号制度の導入が再度言及されて，平成22年２月に「社会保障・税に関わる番号制度に関する検討会」が設置されました。そして，マイナンバー関連法案ができましたが，平成24年11月の衆議院の解散（野田内閣）において廃案となり，平成24年12月に成立した安倍内閣が平成25年３月にマイナンバー関連４法案を国会に再提出して平成25年５月に同法案が成立したものです。この流れからもわかるように，マイナンバー制度は，当初，納税者番号制度であったものが，その適用範囲を社会保障等まで拡大したこと，民主党が骨格を作ったことから，自民・公明の与党の提案に民主党が反対できず，この制度が制定法化されたのです。

第6章　富裕層の税務

3　マイナンバー制度は預貯金の口座ごとに付番されますか

平成25年5月の「番号利用法」の成立を受けて，平成26年に政府税制調査会の「マイナンバー・税務執行ディスカッショングループ」は，第4回会議（平成26年4月8日）において，預金口座へのマイナンバーの付番が検討されるべきとしています。そして，「平成27年度税制改正大綱」における「納税環境の整備」において，国税通則法を改正して，銀行等に対し，個人番号及び法人番号によって検索できる状態で預貯金情報を管理する義務を課すこととしました，という文言が盛り込まれています。今後は，預貯金にマイナンバーを付すことになるでしょうが，口座数が約10億以上ある現状では，執行面で不透明な部分があります。この反動として，仮に，預貯金にマイナンバー付番となった場合，預貯金のこの種の管理を嫌い，国外に預金した場合はどうなるのかと懸念するむきもありますが，平成26年5月にパリにおいて開催されたOECD（経済協力開発機構）閣僚理事会において，租税に係る金融情報の自動交換の宣言が採択されました。上述した政府税制調査会の第4回会議の論点整理では，「国外財産調書」ばかりでなく，国外から提供される利子，配当等の情報にマイナンバーが付されることになる，と記述されています。

（コラム6）プエルトリコの富裕層優遇税制

1　プエルトリコの経済状況

現在のプエルトリコの経済状態は相当悪化しています。米国は，税制上においても，プエルトリコ等の属領に対して優遇措置を講じてきました。その例が，属領税額控除制度で，米国の内国法人の総所得が，3年にわたり80％以上が属領源泉であり，50％以上が属領からの事業により生じたものに対してこの制度が適用されて，米国での税が免除されるというものでした。米国の外国税額控除でも，米国属領は外国として区分されています。そして，この制度を利用して多くの米国企業がプエルト

リコに進出し，税率の低いプエルトリコに所得を移転したことで，米国の移転価格課税を受けて訴訟にまで発展した事例があります（イーライリリー社，GDサール社等の訴訟事案）。問題はこのような優遇措置が1996年制定のSmall Business Job Protection Act of 1996により廃止され，旧規定の経過措置が10年有効であったため，2006年まで，この制度は有効でしたが，その時点で廃止され，プエルトリコ経済に大きな影響を及ぼしました。

2　プエルトリコの富裕層優遇税制

経済的に困窮したプエルトリコは，米国から富裕層の移住を促すために，2012年1月22日に「Investor's Relocalization Act」（Law Num. 22）を制定しました。このような立法をした背景には，富裕層を呼び込む効果として，不動産への新たな投資，銀行への新たな資金の預け入れ等が想定されていました。プエルトリコ居住者となる要件は，課税年度中に183日以上プエルトリコに滞在する個人です。米国内国歳入法典第933条の規定によれば，プエルトリコ居住者により取得されたプエルトリコ源泉所得は，米国内国歳入法典において，総所得に含まれず，免税となることが規定されています。また，上記の2012年制定法によれば，プエルトリコ居住者となった個人の投資所得は，プエルトリコでも免税です。

3　Investor's Relocalization Act制定後の動向

2014年6月27日のブルーンバーグの記事によれば（http://www.bloomberg.co.jp/news/123-N7SGGC6VDKI801.html），すでに約200人のトレーダーやプライベートエクイティ投資業界の大物，起業家らが移住の意向を表明している，ということです。問題は経済的にひっ迫したプエルトリコが窮余の一策としての立法ということもできますが，他方，プエルトリコに債券が大量に出回っていることから，プエルトリコに経済的危機が生じると，金融問題が生じるという事情もあるようです。

そして，プエルトリコは2017年5月3日に連邦地裁に破産申請をしました。

(コラム７) 高度外国人材に対する所得税・相続税・贈与税の課税の見直し

平成29年度税制改正大綱に高度外国人材に対する所得税・相続税・贈与税の課税見直しという事項がありますが，最初に高度外国人材とは何かということになります。

(1) 高度外国人材の意義

日本政府は，少子高齢化或いは経済のグローバル化が進展する中で，経済成長をするためには人材が必要であり，国内の人材ばかりではなく，外国から高度の能力を有し，多彩な価値観，経験，ノウハウ，技術を有する個人を高度外国人材と定めて，これらの者を日本の企業等に就労させることにした国家戦略を立てました。具体的には，平成20年７月の麻生内閣における内閣官房長官決裁による「高度人材受入推進会議」が開催され，平成21年５月29日に報告書（「外国高度人材受入政策の本格的展開を」：以下「報告書」という。）が作成公表されており，これがこの用語の発端です。

(2) 法務省の対応

これは国家戦略であることから，多方面にわたる政策が実施されています。税制以外の分野では法務省が高度外国人材に対して，出入国管理上の優遇措置を与えています。法務省は，高度外国人材に対して，活動内容を，①高度学術研究活動，②高度専門・技術活動，③高度経営・管理活動，の３つに分類して，それぞれの特性に応じて，「学歴」，「職歴」，「年収」等の項目ごとにポイントを設け，このポイントの合計が一定点数である70点に達した場合に，出入国管理上の優遇措置を与えることとしています。この場合の優遇措置として，①複合的な在留活動の許容，②在留期間「５年」の付与，③在留歴に係る永住許可要件の緩和，④配偶者の就労，⑤一定の条件の下での親の帯同，⑥一定の条件の下での家事使用人の帯同，⑦入国・在留手続の優先処理が認められています。

(3) 世界最速級の「日本版高度外国人材グリーンカード」の創設

平成28年６月２日公表の「日本再興戦略2016―第４次産業革命に向け

て一」において，世界最速級の「日本版高度外国人材グリーンカード」の創設として，高度外国人材の永住許可申請に要する在留期間を現行の5年から大幅に短縮する世界最速級の「日本版高度外国人材グリーンカード」を創設することが提言され，その後1年に縮める検討が開始されています。

(4) 高度外国人材に対する非永住者課税の見直し

金融庁は，税制改正要望事項として，「非永住者の課税所得の範囲の見直し」を掲げました。この要望を行った目的は，東京の国際金融センターとしての地位向上と，高度外国人材が日本で働きやすい環境を整備することであるとしているのが，その趣旨です。

金融庁の主張では，平成26年度の改正が，非永住者の課税所得の範囲を変更する趣旨ではなかったのですが，非永住者の課税所得の範囲は，「第95条第1項（外国税額控除）に規定する国外源泉所得以外の所得及び国外源泉所得で国内において支払われ，又は国外から送金されたもの」と改正されたことで，ニューヨーク証券取引所で行われる株式の譲渡のように，国外の取引所金融市場等で行われる有価証券等の譲渡等に係る所得といった「国外源泉所得」として積極的に定義されていない所得について，課税所得の範囲が拡大しているという理解であり，この課税所得の範囲の拡大が高度外国人材の呼び込みの阻害要因となっていることから，見直しを行うことが必要という主張です。

この要望を受けて，平成29年度税制改正大綱では，非永住者の課税所得の範囲の見直しが行われました。

非永住者の課税所得の範囲から所得税法に規定する有価証券で，過去10年以内において非永住者であった期間内に取得（平成29年4月1日以後の取得したものに限ります。）で次の掲げる者の譲渡により生ずる所得が除かれます。

① 外国金融商品取引所において譲渡されるもの
② 国外において金融商品取引業を営む者への売委託により国外にお

いて譲渡されるもの
③ 国外において金融商品取引業を営む者の国外営業所等において開設された有価証券の保管等に係る口座に受け入れられているもの

(5) 高度外国人材に対する相続税・贈与税の課税の見直し

平成29年度の税制改正では，日本に単身赴任で在留する外国人が死亡し国外財産を国外に居住する外国籍の者に相続する場合，或いは，日本に家族帯同で在留する外国人が死亡し国外財産を当該家族に相続する場合等，国外財産に本国よりも重い税負担が課される可能性があるために，高度外国人材等が来日を取り止めるという事態が近年生じていることがあることからこれらを防止するための措置として，国内に住所を有していた期間が相続開始前15年以内で合計10年以下の場合を一時的滞在として国内財産のみを課税対象とすることになりました。

第 7 章

租税条約

第7章 租税条約

Q 日本が締結している租税条約の現況はどうなっていますか。

A 日本が締結している租税条約の一覧表は，第1章（16～22頁）にありますのでご参照ください。

1 税務行政執行共助条約

Q 税務行政執行共助条約（Convention on Mutual Administrative Assistance in Tax Matters）はどのような性格の租税条約で，その現状はどうなっていますか。

A BEPS行動計画15に関連して，多国間協定の先例として，税務行政執行共助条約（以下「共助条約」とします。）の概要と現況を調べる必要があります。

(1) 共助条約の概要

日本は，2011年（平成23年）11月4日に共助条約に署名し，2013年（平成25年）6月28日に受託書をOECDに寄託し，同年10月1日にこの条約が発効しています。

これまでの租税条約は，北欧三国による多国間租税条約を除いて一般に二国間租税条約ですが，この共助条約は多国間条約であることと，租税条約が二国間の二重課税を排除と脱税の防止を目的としているのに対して，共助条約は税務行政を相互に支援するための条約である点で一般の租税条約とは異なった性格を有しています。

この共助条約は，OECD及び欧州評議会により検討されたもので，1986年7月にOECD租税委員会，1987年4月に欧州評議会閣僚会議において条約案が採択されました。その後，共助条約（条約草案及びそのコメンタリーから構成されています。）は，1987年6月に欧州評議会閣僚会議，1987年10月にOECD理事会で署名のために開放することが合意され，1988年1月25日に

OECD加盟国及び欧州評議会加盟国に署名のために開放されています。その後，スウェーデン（1989年4月），ノルウェー（1989年5月），米国（1989年6月），フィンランド（1989年12月），オランダ（1990年9月），ベルギー（1992年2月），ポーランド（1996年3月），アイスランド（1996年7月），がこの条約（以下「原条約」とします。）に署名したことにより，原条約は1995年4月に発効しています。

米国は，この条約について，徴収共助と文書送達に関する部分について留保しており，情報交換の関する部分についてのみ参加しています。原条約に署名した国は，アイスランド以降も増加して，最終的には，30か国が署名しています。30か国の署名を時期により区分すると，1980年代が4か国，1990年代が5か国，2000年代が8か国，2010年代が13か国という推移です。

原条約はその後議定書（以下「改正共助条約」とします。）により改正されて2010年5月27日に開放されています。2016年11月現在の改正共助条約の現状は次のとおりです。なお，この表は，第1章に掲げてありますが，ここに再掲します。

署名した国及び地域	92か国
署名済みで未発効の主たる国	モナコ，フィリピン，トルコ，米国等

(2) 共助条約における執行共助（administrative assistance）の内容

共助条約第1条第2項に執行共助として次の3つが規定されています。

① 同時税務調査及び他国の税務調査への参加を含む情報交換
② 保全措置を含む租税債権徴収における協力
③ 文書の送達

情報交換に関連する諸規定には，次のものが含まれています。

① 要請による情報交換（第5条）
② 自動的情報交換（第6条）
③ 自発的情報交換（第7条）
④ 同時税務調査（第8条）：同時税務調査とは，2以上の締約国が，調査を通じて取得した関連情報を交換することを目的として，その共通若

しくは関連する1又は複数の者の課税関係の調査を，同時に，それぞれ自国において行うことです。

⑤　外国における税務調査（第9条）：この条項は，要請国からの被要請国に対する税務調査官の派遣を認める内容で，被要請国がこの要請を受け入れる場合，要請国に対し，速やかに調査の日時及び場所，調査を担当する部局又は職員並びに調査を実施するために被要請国が必要とする手続及び条件について通知をする必要があります。なお，税務調査の実施に関するすべての決定は，被要請国によって行われます。また，締約国は，この要請については原則として受け入れない意向を通知することができます。

この上記の④について，関連企業間取引を同時税務調査の対象とするのであれば（原条約説明報告書パラ73），相互協議等の負担も従前よりも軽くなり，いずれかの締約国において移転価格課税があったとしても，比較的容易に相互協議における合意に至る可能性が考えられます。この同時税務調査の締約国の一方が事案を選定して，他方の締約国に通知をして参加の有無を確認することになります（同パラ75）。そして，同時税務調査が合意された場合，両国の担当者は，調査対象期間，調査事項，調査日等について協議して，その合意が成立した場合，各締約国の調査官は，自国の管轄権内において税務調査を実施します。

上記⑤にある外国の課税当局の代表に税務調査の立会いを認めるか否かは，税務調査が実施される国の権限ある当局が決定する事項です（同パラ84）。外国からの調査官の受け入れについては，主権侵害として反対する国と，その国の法令等を遵守するのであれば外国からの調査官の税務調査参加を認める国があります。

2 OECD モデル租税条約と帰属主義

Q 1963年制定の OECD モデル草案の与えた影響とその後の展開で帰属主義との関係はどのようなものですか。

A OECD モデル租税条約が各国の租税条約に与えた影響は多方面にわたりますが，1963年 OECD モデル草案の影響という点では，帰属主義の導入を挙げることができます。

帰属主義は，源泉地国に所在する恒久的施設（以下「PE」とします。）に帰せられる所得のみを課税対象とするもので，恒久的施設が所在すれば，所得の帰属にかかわらず，すべての国内源泉所得を総合して課税する総合主義と対比される方法です。なぜ，OECD は帰属主義を採用したのかということについて，総合主義が PE の活動と関連のない国内源泉所得を探し出してこれらの所得を総合して課税することに無駄があると批判して，PE への帰属という概念が租税回避を生みやすいという欠点があるにもかかわらず，帰属主義を採用したのです。現在，日本が締結している租税条約における事業所得課税は，そのすべてが帰属主義に改正されています。

1963年 OECD モデル草案において採用された帰属主義は，各国の租税条約に取り入れられて普及したことは上述のとおりですが，OECD は，近年，事業所得算定の基本原則である独立企業の原則について再検討をしました。

OECD は，1995年以降公表された移転価格課税のガイドライン（TP ガイドライン），2001年2月に公開された改訂草案 PART Ⅰ，Ⅱ（銀行），2003年3月に公開された PART Ⅱ（銀行）の改訂版及び PART Ⅲ（グローバル・トレーディング）の草案，2005年7月公開の PART Ⅳ（保険）の草案を経て，事業所得条項について，各国でその解釈や運用が統一されていなかったため，二重課税或いは二重非課税が生じたとして，この検討を行い，2006年12月公開された「恒久的施設に対する所得の帰属に関する報告書（Report on the Attribution of Profits to Permanent Establishments）」において，OECD 承認アプローチ（authorized OECD approach：略称 AOA），を検討した結果，

2010年にOECDモデル租税条約の事業所得条項が改正されました（以下これを「新7条」とします。）。

このAOAは具体的に，①PEの果たす機能及び事実関係に基づいて，外部取引，資産，リスク，資本をPEに帰属させ，②PEと本店等との内部取引を認識し，③その内部取引が独立企業間価格で行われたものとして，PE帰属所得を算定する方法です。

そして，平成26年度の国際課税における改正は，国際課税原則の見直しとして「総合主義から帰属主義へ変更」がその見出しでした。この改正に至った要因の1つは，上述のOECDモデル租税条約の事業所得条項（新7条）において採用されたAOAに基因しています。

Q BEPSと租税条約の関係はどのようなものですか。

A 本書の第3章においてBEPSの検討をしておりますので，ここではその要旨だけを記述します。このBEPS行動計画に示された15の課題のうち，租税条約に関連があるのは，⑥租税条約の濫用防止，⑦恒久的施設（PE）を利用した租税回避の防止，⑮多国間協定の開発，です。

3　日本が最近締結した租税条約

Q 2017年（平成29年）或いはその前年までに日本が締結した租税条約のうち，特徴のあるものにはどのようなものがありますか。

A (1) 3つの租税条約

平成27年末から平成28年年頭にかけて，3つの租税条約が署名されました。厳密にいえば，2つの租税条約と1つの民間租税取決めですが，その内容は次のとおりです。

① 平成27年11月に公益財団法人交流協会（日本側）と亜東関係協会（台湾側）は，「所得に対する租税に関する二重課税の回避及び脱税の防止

のための公益財団法人交流協会と亜東関係協会との間の取決め」(以下「日台民間租税取決め」とします。)に署名しました。

② 平成27年12月に日本とドイツは，改正租税協定(以下「日独改正協定」とします。)に署名しました。

③ 平成28年1月22日に日本とチリ(智利)は，新租税条約(以下「日智新条約」とします。)に署名しました。

上記①の日台民間租税取決めは民間団体の租税に関する取決めであるため，国家間の締結した租税条約ではありませんが，この取決めを受けて，日本では平成28年税制改正において，国内法を改正して，この取決めの内容が実施されることになりましたので，実質的には租税条約と同様の機能を果たすものです。

(2) 日台民間租税取決め

日本と台湾の間には，昭和47年9月29日に日本と中国の間で日中国交正常化が行われ，それに伴い，日本は台湾との国交を断絶した過去があります。しかし，国交断絶後も，非政府間の実務関係を維持するため，昭和47年12月に，日本側は財団法人交流協会を，そして台湾側は亜東関係協会をそれぞれ設立し，さらに，同月，「財団法人交流協会と亜東関係協会との間の在外事務所相互設置に関する取り決め」を作成しました。

上記のような理由から，日本と台湾はそれぞれ互いに有力な貿易相手国としての経済交流の多さに比して，日台間には租税条約が締結されず，租税条約の締結を望む声が一部にはあったのですが，上記のような政治的な理由から，進展が見られなかったのです。

今回の「日台民間租税取決め」は，民間団体間の租税の取決めですが，具体的には日台双方においてこの取決めに従って国内法等を改正して，日台間にある税の障害を除去することであることから，租税条約を締結したことと実質的には同じ効果を持つことになりました。

この日台民間租税取決めに伴う効果としては，台湾における投資所得(配当，利子，使用料)に課される源泉徴収税率は，金融商品の利子に係る15%を除くと，20%ですが，「日台民間租税取決め」が適用されると，限度税率

は10％となり，中央銀行等が受け取る利子は免税となります。台湾からの投資による日本源泉の投資所得についても日本における源泉徴収税率が軽減されることになりました。また，給与所得について，短期滞在者免税の規定が適用されることから，日本・台湾相互の出張者に対する従前の非居住者課税が緩和されました。

日台民間取決めについて，平成28年度税制改正において「外国人等の国際運輸業に係る所得に対する相互主義による所得税等の非課税に関する法律」が「外国居住者等の所得に対する相互主義による所得税等の非課税等に関する法律」（以下「所得相互免除法」とします。）に改正され，平成29年1月1日から施行されています。なお，所得相互免除法にある外国とは台湾であることは，同法の政令に定められています。また，所得相互免除法の「源泉所得税の改正のあらまし」が平成28年11月に国税庁から出されています。

(3) 日独改正協定

日本と英国間の租税条約が平成25年12月に一部改正され，事業利得条項にAOA（OECD承認アプローチ）を採用しています。この改正の発効後においても，事業利得条項の改正はその適用が一時延期されていましたが，平成28年4月1日以後に開始する各課税年度の利得からこの改正が適用となりました。

日独原協定（当時は日本と西ドイツの租税協定）は，昭和41年署名と古く，その後東ドイツが西ドイツに併合された際も，旧西ドイツと日本との間の租税協定が旧東ドイツにも適用されたことから，改正は行われず現在に至ったのです。

今回の改正により，親子間配当は，持株割合25％以上で保有期間18か月以上が免税，持株割合10％以上で保有期間6か月以上が5％と税率が軽減されています。なお一般配当の限度税率は15％です。また，利子，使用料は免税です。ただし，利益等連動型利子等はこの免税の対象になりません。

また，投資所得の大幅な減免以外にも，事業利得条項へのAOAの採用，日英及び日米租税条約の特典制限条項（LOB）とは異なる特典制限に係る規定の導入，相互協議における仲裁の手続の導入，情報交換及び徴収共助の拡

大等の規定が設けられています。

この日独改正協定は，発効が行われない日米租税条約よりも新しい規定を導入したことから，日英租税条約と並んで現行の日本の租税条約の最新型になったといえます。

(4) 日智新条約

日本と南米諸国との租税条約の先行例は，日本・ブラジル租税条約がありますが，他に条約例はなく，南米は，比較的，日本の租税条約網が手薄な地域といえます。

この新条約は，新旧の規定が混在しているという点に特徴があります。例えば，第7条の事業利得条項は，最新型のAOAではなく，従前からの条項から単純購入非課税規定等が削除という過渡的な形態です。また，第14条に自由職業所得条項という，OECDモデル租税条約では削除された条項が規定されています。

その反面，OECDによるBEPS（税源浸食と利益移転）活動計画7に含まれている恒久的施設に関する「準備的補助的活動」に関連する規定では，このBEPSの見解が反映される等，新しい規定も盛り込まれています。これは，従前の租税条約では，所得源泉地国に倉庫，在庫等を保有するのみでは恒久的施設とならない「準備的補助的活動」が認められていましたが，ネット取引を行う通販業者が，この規定を利用して源泉地国における租税を回避している事例があり，その対策として，OECDのBEPS活動計画においてその対策が提唱され，その内容が日智新条約に反映したものと思われます。

さらに，OECDのBEPS活動計画が反映したものとして，本条第6項の従属代理人の規定も，BEPSの影響により，その要件が従前の契約締結権限の反復的行使から拡大されています。その規定は次のとおりです。

> 又は当該企業によって重要な修正が行われることなく日常的に締結される契約の締結のために反復して主要な役割を果たす場合において，これらの契約が次の(a)から(c)までのいずれかに該当するときは，当該企業は，その者が当該企業のために行うすべての活動について，当該一方の締

国内に恒久的施設を有するものとされる。
  (a) 当該企業の名において締結される契約
  (b) 当該企業が所有し，又は使用の権利を有する財産について，所有権を移転し，又は使用の権利を付与するための契約
  (c) 当該企業による役務の提供のための契約

4　改正日米租税条約の米国議会における動向

Q 2013（平成25）年1月24日改正署名がなされた日米租税条約の改正議定書は発効していませんが，現況はどのようなのでしょうか。

A 現行の日米租税条約は，2003（平成15）年11月6日に署名され，2004（平成16）年3月30日に発効したものですが，問いにあるように，平成25年1月に一部改正の議定書に署名しています。日本側は衆議院が2013年（平成25年）5月，参議院が同年6月に改正条約案を承認していますので，改正議定書に関する議会手続は終了しています。米国は2017年5月末現在で議会手続が終了していません。米国は日本のように議会の両院の承認ではなく，条約は上院の承認を得ることになっていますが，米国では，署名した租税条約に関しても議会の承認待ちの状態が続いています。

　その原因は，米国のランド上院議員（Rand, Paul）の反対といわれています。ランド議員は，上院議員に2010年に当選後，租税条約の発効にはことごとく反対しているため，米国では，署名が済んだ租税条約が議会手続を待つ状態が続いています。ランド上院議員が反対している理由は，租税条約に規定する情報交換規定の適用であり，条約相手国が米国の税務情報に租税条約に基づいてアクセスできるようになるということです。米国では，外国との条約は，米国上院（議員数100名）の3分の2の賛成を得れば，議会が承認したことになりますが，全員賛成を慣行としているようです。そのため，強硬な反対者がいると，条約の承認手続は停滞せざるを得ないようです。

改正議定書が動き始めた理由は，2015年4月末から安倍首相が米国を公式訪問することが決まったため，オバマ大統領が上院に改正議定書の承認を求めたのです。改正議定書が上院に送られるまでの経緯は次のとおりです。

① 2014年2月6日に米国国務省は改正議定書をホワイトハウス・大統領宛てに送付しています（Letter of Submittal）。

② 2015年4月13日にホワイトハウスは米国上院に改正議定書を送付しています（Letter of Transmittal）。

　手続としては，米国側は外交委員会と米国上院本会議の承認後に，大統領の署名が終わると，日本と批准書の交換が行われて改正議定書は発効することになります。上記の日付からも明らかなように，改正議定書がホワイトハウスに送られるまでに，約1年が経過し，ホワイトハウスが上院に送るのにさらに1年余が経過していますが，結局のところ，議会手続は，安倍首相の公式訪問に間に合わず，現在でも凍結状態です。

5　事業類似課税の適用範囲

Q 　法人の組織再編等と関連のある事業譲渡類似課税の適用範囲はどのようなものですか。

A 　**(1) 事業譲渡類似の定義**
　事業譲渡類似課税とは，日本国内に支店，事務所等の恒久的施設（Permanent Establishment：以下「PE」とします。）を有しない非居住者（個人非居住者及び外国法人）による内国法人の所定の株式の譲渡所得のうち，事業譲渡類似課税の規定に該当する株式の譲渡は，所得税法及び法人税法において課税となります。

　そして，事業譲渡類似課税となる要件は，次のとおりです（法令178①四⑥）。

① 　株式等の譲渡以前3年以内のいずれかのときにおいて，内国法人の特殊関係株主等が内国法人の発行済株式等の25％以上を保有していたこ

と（所有要件）

② 株式等を譲渡した事業年度において，外国法人を含む内国法人の特殊関係株主等が当該内国法人の発行済株式等の総数の5％以上を譲渡したこと（譲渡株数要件）

(2) 事業譲渡類似と租税条約

租税条約では，条約ごとに規定が異なりますが，事業譲渡類似に係る所得は，一般株式の譲渡所得とは異なり，その株式の発行法人の所在地国で課税することができる，と規定した条約例（少数派）もあります。

(3) インドにおけるインド法人の間接譲渡の訴訟事案

インドでは，インド法人の株式を所有する中間法人の株式を譲渡する事案があり，以下の①と②は，ボーダフォン事案（インド法人の株式を所有するケイマン法人Aの株式をその親法人である別のケイマン法人Bがボーダフォン・オランダ法人Cに譲渡した事案で，インド課税当局は，Cに対して源泉徴収課税を行いました。）といわれるもので，高裁及び最高裁判決は次のとおりです。③は，インド法人の株式を所有するフランス法人Dの株式をD株式所有のフランス法人EとFがフランス法人Sanofi社に譲渡した事案です。

① 2010年9月8日　ムンバイ高等裁判所判決（Vodafone International Holdings B.V. vs. Union of India & Anr.）writ petition No.1325 of 2010. 納税義務者側敗訴。

② 2012年1月20日　インド最高裁判所判決（Vodafone International Holdings B.V. vs. Union of India & Anr.）civil appeal No.733 of 2012. [2012] 341 ITR 1（SC）. 納税義務者側勝訴。

③ 2013年2月15日にインドのハイデラバード所在のアンドラ・プラデッシュ高裁判決（Sanofi事案）がある。納税義務者勝訴。

(4) 事業譲渡類似課税の適用範囲

不動産の譲渡収益は，その不動産の所在地国で課税することが原則ですが，不動産関連法人の場合は，国内法或いは日米租税条約等では，国内にある不動産が総資産の50％以上である法人が発行する一定の株式等を譲渡した場合，その譲渡による所得が申告納税の対象となる国内源泉所得の範囲となります。

逆に解釈すれば，50％未満であれば，通常の株式の譲渡と同様に居住地国課税となり，源泉地国課税はないことになります。

また，事業譲渡類似課税の場合，不動産に関する部分は不動産化体株式でカバーしていること，そして，不動産の間接譲渡を100％課税していないこと，さらに，租税条約では一般に株式の譲渡収益は居住地国課税であること等を考慮すると，間接譲渡も含むとするのは国内法及び租税条約の規定からは，その課税が難しいと考えるべきではないかと思われます。確かに，株式の間接譲渡により源泉地国に所在する法人の資産が他の法人に移転することは事実ですが，現行制度では，そのすべてを課税することにはなっていません。しかし，このことが国際的租税回避につながるのであれば，不動産化体株式の場合と同様に，その経営支配が移転する場合（過半数株式の移転），これを課税するという選択肢もあるでしょう。

6　米国・バミューダ保険所得租税条約

Q 租税条約のうち，保険所得に特化した租税条約が米国・バミューダ間にあると聞きましたが，どのような内容ですか。

A
(1) 概　要

バミューダは大西洋上にある英国の海外領土であり，その税制は，所得税，譲渡所得税，源泉徴収税等がなく，給与を支払う雇用者に対する給与税（payroll taxes）のみが課されるタックスヘイブンです。最近では，バミューダを利用した租税回避スキーム（ダブルアイリッシュ・ダッチサンドイッチ）で有名です。また，バミューダは，タックスヘイブンという条件の他に，キャプティブ保険業法が施行されていることから，キャプティブ保険会社（captive insurance company：以下「キャプティブ」とします。）が多いことでも有名です。

米国とバミューダは，1986年に保険所得租税条約（Insurance Income Tax Treaty：以下「保険条約」とします。）に署名しました。バミューダは，タッ

クスヘイブンであることから，米国法人がバミューダにおいて課税を受ける事態は想定できず，バミューダにあるキャプティブが米国を源泉地国として課税を受ける場合に，保険条約が適用されることになります。なお，日米租税条約の議定書に規定のある外国保険業者に対する米国消費税（excise tax）については，米国国内法の規定が保険条約に優先して適用となります（P. L. No. 100-647 Sec. 6139）。この米国消費税は，税負担の軽いタックスヘイブン等を本拠とする外国保険会社が米国国内に恒久的施設を有していないで事業活動を行う場合，米国保険会社との税負担のバランスを取るために課される税のことです。したがって，外国保険会社が米国国内に恒久的施設を有する場合はこの税の課税はないことになります。

(2) キャプティブとは何ですか

　キャプティブは，自社のリスクの一部又は全部を引き受けるために設立された保険子会社のことです。したがって，キャプティブは，一般の損害保険会社等のように不特定多数の顧客を対象とはせずに，企業が単独で或いは企業グループ等が設立するもので，これらの特定企業等のリスクを専ら再保険として引き受けるために当該特定企業等が設立した再保険会社ということになります。なお，再保険とは，保険者が自己の負担すべき保険責任の一部又は全部を他の保険会社に転嫁する取引のことで，再保険を付保することを「出再する」といい，再保険を引き受けることを「受再する」といいます。

　キャプティブは，キャプティブ保険業法という特別法が施行されている国等において設立されます。これら国等には，バミューダ，シンガポール，アイルランド，ルクセンブルク，米国のハワイ州等が該当します。日本は，国内にキャプティブを設立することが難しいことから，海外にキャプティブが設立されます。さらに，日本は，国内の資産の賠償責任の保険を直接に海外の会社に付保することが禁止されているために，いったん，日本に所在する元受保険会社に保険リスクを引き受けてもらい，その対価としての保険料を支払い，当該元受保険会社に移転している保険リスクの一部をキャプティブに出再し，さらに，キャプティブは，一部を自己保有してその残りの部分を他の再保険会社に出再することになります（再保険キャプティブ）。

(3) 米国において恒久的施設となる場合

バミューダがタックスヘイブンであることから，バミューダに設立されたキャプティブが，米国国内に恒久的施設を有して課税を受ける場合が保険条約における一つの焦点といえます。保険条約第3条は，一般の租税条約と同様のPEの規定ですが，第3項では，保険会社の社員等により行われるコンサルタント，経営管理，技術上又は管理上の役務を含む役務提供で，所定のものは，PEになります。

以上のことから，米国法人が海外に設立したキャプティブについて，その支配を当該米国法人が行っている場合であっても，租税条約の適用上，米国において恒久的施設が存在するとは取り扱っていないことになります。

7 組織再編と租税条約（日仏租税条約）

Q 日本とフランスの間の租税条約（以下「日仏租税条約」とします。）に組織再編との関連する規定があるようですが，どのような内容ですか。

A 平成7年（1995年）3月に第1次条約を全面改定した第2次日仏租税条約が署名されています。この第2次日仏租税条約の際に，譲渡収益条項が改正されて，組織再編関連の条項が新たに規定されたのです。その後，平成19年（2007年）1月の議定書による改正が行われ，平成20年（2008年）1月1日から適用されていますが，この改正では当該組織再編に係る規定の改正は行われていません。

組織再編規定は，同租税条約第13条第2項(a)に規定する事業譲渡類似の株式譲渡の例外として第13条第2項(b)に規定が置かれています。

組織再編規定について，内国法人が親会社でフランスに100％保有の子会社を有する場合を例とすると，内国法人がその所有しているフランス子会社の株式の5％以上を譲渡した場合，フランスにおいてその株式譲渡益が課税になるということが原則です。しかし，この株式譲渡が組織再編に関連して

行われた場合で，日本の税法上当該株式譲渡益の課税繰延べが認められ，日本の権限ある当局がその課税繰延べを証明する場合には，日本においてのみ課税することを規定しているのです。ただし，この規定の適用を受けることを目的とした取引の場合，この規定の適用はないことになります。

　組織再編規定は，日仏租税条約にある規定で，日本の締結している租税条約及びOECDモデル租税条約にはない規定です。フランス国内法における組織再編税制における合併の場合，被合併法人の固定資産は時価評価が原則ですが，一定の条件の下に資産の再評価益の課税繰延べが認められています（税理士法人トーマツ編『欧州主要国の税法・第2版』中央経済社　2008年7月　204頁）。したがって，組織再編規定が平成7年（1995年）の改正により規定されたこと及び当時の日本の税制では組織再編税制が整備されていなかった（平成13年度税制改正により整備）こと等から考えて，フランス居住者が組織再編のために内国法人の事業譲渡類似株式の譲渡をした場合で，フランスの権限ある当局がこの取引の課税繰延べを証明するときは，日本において課税がないことを想定した規定であると思われます。しかし，平成13年度以降は，日本居住者が上記のように日本においてのみ課税という状況も生じたといえます。

8　みなし外国税額控除のわかりづらい点

Q　みなし外国税額控除は，国内法に規定がありませんが，どのような規定なのでしょうか。

A　**(1)　みなし外国税額控除の概要**

　みなし外国税額控除（tax sparing credit）は，租税条約に規定している外国税額控除ということで，国内法の所得税法，法人税法，相続税法にはない規定です。この規定は，英国が最初に租税条約に規定したのが起源ですが，先進国と発展途上国との間の租税条約に設けられるものです。例えば，日本からX国に投資をしたとします。X国では，外国からの投資促進のため

に，租税の減免等の優遇措置を講じられています。通常であれば，所得に20％の税率で課税されるのですが，5％に軽減されたとします。X国において納付した外国税額は，5％相当額ですから，日本ではこの5％相当額を外国税額控除することになります。しかしそれでは，X国で軽減した15％相当の税額が日本で納付することになり，X国の課税の減免の効果が生じません。そこで，租税条約において，X国において20％相当額の税額の納付があったものとみなす，と規定して，20％相当額の税額を日本で外国税額控除します。結果として，投資をした日本の企業は，15％相当額の税額が軽減されたことになり，その金額部分について得をしてX国における優遇措置が生きる形となるのです。

(2) みなし外国税額控除を規定した租税条約

日本は，現在適用できないものを含めて，これまで19か国との租税条約においてみなし外国税額控除を規定しています。国名を列挙すると，パキスタン，スリランカ，ザンビア，アイルランド，スペイン，ブラジル，フィリピン，インドネシア，中国，インド，タイ，バングラデシュ，ブルガリア，トルコ，シンガポール，ベトナム，メキシコ，韓国，マレーシア，です。

(3) 適用可能な租税条約のみなし外国税額控除

みなし外国税額控除の扱いで注意すべき点は，その適用形態にいくつかのパターンがあることです。1つは，すでに廃止された，対パキスタン，対インド租税条約のような例です。これは廃止することが条約改正で明確になっていることからわかりやすい例といえます。第2に，供与期限といって，みなし外国税額控除の有効期限を限定している租税条約例です。フィリピン，ブルガリア，トルコ，シンガポール，ベトナム，メキシコ，韓国，マレーシアとの租税条約におけるみなし外国税額控除の規定がこれに当たります。これも租税条約，議定書，交換公文に規定があるのでわかりやすいといえます。第3は，租税条約に規定があり，廃止或いは供与期限の規定がない租税条約です。アイルランド，スペイン及びインドネシアとの租税条約におけるみなし外国税額控除がこれに該当します。この第3のパターンは，みなし外国税額控除の適用の条約相手国の国内法が改正され，租税条約に規定された相手

第7章　租税条約

国の税法が廃止されたため失効したものです。これが，条約相手国の国内法改正により現在失効している旨の文書が租税条約法規集等にないことから，わかりにくいといえます。要するに，租税条約集を見る限りでは，条約上に規定があるにもかかわらず適用できないということです。

現在適用可能な租税条約例は，スリランカ，ザンビア，ブラジル，フィリピン（供与期限10年），中国，タイ，バングラデシュとの租税条約に規定のあるみなし外国税額控除の規定です。

9　復興特別所得税と租税条約の適用関係

Q 租税条約には投資所得に対して限度税率が規定されていますが，日本における租税条約の適用上，復興特別所得税の源泉徴収はこれに影響しますか。

A (1)　**復興特別所得税の源泉徴収の適用期間は？**

復興特別所得税は，平成25年1月1日から平成49年12月31日までの間に生じる所得に課される源泉徴収の際に，所得税と併せて源泉徴収することになっています。例えば，従前であれば10％の源泉徴収税率であったものが，10.21％になるのです。

(2)　**復興特別所得税が租税条約の対象税目かどうか**

租税条約では，対象税目として租税条約の適用となる税目を規定していますが，対象税目となっていない場合はどうなるのか，という問題があります。

日本が平成25年1月以降署名している租税条約には，この税が対象税目となっています。しかし，それ以前に締結された租税条約にはこの税は対象税目になっていません。また，租税条約には，税制改正の際には条約相手国にその旨を通知する規定がありますが，日本がこの通知をした形跡はありません。この税は日本の国内法による改正に基因するものですから，租税条約の適用の原則として，日本における課税が租税条約に反するものでなければ，課税をしては差し支えないことになります。その根拠は，租税条約の一般的

定義の条項に規定されている「条約に明定なき所得」の取扱いであり，この課税は課税する国の裁量となっています。

(3) 限度税率との関係

租税条約の限度税率の適用において，2つのケースが想定できます。第1の例は，国内法における非居住者に対する源泉徴収税率が20％ですが，租税条約に定める限度税率が10％である場合，従前であれば，10％で源泉徴収をしていましたが，復興特別所得税を加算して，10.21％で源泉徴収するのか，という問題が生じます。

同様の例が外国にもあって，インドの場合，所得税に付加税が加算されます。インドの課税当局は，租税条約の限度税率とこの付加税の関係について，付加税分は限度税率，例えば10％であれば，付加税部分が10％に含まれているという解釈を示しています。日本の場合も，租税条約に定める限度税率が国内法の源泉徴収税率よりも低い場合，復興特別所得税を併せて源泉徴収する必要はなく，これについて，国税庁は，平成24年4月に，復興特別所得税の源泉徴収に係る質疑応答事例を取りまとめた文書「復興特別所得税（源泉徴収関係）Q&A」を公表しています。この国税庁文書では，上記に示した取扱いが明記されているので，実務上は問題が生じることはないと思われますが，租税条約の適用関係では，上記のインド課税当局が示した解釈と同様の解釈を国税庁が暗示したものと理解して差し支えないものと思われます。

(4) 租税条約に定める限度税率よりも国内法の源泉徴収税率が低い場合の適用関係

上記の国税庁の質疑応答事例では，上場株式の配当など，国内法（所得税法及び租税特別措置法）の税率の方が租税条約上の限度税率よりも低いため，国内法（所得税法及び租税特別措置法）の税率を適用するものについては，復興特別所得税も併せて源泉徴収する必要があり，租税条約の適用を受けて免税となる配当などの支払についても復興特別所得税を併せて源泉徴収する必要はないとされています。この適用関係は租税条約に内在する条理としてのプリザベーションクローズと租税条約実施特例法に定める規定がその根拠となるものと思われます。

10 租税条約における租税回避防止規定(主要目的テスト)

Q 租税条約における租税回避防止規定に日英租税条約等では,日米租税条約とは異なる規定がありますが,その役割は何ですか。

A **(1) 租税条約における租税回避規定**

租税条約では,国内法による配当,利子,使用料所得等(以下「投資所得」とします。)に対する源泉徴収税率よりも低い税率(限度税率)を規定して,国際的二重課税の排除を行っています。例えば,A国法人が,B国に投資するとして,A・B両国間に租税条約が締結されていないとすると,B国における税負担が重くなることから,B国と有利な内容の租税条約を締結している国を探して,その国を経由してB国に投資することを考えます。このような行為は,租税条約の不正利用ということで,租税条約には各種の租税条約防止規定が設けられています。1つは,「受益者」という概念で,投資所得の受取者が,その所得の真の取得者(受益者)であることを条件に租税条約の税の減免を認めるというものです。

租税条約には租税回避防止規定が規定され,その一例が「受益者」ですが,この他には,日米租税条約等に規定のある「特典制限条項」があります。この規定は,米国における租税条約において進展したもので,現在ではOECDモデル租税条約においても認められています。この規定の役割は,第三国居住者が他国の締結した租税条約を不正利用しないように,その適用対象者等を制限する規定です。さらに,日英租税条約には,受益者,特典制限条項に加えて,主要目的テストが規定されている。例えば,同条約第10条第9項には,「配当の支払の基因となる株式その他の権利の設定又は移転に関与した者が,<u>この条の特典を受けることを当該権利の設定又は移転の主たる目的の全部又は一部とする場合には,</u>当該配当に対しては,この条に定める租税の軽減又は免除は与えられない。」(下線筆者)という規定があります。これが主要目的テスト,現在,OECDのBEPSの活動計画でも検討されている事項

です。

(2) 主要目的テストの特徴

このテストは、英国の租税回避防止規定に1940年頃から使用されているもので、1998年に英国の当時の課税庁 (Inland Revenue and Customs and Excise) が一般否認規定を検討したときの文書では、その判定要素が記述されています。その文書では、その唯一の目的或いは主たる目的若しくは主たる目的の1つが、法人による租税回避である取引と判定して一般否認規定を適用する場合、取引の目的に関する判定要素として、次の項目が掲げられています。

① 取引により作り出された権利と義務を含むその法的形態
② その経済的及び商業上の実質
③ 取引が行われた時期及びその期間
④ 当該者の財務上等の変化、或いは、取引の結果生ずることが合理的に予測できる変化
⑤ 一般否認規定が適用されなかった場合の取引に対する課税上の結果

したがって、租税条約における解釈においても上記の判定要素は参考になるものと思われます。

(コラム8) 米国・シンガポール間に租税条約がない理由

米国とシンガポール間には、国際運輸業に関する租税協定は締結されているので、両国の船舶及び航空機に関して、源泉地国における所得を相互に免税することになっています。しかし、所得税租税条約は締結されていません。米国は、租税条約の締結に関して頑なに自国の主張を通した例としては、みなし外国税額控除（タックス・スペアリング・クレジット）を租税条約に規定しないという米国の方針があります。これは、1950年代に、米国・パキスタン租税条約の議会承認における議論の中で、みなし外国税額控除を認めないという結論が出たためです。実際の例として、米国・中国租税条約の交渉において、みなし外国税額控除の規定

を入れることを強く主張する中国に対して、米国はその要求を受け入れず、中国は、米国が他国との租税条約においてみなし外国税額控除の規定を設けた場合、米中租税条約も改正することで妥協したのです。また、米国とイスラエル租税条約のように、1975年に署名され、1995年1月から適用されたという例もあります。この米国・イスラエル租税条約の施行がこじれた理由は、情報交換に関して米国議会等の理解が得られなかったからです。シンガポールは米国との租税条約締結に意欲を示しているという内容の記事がありますが（Linda L., Ng, "Singapore, U. S. Seek to End Tax Treaty Deadlock" TAX NOTES INTERNATIONAL, Oct. 26, 2009, pp. 223-224）、過去に、シンガポールが米国との租税条約交渉において、みなし外国税額控除の導入に固執したのが原因といわれています。

（コラム9）日本・キューバ租税条約交渉か？

　平成27年5月2日、岸田外相が、キューバの首都ハバナでフィデル・カストロ前国家評議会議長、ラウル・カストロ議長、閣僚評議会のカブリサス副議長、ロドリゲス外相と会談したことが報道されました。特に、カブリサス副議長との会談には、日本の企業関係者による使節団20名以上が同席し、岸田外相からは、「マリエル開発特区や新外国投資法がどのように活用されるか注視している。」の発言があったほか、同席していた日本企業関係者からは、キューバへの関心の高さが表明されるとともに、若いエンジニアなどの研修受け入れの用意、キューバとの経済関係強化に当たってのキューバ側への要望が伝えられました。

　今回の外相のキューバ訪問の背景には、米国とキューバの国交正常化への動きが影響しているのは明らかです。2014年（平成26年）12月17日、オバマ大統領は、1961年（昭和36年）1月3日の国交断絶以来（ケネディ大統領の就任は1961年1月20日）、外交関係が断絶していたキューバ

と国交正常化に向けた交渉を始めると発表し，その後両国は国交を回復しました。米国・キューバの国交正常化への動きに対して，日本の企業関係者の対キューバ投資への関心があり，2015年（平成27年）3月11日，東京のジェトロ本部において，キューバ投資に関するセミナーが開催され，来賓として，今回岸田外相と会談した閣僚評議会のカブリサス副議長が挨拶し，「キューバ共和国のビジネス投資インセンティブ」と題して，キューバ共和国の外国貿易・外国投資省海外投資局長であるデボラ・リバス・サベドラ氏が講演を行っています。

キューバの税制（http://www.jetro.go.jp/world/qa/04J-010007.html, アクセス：2015.5.4）

法人税制では，法人税率が，合弁企業と非法人型合弁事業の場合は30％（外国投資法第38条，第39条），100％外資企業の場合は35％（財務価格省省令第379号，2003年）で，天然資源開発の場合，50％まで税率が上がる可能性があります。また，個人所得税は，超過累進税率方式で10％から50％となっています（財務価格省省令第24号，1995年）。さらに，労働力使用税が賃金総額の11％，社会保障納付金が賃金総額の14％です。そして，投資優遇措置外国投資法第43条によれば，投資条件やキューバ側の優先分野など勘案し租税上の優遇措置の可能性があります。

上述した岸田外相のカブリサス副議長との会談における「マリエル開発特区や新外国投資法がどのように活用されるか注視している。」という発言は，この租税上の優遇措置に対するキューバ側の出方を探る意味の発言ともとれるのです。

キューバが注目される理由は，対米国輸出の基点です。日本にとって米国は，重要な貿易相手国です。古くは，日本で生産した製品を米国に輸出していましたが，日米間の貿易摩擦が生じたことで，米国における現地生産が増加したことは周知の事実です。他方，米国における人件費，法人税等の高コストをどのように回避するのかという問題も生じたのです。今回のキューバへの日本企業の注目は，米国をはじめとする米州全体の貿易基点としてのキューバを想定したものといえます。そのような

第7章 租税条約

意味で，キューバが，日本企業の対米輸出拠点としてなるのであれば，日本とキューバ間に租税条約の締結という話題も浮上することになるでしょう。なお，最近の日本外交において，租税条約が話題となったのは，アジアのミャンマー，アフリカのケニア，南米のアルゼンチンです。

第8章

情報交換

第8章 情報交換

1　租税条約等による情報交換

Q 租税条約に基づく情報交換の現状はどのような状況ですか。

A 租税条約の改正等により情報交換の範囲が拡大しており，平成28年11月に国税庁が公表した「平成27事務年度における租税条約等に基づく情報交換事績の概要」によると，その概要は次のとおりです。

要請に基づく情報交換（国税庁⇒外国） 件数：366件	・アジア・大洋州：291件 ・米州：44件 ・欧州その他：31件
同上（外国⇒国税庁）	158件
自発的情報交換（国税庁⇒外国）	186件
同上（外国⇒国税庁）	33件
自動的情報交換（国税庁⇒外国）	約188,000件
同上（外国⇒国税庁）	約117,000件

2　各国が FATCA に同意した理由

Q 外国口座税務コンプライアンス法（FATCA）は，米国の納税義務者が海外の金融機関を利用した所得隠し，或いは脱税を防止するために米国人の外国銀行にある口座を米国の課税当局に通知することを要請した法律ですが，なぜ，各国はこれに同意したのですか。

A **(1)　FATCA の概要**

FATCA は，外国金融機関に対して米国人口座の情報を米国財務省に報告することを要請した法律です。では，外国金融機関がこの報告を行わない場合はどうなるのかということです。その場合，米国の課税当局は，当該金融機関に対して所定の米国国内源泉所得となる支払いに30％の源泉徴

収を課すことになっています（内国歳入法典第1471条）。外国金融機関がこの30％源泉徴収を回避したいのであれば，米国財務省の間に所定の報告義務に関する契約（agreement）を締結し，契約締結後，当該金融機関は，米国人口座の情報を米国財務省に報告する義務を負うことになり，源泉徴収課税が免除されます。

このFATCAに対して，米国以外の政府及び金融機関がこの要請を拒否しなかったのです。その理由は，上記にあるペナルティとしての米国国内源泉所得に対する30％の源泉徴収です。仮にこのような課税が行われると，その金融機関は米国において事業活動を行うことができなくなります。米国のマーケットから外された金融機関はその後の存続が難しい事態となります。米国は，金融業の領域における自国の有利性を最大限に生かして，他の国では為しえないような強気の政策を実施したのです。このことが結果として，金融口座情報の自動交換への途を拓くきっかけをなったのです。

(2) スイスがFATCAの協定を批准した理由

改正前の日本・スイス租税条約には情報交換の規定がありませんでした。FATCAに関しては，日本は比較的早く米国への銀行口座情報提供に同意しましたが，米国人等の銀行口座を多く保有するスイスの銀行は，預金者の情報を守ることが金融機関の生命線であることから，FATCAの協定を批准するまでに紆余曲折がありました。

2013年9月に，スイス下院が上院に続きFATCAの政府間協定を批准したのです。その背景には，米国においていくつかのスイス銀行が脱税をほう助したとして多額の罰金が科され，それが原因で2013年1月に廃業に至った銀行の事件等があったからです。

廃業に追い込まれたウェゲリン銀行は，米国において脱税をほう助したことに基因して米国人預金者名の一部を公表したスイス最大手銀行のUBSにおける混乱に乗じて，UBSの顧客の資産を自行に勧誘し，約12億ドルの資産隠しを行ったとして起訴され，5,780万ドルの資金の返還と罰金を支払うことで米国当局と合意しましたが結局廃業したのです。ウェゲリン銀行以外にも，多くのスイスの銀行が，米国司法省から脱税ほう助の疑いをかけられ

第8章　情報交換

るという米国側からの圧力があり，結果として，スイス銀行家協会は，過去の脱税ほう助を謝罪し，各国との情報交換に応じることとなったのです。このように，FATCAにより，金融情報交換に関する規制が緩和されたことを受けて，OECDは，自動的情報交換に関する国際基準の策定に着手し，その結果が，共通報告基準（CRS）の制定になったのです。

3　金融口座情報自動交換制度

Q　日本とスイスは，平成28年1月29日に金融口座情報の自動交換制度に関する共同声明に署名しましたが，金融口座情報の自動交換制度とは何ですか。

A　この制度は，OECDが，平成26年（2014年）2月13日に公表した「共通報告基準（Common Reporting Standard：CRS）」に基づき，両国が国内法を改正したことによるものです。平成27年12月に公表されたOECDによる金融口座情報自動交換制度の参加国リストで，97か国がこれに参加を表明しています。国より実施の開始が異なりますが，平成29年或いは平成30年には，海外の金融機関の口座情報が国税庁に届くことになります。日本は平成27年度税制改正（平成29年1月1日施行）により，平成29年1月1日以後，新たに国内に所在する金融機関等に口座開設等を行う者は，当該金融機関等へ居住地国名等を記載した届出書の提出が必要となります。報告は，平成30年が初年度です。

Q　金融口座情報自動交換制度が，国際的取組として，これまでどのような理由から創設され，その後に変遷を経たのかを教えてください。

A　金融口座情報自動交換制度に係る変遷を時系列に整理すると次のとおりです。

2008年（平成20年） （米国：UBS事件）	スイス最大手の銀行であるUBSの社員が米国人の顧客に対して脱税のほう助をしたことで起訴された事件を契機に米国は同行に米国人口座情報の提供を要請しましたが，最終的には，UBSは，2009年8月に4,450口座の所有者名を公表することになりました。
2010年（平成22年） 3月18日 （FATCA：2013年1月施行）	UBS事件に関する米国国内の批判を受けて法案（H. R. 2847: the Hiring Incentives to Restore Employment Act）の一部である「外国口座税務コンプライアンス法（FATCA: Foreign Account Tax Compliance Act）」が成立しました。
2012年（平成24年） （OECD）	OECD（経済協力開発機構）は，各国のFATCAに関する米国との合意を受けて，自動的情報交換に関する国際基準（共通報告基準：CRS）の策定に着手しました。
2012年6月21日 （日本のFATCA共同声明）	金融庁，財務省，国税庁は，米国の財務省とともに，「米国の外国口座税務コンプライアンス法（FATCA）実施の円滑化と国際的な税務コンプライアンスの向上のための政府間協力の枠組みに関する米国及び日本による共同声明」を発表しました。
2013年4月9日 （欧州多国間情報交換協定）	英国，フランス，ドイツ，イタリア，スペインが，多国間情報交換協定に合意しました。
2013年（平成25年） 6月11日	財務省，国税庁，金融庁等及び米国財務省は，「国際的な税務コンプライアンスの向上及び米国のFATCA実施の円滑化のための米国財務省と日本当局の間の相互協力及び理解に関する声明」を発表しました。
2013年9月 （G20：サンクトペテルブルク）	ロシアのサンクトペテルブルクで開催されたG20首脳会議において，OECDによる自動的情報交換に関する国際基準の策定が支持されました。
2013年9月 （スイス議会）	スイス議会は，日本と同様にFATCAに関する協定を批准しました。
2014年（平成26年） 1月（OECD）	OECD租税委員会が共通報告基準（CRS）を承認し，OECDは，同年2月13日に公表しました。
2014年2月（G20）	G20財務大臣・中央銀行総裁会議（オーストラリアのシドニーで開催）においてCRSが支持されました。
2014年5月13日 （OECD閣僚理事会）	パリにおいて開催されたOECD閣僚理事会において，各国間において，租税に係る金融情報の自動交換の宣言（Declaration on Automatic Exchange of Information in Tax Matters）が採択されました。

2014年9月（G20財務大臣・中央銀行総裁会議）	OECDによるCRSを承認し，所要の法制手続の完了を条件として，2017年又は2018年末までに，相互に及びその他の国との間で自動的情報交換を開始するとしました。
2014年10月（OECDグローバルフォーラム）	OECDがベルリンで開催した「税の透明性と情報交換に関するグローバル・フォーラム」年次総会において，OECD加盟国及びG20各国，主要金融センターが，自動的情報交換に関する新たなOECD/G20スタンダードを承認しました。
2014年10月（税務執行共助条約に基づく自動的情報交換）	税務執行共助条約に基づく自動的情報交換について合意した51の国・地域が署名し，最初の情報交換を2017年9月或いは2018年度までに実施すると宣言しました（日本は，2018年9月を初年度としました。）。
2014年11月（G20首脳会議）	オーストラリア（ブリスベン）G20首脳会議において，法制手続の完了を条件として，2017年又は2018年末までに，税に関する情報の自動的な交換の開始が首脳宣言に盛り込まれました。
2015年（平成27年度税制改正）	日本の金融機関に対し非居住者の口座情報の報告を求める制度が整備されました（2018年（平成30年）が初回の情報交換初年度となります。）。
2015年12月11日（OECD）	金融口座情報自動交換制度（AEOI）の参加国リストが公表されました。2017年適用国は56か国，2018年適用国は41か国，期限を公表していない国が3か国です。

4　金融口座情報自動交換制度（日本の国内法の整備）

Q 日本は国内法を同様に整備したのですか。

A **(1) 国内法の整備**

「非居住者に係る金融口座情報の自動的交換のための報告制度の整備」及び平成27年7月3日付で一部改正がなされた「租税条約等に基づく相手国等との情報交換及び送達共助手続について」（事務運営指針）が，平成27年度税制改正により整備されました。前者は，日本の金融機関に対し，非

居住者の口座情報の報告を求める制度です。これは，日本の金融機関に口座を保有する非居住者の氏名，住所，外国の納税者番号，口座残高，利子・配当等の年間受取総額等を国税庁が年1回まとめて外国の税務当局に情報提供を行うものです。この前者の報告制度の整備は，日本から海外の税務当局への情報交換を行う制度の整備等です。

(2) 日本の実施スケジュール

日本は2018年（平成30年）適用国ですが，その具体的な実施作業は次のようになります。

平成27年～平成28年	国内法（平成27年度税制）の整備
平成29年	金融機関による手続開始
平成30年	租税条約に基づく第1回目の情報交換

(3) 金融口座情報自動交換制度（AEOI）の参加国リスト

2017年（平成29年）適用国及び2018年（平成30年）適用国のうちの主要国は次のとおりです。

2017年適用国	フランス，ドイツ，インド，韓国，英国
2018年適用国	オーストラリア，カナダ，中国，香港，インドネシア，日本，マレーシア，シンガポール，スイス

(4) 共通報告基準における口座特定手続の概要

イ　報告対象となる金融口座

銀行，証券会社，投資信託等，保険会社の保有する①預金口座，②証券口座等，③信託等，④保険契約等，が報告対象口座となります。

ロ　口座特定手続の概要

個人口座の場合，新規であれば，口座開設者による自己宣誓書により居住地国を特定し，既存であれば，低額口座（残高100万ドル以下）と高額口座（残高100万ドル超）に分けて居住地国が特定されます。法人等の事業体口座の場合，新規であれば，口座開設者による自己宣誓書により法人等の居住地国を特定し，既存であれば，残高25万ドル以下の場合は手続不要であり，残高25万ドル超の場合，金融機関の保有情報等により居住地国を特定すること

になります（以上は国税庁『改正税法のすべて　平成27年版』627頁を参考にしました。）。

（コラム10）外国から届く税務情報

1　国税庁等に集まる税務情報の種類

もたらされる税務情報の区分には，次のようなものがあります。

① 　所得に関する情報と財産に関する情報
② 　国内からの情報と国外からの情報
③ 　納税者自身が関わっているのか或いは納税者が知らない状態でもたらされるのか。

この区分に基づいてこれらの要素を組み合わせると，次のようになります。

① 　（所得に関する情報＋国内からの情報＋納税者自身が関わっている），という組み合わせであれば，その作成者は異なりますが，納税者自身が国税庁に提出されることを承知している，源泉徴収票，報酬等の支払調書等がこれに該当することになります。
② 　（財産に関する情報＋国内からの情報＋納税者自身が関わっている）という組み合わせの場合は，平成24年度の税制改正で導入された国外財産調書及び平成27年度の税制改正で導入された財産債務調書等がこれに該当することになります。
③ 　納税者にとって自身が知らないうちに国在庁にもたらされる情報の領域が国外に拡大しています。1つは租税条約に基づく情報交換によるものです。第2は，すでに前稿で述べた金融口座の自動的情報交換制度です。例えば，日本は，タックスヘイブンであるバハマとの税務情報交換協定を平成29年2月9日に改正して，金融口座の自動的情報交換をすることになりました。このような国際的情報交換ネットワークが拡大すると，外国に所在する金融口座等の情報が国税庁にもたらされるという点で，従来の所得中心の情報から，財産に関する情報も提供を受けることになり，国外財産調書の記載内容等について，これまで以上に細心の注意を払う必要が生じることになるといえるでしょう。

第9章

諸外国の税制動向等

1 米国(その1:夫婦合算申告)

Q 日本における所得税に関連する事項として,配偶者に対する税制上の措置が話題となっていますが,英米諸国では,夫婦合算申告制度が行われていると聞いています。その概要はどのようなものなのでしょうか。

A (1) 夫婦合算申告の概要

多くの国では,所得税の課税単位として個人としていますが,米国,英国,ドイツ等では,夫婦を課税単位とする夫婦合算申告が適用されています。我が国では,政府税制調査会等において,それぞれの課税単位の長所と短所を調査して今後のあるべき所得税制における課税単位について検討が加えられているようですが,現在のところ,我が国において夫婦合算申告が導入される動きはありません。

夫婦合算申告とは,簡単にいえば,夫婦の所得を合算して一つの納税申告書で申告を行うことです。例えば,国勢調査によれば,共稼ぎの世帯数と夫婦のいずれかが就業している世帯数を比較すると,平成12年で,共稼ぎ世帯数が1,314万世帯,夫婦のいずれかが就業している世帯数は1,065万世帯と前者が後者を大きく上回っています。夫婦合算申告は,このような共稼ぎ世帯の税負担と関係があるのかということがこの問題の焦点です。

(2) 米国の特殊事情

米国は,50の州とコロンビア特別区等から構成されています。そして,米国の法律のうち,私法関連の法は,州法として制定されています。米国の国税に関する法律は,内国歳入法典ですが,州等における地方税は,日本の場合と異なり州ごとに相当の相違があります。例えば,州の所得税がない州,間接税の一種である小売売上税がない州があります。また,税に関連する法律の分野でも,会社法,パートナーシップ法,LLC法等は,いずれも各州において個別に定められています。このような状態に至った原因として考えられることは,米国が独立時に連邦政府に多くの権限を集中させることを嫌い,

地方分権化を図ったことに由来しているものと思われます。

これらと同様に，米国における私有財産制は，州により，夫婦財産共有制の州と夫婦別産制の州に分かれています。米国は，法律の系譜からいえば，英国の影響を強く受けていることからコモンローの国といえますが，大陸法の影響の強い国（例えば，スペイン，フランス，ドイツ等）で適用されていた夫婦財産共有制が米国の州の一部で適用されているのです。米国において夫婦財産共有制を認めている州は，アリゾナ，カリフォルニア，アイダホ，ルイジアナ，ネバダ，ニューメキシコ，テキサス，ワシントンの各州であり，米国属領では，プエルトリコも夫婦財産共有制です。それ以外の州は夫婦別産制です。なお，日本の場合は，民法第762条第1項において「夫婦の一方が婚姻前から有する財産及び婚姻中自己の名で得た財産は，その特有財産（夫婦の一方が単独で有する財産をいう。）とする。」と規定された夫婦別産制です。

米国の特殊事情というのは，米国が独立時から現在の50州で構成されていたのではなく，独立当時は13州のみで，その後，領土を拡大して現在に至ったのですが，独立後に米国に割譲された地域に施行されていた法律がスペイン法等を継受したものがあり，すでに米国の領土となっていた夫婦別産制の州と，外国法の影響を受けたまま米国の領土となった地域で夫婦財産共有制の州が併存することになったのです（鈴木喜久江「アメリカ法における夫婦共有財産制(1)」『明治学院論叢』151-54頁，1969年12月）。

(3) 夫婦合算申告の導入

米国の個人所得税は，南北戦争期に一時導入された後，違憲問題が生じて憲法修正を待って1913年に再度導入されて現在に至っているのですが，その後の1918年歳入法の第223条では，個人所得税の基礎控除が1,000ドルで，夫婦で同居している場合は，この金額が2,000ドルとなる，と規定しています。

そして，米国最初の内国歳入法典である1939年法において，合算申告（joint return）という用語が初めて使用されているのですが，税額表は現在と異なり単一です。したがって，夫婦双方に所得がある場合，夫婦合算申告により税負担が増加する事態（Marriage Penalty）が生じることになること

から、1939年法第25条(b)(1)に規定する人的控除において、独身又は夫婦個別申告では人的控除額は1,000ドルですが、夫婦合算申告の場合は2,500ドル控除できることから、ここで調整されたものと思われます。

この1940年代前後から、夫婦合算申告に係る規定が整備される1948年歳入法までの間が夫婦合算申告の導入をめぐって各種の議論があった時期です。例えば、州が夫婦財産共有制であれば、夫の取得した所得であっても、夫婦でそれぞれその所得を2分の1ずつ申告することができ、州によっては夫婦財産共有制に法律を改正する事態となったのです（鈴木喜久江「アメリカ法における夫婦共有財産制(2)」『明治学院論叢』157、124-128頁、1970年3月）。

このような事態は、州ごとに異なる私有財産制により夫婦の税負担に差が生じてしまう結果となることから（当時は、第二次世界大戦に伴う戦時財政により個人所得税の累進税率の負担が大きなものでした。）、1948年の歳入法において、夫婦合算申告が導入されたのです。

米国の夫婦合算申告は、夫婦間の所得を2分2乗する方式で、このような事態に至った原因は、米国の州による私有財産制の相違にあるのですが、この州ごとに異なる私有財産制の相違は、夫婦合算申告のみならず、離婚に伴う財産分与に課税をしないこと及び夫婦間の贈与について金額制限が設けられていない等、米国の税制全般に大きな影響を及ぼしているものといえます。

(4) 日本における配偶者控除制度をめぐっての検討

平成26年11月7日付で公表された第1次レポート（働き方の選択に対して中立的な税制の構築をはじめとする個人所得課税改革に関する論点整理）において、選択肢を検討しています。まず、Aは、配偶者控除の廃止であり、Bは、配偶者控除に代えて、配偶者の所得の計算において控除しきれなかった基礎控除を納税者本人に移転するための仕組み（いわゆる移転的基礎控除）の導入、そしてCは、配偶者控除に代えて、諸控除のあり方を全体として改革する中で、夫婦世帯に対し配偶者の収入にかかわらず適用される新たな控除の創設、です。

(5) C案

平成26年12月14日の新聞報道によると、政府は上記Cに掲げられた「夫婦

控除」を政府が検討という記事がありましたが，上記の第1次レポートによると，まず，配偶者控除が廃止となる。そして，新たに，夫婦世帯に対して，若い世代の結婚・子育てに配慮して新たな控除制度が創設されます。この新制度では，配偶者のパート収入にこれまで問題となった「配偶者控除の対象」となる103万円の壁が撤廃されます。結果として，配偶者控除の抜本的改正は見送りとなり，平成29年度改正では，配偶者控除・配偶者特別控除の給与収入金額の引上げが行われました。

2 米国（その2：米国の銀行預金利子への課税）

Q 米国の非居住者への銀行利子の課税は免税と聞きましたが，どのような内容ですか。

A
(1) 米国の非居住者銀行利子課税

米国は，非居住者に対する配当，利子，使用料等の所得に係る源泉徴収税率は30％です。日米間は租税条約が適用されて投資所得に課される源泉徴収税率は，租税条約に定める限度税率です。現行の日米租税条約（2004（平成16）年3月発効）では，利子所得の限度税率は10％です。この規定が適用されるのは，日本から米国企業等への貸付金の利子等に対するもので，問にある日本居住者が所有する米国銀行預金利子（非居住者預金）は，米国において非課税ということで租税条約の適用を要しないものです。根拠規定は米国内国歳入法典第871条（i）で，非居住者預金であることを明らかにするためには，銀行にForm W8BENを提出しておく必要があります。

(2) 米国がこの政策を採った理由

米国がこのような政策を採用している背景には，米国国外から米国への預金等を呼び込むためといわれています。この政策は米国非居住者を対象としたもので，米国市民及び米国居住外国人が取得する利子所得は課税対象となっています。

(3) 外国口座税務コンプライアンス法（略称 FATCA）との関係

米国は FATCA では外国の金融機関に米国人口座の情報提供を課したのですが，米国の金融機関にある非居住者預金口座については，米国国内ではこれを公表すべきとする動きもありました。FATCA によるモデル協定には，相互互恵的に情報交換をする相互協定（欧州諸国）とそうではない非相互協定があります。日本はこの後者です。

3 米国（その3：タックス・インバージョン再燃か？）

Q　タックス・インバージョン再燃とはどういう意味ですか。

A　平成27（2015）年11月24日の新聞朝刊各紙に，米国製薬企業のファイザー社が23日にアイルランドの製薬企業アラガン社と合併することで合意したと報道されました。ファイザー社による買収総額は総額1,600億ドル（約19兆7,000億円）となりこの年最大の M&A です。ファーザー社の狙いの1つは，アイルランドに本社を移転して同国の低税率の法人税（12.5％）を享受することにあります。従来は，本社機能をタックスヘイブン等に移転する海外移転取引を Corporate Inversion Transaction（以下「CI」とします。）と称していましたが，2014年以降に生じている米国企業と低税率国企業との買収を契機にして本社を米国国外に移転することを Tax Inversion（税による逆転：以下「TI」とします。）といっています。

米国財務省と IRS は，2016年4月4日に，米企業による外国法人を利用した税逃れ行為である TI を抑制するための新たな措置を発表しました。この新たな措置を検討したファイザー社は，アラガン社との合併を白紙にしました。

(1) TI に関するこれまでの変遷

上記のファイザー社は，以前に米国と比較して法人税率が約半分の英国へ

の本社移転を狙って世界7位の英国の製薬会社アストラゼネカ社の買収を図ったことがあります。また，2014年7月に，米国製薬会社アッヴィ社がアイルランドの製薬会社シャイヤー社の買収を公表しましたが，同年10月に撤回を表明しています。これらの動向の背景には，米国の実効税率が州により異なるが約40％，英国が2015年に法人税率20％，アイルランドが法人税率12.5％という税負担のギャップがあります。

(2) 米国のCI対策とTI対策

米国において，タックスヘイブンであるバミューダ或いはケイマン等に本社を移転するCIについては，2004年の税制改正により2つの対策が講じられました。その1は，米国法人等の株主であった者が，外国法人であるタックスヘイブン持株会社の議決権株式又は価値の80％以上を保有している等の要件を満たす場合，米国における課税上，この外国法人を米国法人として扱うことで米国の租税を回避することができないよう措置したことです（内国歳入法典第7874条）。その2は，米国法人等の株主であった者が，当該外国法人等の議決権株式又は価値の80％未満，60％以上を保有している場合，この外国法人を外国法人として扱うことになりますが，純損失の控除又は外国税額控除を使用することができないことになりました。なお，日本においても平成19年度（2007年）改正によりCI対策税制が創設されています。

米国は，大手企業が米国から海外に本社を移転することによる税収減等に憂慮して，2014年9月22日に，米国財務省は，この事態に対する米国財務省の意見をまとめた文書（Facts Sheet: Treasury Action to rein in Corporate Tax Inversions）を公表しました。この米国財務省による規制措置により，TIは一時沈静化したものと思われましたが，米国財務省は，2015年11月19日に前回の規制策の追加策（Facts Sheet: Additional Treasury Action to rein in Corporate Tax Inversions）を公表しています。そして，前出の2016年4月の新たな追加策の公表で，ファイザー社はTIを断念しました。

4 米国（その4：米国離国者に対する税法の改正）

Q 日本は，いわゆる出国税（平成27年7月1日以後適用）を創設して，富裕層の国外移転を規制していますが，日本の制度はフランスの制度と類似しているといわれています。米国にも同様の制度があるようですが，日本の出国税とはどのように違うのですか。

A
(1) 米国における2008年税制改正

2008年6月17日に当時のブッシュ大統領が署名したことで2008年改正法（Heroes Earnings Assistance and Relief Tax Act of 2008, P. L. 110-245, H. R. 6081：以下「改正法」とします。）が成立しました。この改正法第301条（離国者に関する課税ルールの改正）は，内国歳入法典第877条を改正して，第877A条を創設しました。第877A条の見出しは，「離国（expatriation）に係る納税義務」です。

この離国者（expatriate）については，第877A条の（g）に規定されており，米国市民権を放棄する者及び米国の永住権であるグリーンカード等の権利を放棄する米国長期居住者（long-term resident）がこれに該当します。なお，この課税は，米国市民等の一般的な出国の際に課される税ではなく，上記のように米国市民権等を放棄する者を対象としていることから，離国者税（exit tax）ともいわれています。

(2) 改正法の背景

改正法の適用対象者は，上記の離国者等（米国市民権を放棄する個人及び米国の永住権を放棄する米国長期居住者）ですが，これらの者は，米国市民権及び永住権を要件として，米国以外に居住している場合であっても米国において無制限納税義務を課されます。米国は，市民権については，出生地主義により取得することができ，また，日本とは異なり，重国籍も認めています。米国の永住権については，その取得方法についてはいくつかの方法がありますが，最も一般的なものは，米国政府の方針として，一定数量の外国籍の個人に対してくじ引きで永住権を与える等の措置を講じていることです。

米国市民のうちには，このような米国の個人課税（所得税，遺産税及び贈与税に離国者対策の税制が整備されていること）の負担を回避するために，市民権等を放棄する動機が生じます。この離国者に対する課税上の措置は，離国することを牽制する予防的税制ではないかといわれています。したがって，日本の出国税が出国者の所有する株式等の含み益に課税することを目的としているのに対して，米国の場合は，離国者税である点で異なっています。

(3) 離国者税の概要

離国者税の課税対象者は，米国市民及び米国長期居住者であり，適用除外となる市民は，次のとおりです。

① 他国の市民でありその国の居住者として課税をされている者で，かつ，
② 出国前15年間のうち米国居住者の期間が10年以下の場合です。

また，18.5歳以下で市民権を放棄し，かつ，米国居住者の期間が10年以下の場合も適用除外になります。

課税方法は，出国時にすべての財産をその日に売却したものとみなして時価で評価されます。そして，課税所得の計算上，物価調整後で60万ドル控除があります。また，長期居住者の場合，居住者になった時点で所有していた財産については，居住者になった時点における時価で評価します。納税の猶予があり，納税義務者は選択により，資産の実際の売却時まで猶予されます。

5　米国（その5：州税）

Q 米国は連邦制国家であり，また，独立時に国の統治の原則として州に多くの権限を与える分権制を採用したことから，州の権限が強いといわれていますが，米国の州税で特徴となる点は何ですか。

A ### (1) 州の個人所得税

日本の個人住民税を例にすると，均等割の金額等で市町村等により若干の相違はあるもののほぼ全国一律であるのに対して，米国の場合，例えば，州税としての個人所得税の場合，アラスカ州，サウスダコタ州，フロリ

ダ州，ネバダ州，テキサス州，ワシントン州，ワイオミング州は州税としての個人所得税はありません。したがって，同じ西海岸に所在する州であっても，カリフォルニア州では，個人所得の税の最高税率が約13％であるのに対して，ワシントン州は０ということになります。また，米国は，連邦税としての消費税はなく州税として小売段階で課税する売上税がありますが，オレゴン州及びモンタナ州は，この税がありません。

(2) 州の法人所得税

州法人所得税も州個人所得税と同様に，州により異なっています。州法人所得税を課さない州は，ネバダ州，オハイオ州，サウスダコタ州，テキサス州，ワシントン州，ワイオミング州です。また，同税を課税する場合であっても，州により課税標準等が異なっています。

(3) ニューヨーク州の納税義務者の判定基準

このように州ごとに異なる税制の場合，個人所得税の分野では，どのように納税義務者の居住形態を判定しているのかが問題となります。ニューヨーク州の場合，ニューヨーク州の州所得税における定義規定では，第１に，住所（Domicile）は次のように定義されています。

　ア　永住することを望んでいる場所
　イ　永住する住居のある場所
　ウ　事業等の関係から他に住んでいてもやがて帰ることを希望している場所，のいずれかで，この住所は１か所です。永久の住居（Permanent place of abode）は，一般に，この永久の住居は，住居として住んでいる家をいい，本人が所有しているか否かにかかわらず，かつ，年間を通じて使用可能なものをいいます。そして，ニューヨーク州の居住者であるのは次の場合です。

①ニューヨーク州に住所がある場合（例外に該当する場合を除きます。）又は，②ニューヨーク州に住所はないが，年間11か月を超えて，かつ，課税年度中の184日以上ニューヨークに滞在する間，ニューヨークに永久の住居が維持されている場合です。

　例外は，グループＡの３条件，グループＢの３条件のうち，いずれかの３

条件のすべてを満たす場合です。グループAでは、①課税年度中にニューヨークに永久の住居を維持できなかった場合で、かつ、②課税年度を通じてニューヨーク州以外の場所に永久の住居を維持した場合で、かつ、③課税年度中のニューヨーク州滞在が30日以下である場合です。グループBは、①連続する548日のいずれかの期間に450日以上外国に滞在した場合、かつ、②548日の期間中、本人、配偶者及びその子供が90日以下ニューヨーク州に滞在した場合、かつ、③548日が開始となる課税年度の非居住者期間、及び548日が終了する課税年度の非居住者期間に、課税年度における滞在日数が、90日を548日で除した割合の日以下のニューヨーク州滞在であった場合です。このグループA或いはグループBの条件を満たす場合、住所がニューヨークにあるとはされないのです。

6 英国（その1：ドミサイルと住所）

Q 前問でも個人の居住形態の判定基準であったドミサイルという概念は、英国の税制では重要な意味を持つようですが、ドミサイルと住所は同じなのですか。

A (1) ドミサイル（domicile）の意味

ドミサイル（domicile）という用語は、英語の辞書によれば、居所、住所、法定住所、本籍等、多様な訳が付されています。

例えば、日米租税条約第4条第1項（居住者条項）の日本語訳は次のようになっています。

「この条約の適用上、「一方の締約国の居住者」とは、当該一方の締約国の法令の下において、住所、居所、市民権、本店又は主たる事務所の所在地、法人の設立場所その他これらに類する基準により当該一方の締約国において課税を受けるべきものとされる者をいい、次のものを含む。」

この上記の規定にある、住所の英文表記はdomicile、居所の英文表記はresidenceで、居住者はresidentです。

しかし，このドミサイルという用語は，国により異なった使用がなされています。その典型例が英国です。

(2) 英国における個人の居住形態

個人の課税所得の範囲は，居住者と非居住者では異なっていますが，これは日本の税法も英国の税法も同様です。

日本の場合，所得税法においては，居住者（所法2①三），非永住者（所法2①四），非居住者（所法2①五）の定義があり，居住者のうち非永住者以外の居住者については，特に用語の規定はありませんが，一般に永住者と称されています（所法7①一）。そして，この居住形態ごとに，日本における課税所得の範囲が異なっています。

非永住者以外の居住者（永住者）は，すべての所得（全世界所得課税），であり，非永住者は，第95条第1項に規定する国外源泉所得以外の所得及び国外源泉所得で国内において支払われ，又は国外から送金されたもの，であり，非居住者は，国内源泉所得が課税所得の範囲です。日本の所得税法における特徴は，非永住者という概念があり，その課税所得算定に送金課税が採用されていることです。

英国では，2013年財政法による改正が行われる前の段階で，個人の居住形態は，居住者（resident），通常の居住者（ordinary resident），ドミサイル（domicile）のある者，非居住者（non-resident）に区分されていました。このうち，通常の居住者は，2013年財政法により廃止され，現在は使用されていません。この概念は居住者とも異なり，裁判により確立したものであり，数年間英国居住者である場合，通常英国に居住していることから，通常の居住者となりました。

(3) 英国税制の特殊性

英国の税制については，いくつかの前提の理解が必要となります。

1つは「外国」という用語です。例えば，英国王室直轄地であるチャネル諸島，マン島は，税制上外国です。この英国の例は，米国における「属領」と類似しているもので，米国税法では，グアム，プエルトリコ等の米国属領は，税法上，外国という扱いです。

なぜ，この「外国」という定義が重要かというと，英国税法には，日本の非永住者課税と同様に，送金課税基準（remittance basis）という規定があり，所定の居住形態の個人にとって，国外源泉所得が生じたとしても，発生基準（arising basis）ではなく，送金課税基準を選択することができるのです。

この規定の意味するところは，特定の居住形態の個人の場合，国外源泉所得が生じたとしても，発生基準により英国の課税所得に含まれるのではなく，送金課税基準を選択することにより，国外源泉所得を国外に留保して英国に送金しなければ，英国において課税にならないということです。

理解の前提のための第2の点は，次に掲げる表です。

1965年	Capital Gains tax（以下「CGT」とします。）を導入
1996・1997課税年度	個人所得税に申告納税制度導入
2009年4月5日まで有効	HMRC, Residents and non-residents: Liability to tax in the United Kingdom（IR20）
2010年	HMRC RDR1, Residence, domicile and the remittance basis: PART 5の送金課税の項は，2010年2月改訂。他は，2010年12月改訂。
2013年	2013年財政法の第218条，第219条及びシェジュール45によりStatutory Residence Test（SRT）導入。
2013年12月	HMRC: Guidance note: Statutory Residence Test（SRT）公表。

英国は所得税に株式等の譲渡収益を課税する規定がなく，富裕層に対する税制上の優遇措置という批判を受けて，1965年にCGTを導入しました。したがって，所得税法適用となる所得とCGT適用となる利得の双方において英国国外源泉所得が生じることになります。

(4) 英国におけるドミサイルの意味

英国税法上，ドミサイルは永住地（permanent home）の場所のことです。ドミサイルは，一般的な法概念であり，国籍との関連がなく，住所地とも別の概念です。英国居住者であっても，ドミサイルが他にあることもあります。国外源泉所得或いは国外のキャピタルゲインを有する者の場合，ドミサイルの判定は重要です。ドミサイルには，後発的ドミサイル（domicile of choice）

と血統ドミサイル（domicile of origin）があります。前者は，裁判等を通じて取得したドミサイルで，後者は，出生地或いは両親からの血統によるドミサイルです。あえて感覚的にいえば，ドミサイルは「ふるさと」に近い概念と思われます。

(5) 2013年財政法による改正後の区分

ア　SRTによる区分

SRTを適用した場合，個人は次の3つのいずれかに分類されることになります。

1	確定英国非居住者（Conclusively UK nonresident）
2	確定英国居住者（Conclusively UK resident）
3	英国居住形態判定のための英国との密接関連テスト（sufficient ties tests）

個人が，上記1又は2に該当しない場合，3により判定されることになります。

イ　居住形態と課税所得の範囲

個人が次に掲げる要件のいずれかに該当する場合，確定英国居住者となります。

1	英国における役務提供が週平均35時間以上で，その期間が365日を超え，英国のフルタイム勤務日の75％を超えている場合
2	91日以上の期間に，英国に唯一の住居を保有し，かつ，91日の期間のうちの30日が当該課税年度となる場合
3	英国の課税年度（4月6日から1年間）のうち，英国に183日以上滞在する場合
4	密接関連テストの要件を充足する場合

密接関連テストの関連要素は次のとおりです。

1	40日以上の労働日がある重要な雇用関係がある場合
2	英国に生活上の拠点を有している場合
3	前2年間のいずれかの年に，英国に90日超の滞在期間がある場合

4	配偶者等の家族が英国在住である場合
5	過去3課税年度のうち1課税年度以上が英国居住者で,かつ,英国滞在期間が他国よりも多い場合

　英国居住者に該当しない場合とは,密接関連テストの適用上,過去3課税年度のいずれの年度において居住者でなかった個人は,次の条件の場合,居住者にはなりません。

1	英国滞在期間が最高120日で,上記の関連要素が2つ以下である場合
2	英国滞在期間が最高90日で,上記の関連要素が3つ以下である場合

　確定英国非居住者の要件は次のとおりです。

> 過去3課税年度において英国居住者でなかった個人で,英国の課税年度の滞在期間が45日以下である場合は,確定英国非居住者となります。

> 外国でフルタイムの勤務をする条件の場合,確定英国非居住者となります。

(6) 送金課税基準（remittance basis）

　送金課税基準はSRT導入前と導入後では異なっています。

　ア　2013年改正前

　以下は,2013年財政法により改正されるまでは,送金課税基準が適用できる個人は次のように分けられていました。

1	通常の居住者であるか否かにかかわらず,居住者であるが,ドミサイルがない場合	国外所得と国外キャピタルゲイン（FCG）について送金課税利用可
2	居住者であるが,通常の居住者ではなく,ドミサイルがある場合	国外所得についてのみ送金課税利用可,FCGは発生基準

　なお,2008年4月6日以降,送金課税基準を選択する旨の請求が必要でした。さらに,送金課税基準の選択請求をすると,所得税における人的控除とCGTにおける年次控除額の権利を失うことになりました。過去10課税年度

のうち、7課税年度以上居住者である個人は、送金課税加算金として年間3万ポンドを支払うこととなっていました。

イ 2013年財政法改正後

(ア) 改正後の概要

英国は、個人の課税について、居住者、非居住者、通常の居住者、ドミサイルの4つの概念により課税所得の範囲を確定していましたが、2013年財政法により改正された後は、通常の居住者概念が廃止されました。したがって、上記(6)アの表にある2は改正後適用がないことになりました。その結果、個人の居住形態と課税所得の関係は次のように整理されました。

1	居住者（原則）	全世界所得が課税となる。
2	非居住者	英国国内源泉所得のみが課税。
3	居住者であるがドミサイルがない場合	国外所得と国外キャピタルゲイン（FCG）について送金がない場合英国における課税なし。

2015年4月6日以降、送金課税加算金は年間6万ポンドになりました。この適用を受ける個人は、過去14課税年度のうち12課税年度以上英国居住者であった個人です。また、過去20課税年度のうち17課税年度以上英国居住者であった個人の場合の送金課税加算金は、9万ポンドです。

(イ) 送金課税基準が自動的に適用可能となる場合

英国居住者でドミサイルがない個人が、次の条件に該当する場合は、送金課税基準が自動的に適用可能となります。

| 1課税年度における送金しない国外所得及び利得が2,000ポンド未満である場合 |
| 適格利得の英国への送金がなかった者が、前9課税年度のうち6課税年度以上で英国居住者であり、かつ英国国内源泉所得が100ポンド以下の源泉徴収となる投資所得である場合 |

なお、自動的適用を受ける個人の場合、基本的に人的控除或いはCGTの年次控除額を受けることができます。

上記の2,000ポンドの要件は次のように分けることができます。

| 1 | 居住者であるがドミサイルがない場合で、国外所得及び利得が2,000ポンド未満の場合 | 送金課税が自動的に適用となり、英国へ送金された金額のみが課税。 |
| 2 | 居住者であるがドミサイルがない場合で、国外所得及びFCGが2,000ポンド以上の場合 | 送金課税基準の適用を選択請求する手続を要する。この場合、英国へ送金された国外所得に課税となるが、所得税の人的控除とキャピタルゲイン所得の年次控除は適用できなくなります。 |

(ウ) 送金課税基準において課税対象となる利得

役務提供所得を除くと、この利得に該当するものは次のとおりです。

| 英国国外に所在する資産等から生じる投資所得 |
| 英国国外に所在する資産の処分から生じる譲渡収益 |

(エ) CGTの概要

CGTの概要は次のとおりです。

英国居住者でドミサイルのある個人	すべての譲渡収益に課税。
英国居住者でドミサイルのない個人で送金課税を選択した場合	英国に送金された金額が課税となりますが、この場合、CGTの年次控除額を受けることができません。
非居住者	原則としてCGTの課税を受けません。

7 英国(その2:グーグル税の創設)

Q グーグル税とは何ですか。

A
(1) グーグル税の概要
　英国のオズボーン財務大臣が2014年12月に「迂回された利益に課す税:diverted profit tax」を創設することを表明しました。この税は,多国籍に事業活動を展開する企業が,アイルランド等を利用して英国で稼得した所得に対して適正な納税をしていないことへの対策です。この新税は,主として,グーグル,アップル,アマゾン等の企業への課税を想定していることから,報道等では,「グーグル税」と称されています。この新税の適用は,2015年4月1日から適用開始され,税率は25%,徴収総額は今後5年間で10億ポンド(約1,880億円)程度が見込まれています。
　(資料:http://wired.jp/2014/12/04/autumn-statement-google-tax/アクセス:2015年6月27日)

(2) 新税導入の背景
　多国籍企業の租税回避は,OECDのBEPS行動計画を引き起こし,多国間において多国籍企業の租税回避を防止することになったのです。同種の税は,イタリアでは,2013年12月23日に成立しています。租税回避の事例(ダブルアイリッシュ・ダッチサンドイッチ)として有名になったアイルランドは2014年10月に多国籍企業の法人税の支払いを軽減するために利用されてきた同国の優遇措置を廃止することを発表しました。さらに,フランスは2014年4月に,グーグルが過去数年間にわたって税金を滞納しており,10億ドルを超える未払総額に対して巨額の追徴税を課す可能性があることを公表しました。また,日本では,国内で相当の利益を得ているにもかかわらず,利益に見合う納税がないアマゾンに対する課税問題が過去に報道されたこともあります。

(3) 新税導入の影響

英国の場合，2015年については，法人税率が20％に引き下げられています。このことは英国への海外からの投資を促進する要因です。新税はこれに反する動きであり，租税条約に定める「無差別取扱い条項」と抵触しないか等の課題が生じる可能性もあります。

8 ベルギー（ベルギーの優遇税制）

Q ベルギーは隣国オランダを意識した税制といわれていますが，どのような優遇税制があるのですか。

A (1) ベルギー税制の特徴

ベルギーの税制は，隣国のオランダを意識しているものと思われますが，両国共に資源がなく，海外からの企業誘致を図る観点から租税上の優遇措置（以下「優遇税制」とします。）を講じていることです。さらに，同国は，締結している租税条約の数だけでも80を超えています。日本の締結数と比較していかに多くの国と租税条約を締結しているかがわかります。例えば，ベルギーは，香港，サンマリノ等のいわゆるタックスヘイブン国とも租税条約を締結する一方，日本が租税条約を締結していないモンゴルを始めとして，アフリカ諸国（アルジェリア，コートジボアール，モロッコ，セネガル，チュニジア），南米諸国（エクアドル，アルゼンチン，ヴェネズエラ）とも租税条約を締結しています。

(2) ベルギーの法人税制の概要

法人税の基本税率は，2003年1月1日以降に開始された事業年度から33％です。先進諸国で法人税率が高いのは，日本と米国であり，EU諸国を中心として，法人税率は全般に20％台が一般的です。確かに，法人税率は，33％ですが，同国の優遇税制を利用すると税負担が大幅に軽減されることになります。

(3) ベルギーの優遇税制

ア 地域統括本部（coordination center）

ベルギーにおける優遇税制として有名であったのがこの地域統括本部に係る税制です。地域統括本部とは，多国籍企業グループ各社のために販売促進，金融財務及びその他の管理事務のサービスを提供する法人ですが，業種にかかわらず所定の原価等に一定の利益率を加えて課税所得を算定する方式で税負担が軽くなることの他に，グループ各社に支払う投資所得の源泉徴収免除等の優遇税制が適用されていましたが，2003年2月17日に地域統括本部の優遇税制を欧州委員会がEU法に違反する国家補助であると判断したこと等からベルギー政府は改正を迫られ，一定であった利益率が業種に応じて変える必要等が生じた結果，租税上の恩典が減少したといわれています。

イ みなし利子控除（Notional Interest Deduction）

この制度は，2005年に導入され，2006年12月31日以降に終了する事業年度から適用されているものです。法人が資金調達を行う場合，借入資本と出資による資本が調達源となりますが，借入資本の場合は，そのコストである支払利子について損金算入が認められる一方，出資の資本については，支払配当になることから，税法上では損金不算入となります。このような相違をなくす優遇税制として，ベルギーは，ベルギー法人及びベルギー国内に支店等の恒久的施設又は不動産を有する外国法人に対して，所定の事業活動に使用する資本を借り入れたものとみなしてその利息相当額の損金算入を認めています。

このみなし利息控除の対象となるものは，資本金，留保利益，準備金，繰越損益等を含み，自己株式，財務諸表上の投資勘定に記載される株式，ベルギーと租税条約を締結している国にある外国支店等の純資産及び不動産等を除いて計算します。適用利率は，適用前年のベルギー国債（10年）の利率が使われ，2014年に適用される利率は2.7421％です。

ウ 特許権等収入控除（Patent Income Deduction）

特許権等収入控除は，2007年に導入され2008年1月から適用となる租税優遇措置です。ベルギー法人及び外国法人のベルギー支店等が所定の特許権か

ら生じた所得の80％相当額を控除することができます。この対象となる特許権は，自社で開発した特許権，他社から取得した特許権で取得後に追加の試験研究費を要したもの，他社から供与された特許ライセンスで取得後に追加の試験研究費を要したもの，の3つの形態に適用されます。したがって，この制度を利用するのであれば，ベルギーに特許権保有法人を設立すればこの制度に伴う優遇税制の適用を受けることになります。

　エ　資本参加免税

　所定の要件を満たす関係会社からの受取配当に関して，ベルギー法人及び外国法人のベルギー支店等は95％を免税とすることができます。資本参加免税の要件は，株式所有要件（配当受領法人が配当支払法人の株式の10％又は120万ユーロの出資をしている場合）と株式保有期間要件（配当受領法人が配当支払法人の株式を最低1年以上所有しこれらの株式が財務諸表にも計上されていること）で，金融機関及び保険会社の場合は株式保有期間要件のみを満たせば資本参加免税を受けることができます。なお，この制度は，ベルギーの税制と比較して「著しく有利な税制」の適用を受ける国（EU加盟国を除きます。）に所在する子会社からの受取配当については適用されません。この制度は，ベルギーに持株会社を設立するのに利用できるものです。

第10章

日本の国際税務関連事項

1 日本（その１：移転価格税制の国内取引への適用可能性）

Q 日本の移転価格税制の規定は，米国の移転価格税制に係る規定である内国歳入法典第482条との比較で，同様の性格を有しているという理解でよいのでしょうか。

A (1) 米国内国歳入法典第482条の国内法における位置付け

　日本及び各国の移転価格に関する税制については，多くの著書及び論稿がありますが，我が国の租税特別措置法第66条の４に規定されている条項（以下「移転価格税制」とします。）の国内法上の位置付けに関するものは少ないといえます。我が国と米国の移転価格税制である内国歳入法典第482条（以下「482条」とします。）の条項の法的位置付けを対比するために，最初に，482条の米国国内法における位置付けをまとめると次のとおりです。

　現行の内国歳入法典（1986年全文改正）における482条の位置ですが，482条は，Ｅ章（Subchapter E）「会計期間と会計処理の方法」に含まれ，そのＥ章は，第１款（Part I）「会計期間」，第２款（Part II）「会計処理の方法」，第３款（Part III）「修正（Adjustments）」に分かれています。この章の基本規定である企業会計準拠規定としての性格を持つ第446条（以下「446条」とします。）は，第１款に規定され，482条は，第３款に含まれています。この446条は，「課税所得は，納税義務者が帳簿における所得計算に通常使用している会計処理の方法に基づいて計算される。」と規定されており，我が国法人法における公正処理基準（法法22④）に相当するものであることから，482条は，企業会計準拠規定の修正という位置付けになるものと思われます。

(2) 移転価格税制の国内法における位置付け

　移転価格税制の国内法における位置付けとしては，小松教授が次のような見解を示しています（小松芳明「トランスファー・プライシングに対する税法上の規制について―今次我が国の特別立法をめぐって―」『亜細亜法学』21巻１号）。

この小松教授の見解によれば，移転価格税制において，法人所得計算上は，棚卸資産の販売又は購入，役務の提供その他の取引について「通常の取引価格」で行われることを前提としています。法人税法第22条第4項がこのことを根拠付けていると解されることから，創設時の移転価格税制（租税特別措置法第66条の5）では，同税制の対象となる国外関連取引は，独立企業間価格で行われたものとみなす，と規定されていますが（租税特別措置法第66条の5第1項：現行第66条の4第1項），この規定は，法人税法第22条第4項の別段の定めであるということができよう，と述べています。

さらに，我が国の場合には，諸外国の立法例のように課税庁の更正処分を待つというのではなく，申告納税制度のもとで納税義務者自身による価格規制という仕組みを採っているところに特質があるとも述べています。

上記の小松教授の見解は，米国の482条の法的位置付けを意識したとは述べていませんが，我が国の移転価格税制について，米国と同様の法的位置付け（446条と482条の関係）であるという論理を展開しているものといえます。

以上のことから，検討すべき焦点は小松教授の述べる次の2点に絞られてきます。

① 移転価格税制は，法人税法第22条第4項の別段の定めであるのか。
② 我が国の移転価格税制は，諸外国の立法例（米国の482条等）とは異なり，申告納税制度のもとで納税義務者自身による価格規制という仕組みを採っているのか。

上記①の点については，小松教授の学会において①と同様の主張をされたことに対して，武田昌輔教授が法人税法第22条との関係を質したのに対して，小松教授は，租税特別措置法が特例であることから，本則として第22条第4項を見つけ出した，と説明したのですが，武田昌輔教授は，第22条第4項が会計処理の基準ということで，その点で少し広範囲に取りすぎているという感想を述べられています（「シンポジウム」『租税法研究』第21号所収　164～165頁）。

法人税法第22条第4項は，当該事業年度の収益の額及び原価，費用等の額は，一般に公正妥当と認められる会計処理の基準に従って計算されるものと

する，という規定です。

　この規定の内容は，446条の特徴の1つである企業会計準拠と同様の内容といえますが，移転価格税制において修正されるのは，法人税法上の益金又は損金であることから，別段の定めとの関連に言及するのであれば，移転価格税制は，法人税法第22条第2項又は第3項の別段の定めということではないでしょうか。法人税法第22条第4項は，武田昌輔教授が発言されているように会計処理の基準であり，その性格は，主として，収益及び原価・費用等の期間帰属に関するものといえます。したがって，所得の金額の増減に関しては，法人税法第22条第2項又は第3項を本則とすると考えられるのです。

　次に，前出②の点については，米国の482条本文においては特に規定されていませんが，482条に係る財務省規則（§1.482-1(2)）において，税務署長の配分を行う権限を規定し，同(3)において，納税義務者による482条の利用を規定しています。この財務省規則の規定（§1.482-1(3)）によれば，納税義務者は，実際の取引金額ではなく独立企業間価格に基づいて申告を行うことになり，米国においても，申告納税制度のもとで納税義務者自身による価格規制という仕組みを採っています。

　446条と482条の双方において，財務長官は，446条の場合では会計処理の方法の変更，482条では所得等の再配分の権限を与えられています。このことはその権限の内容は異なりますが，両者に共通する事項です。

　この権限に係る部分以外の両条項を対比すれば，446条では，課税所得は納税義務者の所得計算に基づいて課税所得を計算するという企業会計準拠が規定されています。482条では，関連者間取引において，実際の取引価格と独立企業間価格が異なる場合，後者で申告することができることが規定されています。したがって，446条と482条は，原則として，企業会計準拠ですが，482条では，企業会計分離ということもあることになります。ただし，法体系上，482条は，446条を基礎としたものの修正という位置付けになります。

　したがって，財務長官は，482条では所得等の再配分の権限を与えられています。他方，482条は，実際の取引価格（記帳された金額）と独立企業間価格が異なる場合，帳簿に記帳された金額と異なる独立企業間価格で申告する

ことができることが規定されているのです。その意味では、我が国の移転価格税制と482条は共通する部分（納税義務者が独立企業間価格に基づいて申告を行うということ）があることも事実ですが、両者の規定のすべてが同じということではありません。

2　日本（その2：移転価格税制の国内法と租税条約の関連）

Q 　移転価格税制に関する規定は、租税条約における特殊関連企業条項にもありますが、この規定に関する国内法と租税条約はどのように理解すればよろしいのでしょうか。

A 　**(1)　特殊関連企業条項の創設**
　現行の日米租税条約第9条第1項にある特殊関連企業条項の規定は次のとおりです。
「1　次の(a)又は(b)に該当する場合であって、そのいずれの場合においても、商業上又は資金上の関係において、双方の企業の間に、独立の企業の間に設けられる条件と異なる条件が設けられ又は課されているときは、その条件がないとしたならば一方の企業の利得となったと見られる利得であってその条件のために当該一方の企業の利得とならなかったものに対しては、これを当該一方の企業の利得に算入して租税を課することができる。
(a)　一方の締約国の企業が他方の締約国の企業の経営、支配又は資本に直接又は間接に参加している場合
(b)　同一の者が一方の締約国の企業及び他方の締約国の企業の経営、支配又は資本に直接又は間接に参加している場合」
　この特殊関連企業条項は、OECDモデル租税条約第9条の規定及び各国の締結している租税条約において、ほぼ同様な内容となっていること、また、この条項自体、その創設以来大きな変化がありません。
　租税条約の歴史では、国際連盟により1933年作成の「事業所得の配分に関

する条約草案」（以下「1933年草案」とします。）及び1935年作成の「改訂案」において，移転価格税制に係る規定である「特殊関連企業条項」が初めて規定されました。

(2) 特殊関連企業条項の意義

前出のOECDモデル租税条約第9条第1項の特殊関連企業条項の規定と，我が国が締結している租税条約における規定（例えば，日米租税条約第9条の特殊関連企業条項第1項）と同様の内容です。

この規定の意義は，独立企業の原則を適用して，その行為計算を否認すべきことを定めた条項という解釈が一般的ですが[注1]，この解釈は，現行の日米租税条約の解説書にはこのような直接的な説明はありませんが，ほぼそれまでの解釈を引き継いでいるといえます[注2]。

旧日米租税条約第11条（特殊関連企業条項）における解説として，この規定は，特殊関連者間取引を通じた所得の移転についてはこれを正常な状態に引き直し適正な納付税額を計算する必要があるために設けられた規定であり，特殊関連企業間の価格操作により所得移転について増額更正を行う権限を付与したものと説明されています[注3]。

また，租税条約と国内法との関係について，小松教授は，移転価格に係る課税を行うに当たって，旧日米租税条約第11条において課税権限が認められ，その具体的な課税は国内法を根拠に行われると説明しています。

新旧の日米租税条約に特殊関連企業条項は，現行の日米租税条約の規定がOECDモデル租税条約第9条と実質的に同様の規定ぶりですが，新旧の特殊関連企業条項第1項の文言等に大きな変化はありません。

特殊関連企業条項の意義については，特殊関連者間取引を通じた所得の移転を正常な状態に引き直しを行うことから，行為計算の否認規定を定めた規定であるという解釈があることはすでに述べたとおりですが，このような解釈が述べられた背景として，旧日米租税条約締結時において，特殊関連企業条項第1項の解釈として，この規定は行為計算否認規定であるとする理解が立法当局にあったものと推測できるのです[注4]。

(3) 移転価格税制の国内法と租税条約の関連

租税特別措置法第66条の4にある「独立企業間価格で行われたものとみなす」という規定ぶりから文理解釈として，行為計算否認と解するのは問題があるように思われますが，租税条約との関連等を勘案すれば，この規定には行為計算否認の趣旨が含まれていることを確認する必要があります。

(注1) 小松芳明『租税条約の研究［新版］』有斐閣　昭和57年　52頁。小松芳明『逐条研究　日米租税条約［第3版］』税務経理協会　122頁。
(注2) 浅川雅嗣編著『コンメンタール　改訂日米租税条約』大蔵財務協会89頁。この編著者は，現行日米租税条約を締結した際の財務省の担当者です。同頁には，特殊関連企業間の取引では，取引価格を人為的に操作することを通じた租税回避が行われる恐れがあるために，我が国を含め各国とも，そのような場合にその行為計算を否認して適正な租税負担を求める移転価格税制を国内法上設けている，と記述されていますが，日米租税条約第9条の規定を行為計算の否認規定とは説明していません。
(注3) 小松芳明監修「逐条研究　日米租税条約［第12回］　11条　特殊関連企業」『国際税務』国際税務研究会　Vol. 7　No. 10, 29-30頁。
(注4) 小松教授は，旧日米租税条約締結時に当時の大蔵省においてその実務を担当していたことから，同省内では，このような解釈がすでに定着していたものと思われます。

3　日本（その3：改正された国内源泉所得）

Q 平成26年度税制改正により国内源泉所得が改正されていますが，なぜ改正されたのですか。

A
(1) 改正の理由

平成26年度税制改正により国内源泉所得（所得税法161条，法人税法138条）が改正されました（以下，改正前を「旧法規定」，改正後を「改正規定」とします。）。適用は，所得税が平成29年1月1日以降，法人税が平成28年4月1日以降に開始となる事業年度からの適用となっています。改正された理由は，OECDが長年にわたり検討を続けてきた支店等の恒久的施設（PE）の課税について，新たな課税原則であるAOA（OECD承認アプローチ）を採用したことから，日本もこれにならって改正をしたのが1番の理由

です。

(2) 改正規定は旧法規定との比較

　条文の構成ですが，所得税の旧法規定では，161条が，1号，1の2号，1の3号，以下2号以下12号までとなっていました。改正規定では，全体が3項から構成され，1項には，1号から17号まで各種所得が列挙されています。所得税法の旧法規定には1の2号，1の3号と8号（給与所得等）があり，他は法人税法と同様の規定です。これが法人税法の改正規定は，全体が3項から構成されている点では所得税法と同様ですが，1項の所得が1号から6号までと大幅に縮小され，旧法規定のように所得税法と法人税法の国内源泉所得が類似型ということになっていません。表にまとめると次のとおりです。

	旧法規定	改正規定
所得税法161条1項	1号，1の2号，1の3号，以下2号以下12号	1号から17号
所得税法161条2項，3項	なし	新設
法人税法138条1項	1号から11号	1号から6号
法人税法138条2項，3項	なし	新設

(3) 法人税法第138条の改正点

　改正で目につく点は2点です。第1は，旧規定は，いわゆる1号所得として，事業所得，資産の運用保有による所得，資産の譲渡による所得を混合して規定していましたが，改正規定では，旧規定の1号所得を1号から3号までに分けて，旧規定の事業所得部分をPE帰属所得として新たに規定した点です。この規定は，支店等の独立した事業体でないPEに対して適正な所得計算をすることです。そこで，企業の一部であるPEは，法的に資産を所有し，危険を想定し，資本を所有し，他の法人と契約することはなく，租税条約の事業所得条項（第7条）の独立企業の原則に基づき，擬制された分離独立したPEにリスク，資産の経済的所有権，及び資本を帰属させる仕組みを考える必要があったことです。法人税法第138条第1項の規定は，そのAOAの特徴を規定したといえます。すなわち，①機能・事実分析ですが，PEの場合，法的分析ができないことから，機能分析が使用されています。②資産

の帰属は，資産の経済的所有権に関する重要な機能を当該PEに属する者が果たした場合，当該資産の経済的所有権は当該PEに帰属となります。③リスクの帰属は，リスクの引き受け，移転後の管理に関する重要な機能を当該PEに属する者が果たした場合当該リスクは当該PEに帰属します。④資本の帰属は控除可能な利子の範囲に関するものです。

4　日本（その4：帰属主義導入に関する論点整理）

Q 平成26年度税制改正における国際課税の見直し（総合主義から帰属主義へ）ですが，法人税については平成28年4月1日以後に開始する事業年度分及び所得税は平成29年分以後の所得税について適用となります。この改正については，いくつかのポイントがあると思いますが，整理するとどうなりますか。

A (1) 帰属主義導入までの経緯を示す資料

　今次の改正に至る過程で，政府税制調査会と財務省主税局が以下のように検討を重ねたのです。

2010年（平成22年）7月	OECD（経済協力開発機構）が，OECD承認アプローチであるAOAを導入した新しい事業所得条項であるOECDモデル租税条約新7条（以下「新7条」とします。）を制定しました。
2010年（平成22年）9月	政府税制調査会国際課税小委員会「非居住者・外国法人の課税ベースのあり方」において帰属主義に関して委員から意見等が出されました。
2010年（平成22年）11月	税制調査会専門家委員会「国際課税に関する論点整理」では，新7条が，日本を含めたOECD加盟国の条約締結・改正交渉に直接影響を及ぼすだけでなく，国内法を総合主義から帰属主義に見直す契機を与えているとして，帰属主義に変更する場合には，あわせて，適正な課税を確保するために必要な法整備についても検討する必要がある，としています。

第10章　日本の国際税務関連事項

2010年（平成22年）12月の平成23年度税制改正大綱検討事項13（平成23年12月閣議決定）平成24年度税制改正検討事項8も同様	いわゆる「総合主義」に基づく従来の国内法上の規定を「帰属主義」に沿った規定に見直すとともに，これに応じた適切な課税を確保するために必要な法整備に向け，具体的な検討を行うことが明記されました。
2012年（平成24年）6月22日	帰属主義研究会：第1回（基本的な考え方）
2012年（平成24年）10月30日	帰属主義研究会：第2回（基本的な考え方，重要論点整理）
2012年（平成24年）11月14日	第7回税制調査会資料及び同補足資料においてほぼ改正の骨格が記述されています。
2013年（平成25年）5月8日	帰属主義研究会：第3回（外国税額控除，移転価格税制との異同，過少資本税制との関係等）
2013年（平成25年）6月20日	帰属主義研究会：第4回（残された論点の整理（文書化及び否認規定等），具体的なイメージ「たたき台」（改正の考え方及び各制度の改正の方向性）
2013年（平成25年）10月10日	帰属主義研究会：第5回（報告書（案）について）
2013年（平成25年）10月24日	税制調査会（国際課税ディスカッション・グループ①）が，開催され［帰属属主義への見直し］が最終案となりました。
2013年（平成25年）10月	財務省主税局参事官「国際課税原則の総合主義（全所得主義）から帰属主義への見直し」：帰属主義研究会のまとめ（以下「参事官報告」とします。）
2013年（平成25年）12月12日	自由民主党・公明党による「平成26年度税制改正大綱」が公表され，同12月24日，税制改正大綱の閣議決定が行われました。
2014年（平成26年）3月20日	「所得税法等の一部を改正する法律案」成立，同年3月31日施行

　以上のうち，主税局参事官の私的勉強会ということで非公開の帰属主義研究会資料については，平成25年10月公表の財務省主税局参事官「国際課税原則の総合主義（全所得主義）から帰属主義への見直し」がその内容を伝えています。

(2) 外国法人数

外国法人数(申告ベース)については,毎年発行される「国税庁レポート」に掲載されています。平成25事務年度の数字は,5,568社であり,約10年間にわたり,5,000社から6,000社の間です。一般にいえることですが,銀行等の業種で法律上日本において現地法人を設立するのが難しい業種を除くと,外国法人の多くは日本で内国法人を設立する例も多く,いわゆる大規模な外国法人が多数日本に所在するという状況は考えにくいのです。

では,重要性の観点から,外国法人に係る法令の改正はその影響が限定的といえるのかという問題があります。外国法人の場合は,日本においてPEの認定等がなされると,多額の無申告の事案が出現するという状況にあります。そのような観点から,潜在的な納税義務者も視野に入れた対策が必要といえるのです。

(3) OECDがPEに帰属する所得について検討を始めた要因

以下は,AOAの導入に関するOECDにおける事業所得条項検討の動向です。

1994年	OECDは,PEへの所得の帰属を検討した報告書(Model Tax Convention: Attribution of Income to Permanent Establishments, Issues in International Taxation No. 5, 1994)を公表
1995年	OECDは,移転価格ガイドライン(以下「TPガイドライン」とします。)を公表
2001年2月	OECDは,事業所得の再検討としてPART I,II(銀行)の草案公開
2003年3月	OECDはPART II(銀行)の改訂版,PART III(グローバル・トレーディング)の草案公開
2005年7月	OECDはPART IV(保険)の草案公表
2006年12月	PEへの所得の帰属を検討した報告書(以下「2006年版報告書」とします。): Report on the Attribution of Profits to Permanent Establishments Parts I (General Considerations), II (Banks) and III (Global Trading)
2008年7月	PEへの所得の帰属を検討した報告書(2008年版)

2008年7月, 2009年11月	OECDは事業所得条項改正案公表
2010年（平成22年） 7月	OECDモデル租税条約新7条（以下「新7条」とします。）
2010年7月22日	PEへの所得の帰属を検討した報告書（2010年版）：2010 REPORT ON THE ATTRIBUTION OF PROFITS TO PERMANENT ESTABLISHMENTS

　今回の改正のきっかけとなったので，OECDによるモデル租税条約における事業所得条項（新7条）の改正です。OECDがモデル租税条約に規定された旧事業所得条項（以下「旧7条」とします。）を改正したのは，旧7条に関して各国における解釈等に相違があり，その結果，二重課税等の事態が想定されたからとOECDは説明していますが，上記の検討の変遷を見ても，OECDは，PEへの所得の帰属について，その多くを金融業に充てたことは明らかです。要するに，現地法人化できない金融業のPE等がOECDの念頭にあったものと思われます。

　他の理由としては，PEへの所得帰属の関連では，支店の事業所得算定の原則であった「独立企業の原則」の再検討です。「独立企業の原則」の考え方を関連会社間取引に応用したのが，移転価格税制における「独立企業間価格」ですが，PEへの所得帰属と並行して検討されたTPガイドラインにより進展した移転価格の考え方が，「独立企業の原則」の再検討にフィードバックされたのです。

(4)　想定された帰属主義がイメージ

　平成24年11月14日付の「第7回税制調査会資料（国際課税）」において，「外国法人等についてはその国内源泉所得に対して課税するという現行の基本的な考え方を維持しつつ外国法人等が我が国に有するPEに帰属する所得（PE帰属所得）を国内源泉所得の1つとして位置づけてはどうか。」という文言が示されています。上記の文言の前段部分は，現行の非居住者課税の方式を大きく変更しないという方針を示したものであり，後段部分は，所得源泉ルールとして，PE帰属の有無で国内源泉所得と国外源泉所得を分けることになります。

4 日本(その4:帰属主義導入に関する論点整理)

　ア　所得源泉ルールの帰属主義

　日米租税条約の第2次条約(昭和46年3月署名)第6条第8項において規定された帰属主義ですが,これは,所得の源泉ルールを規定したものです。以下では,他と区別する意味からこの帰属主義を「所得源泉ルールの帰属主義」(以下「A型」とします。)とします。

　イ　租税条約における帰属主義

　旧第7条型と同様の現行の日米租税条約第7条(事業所得条項)第1項は,「(略)一方の締約国の企業が他方の締約国内にある恒久的施設を通じて当該他方の締約国内において事業を行う場合には,その企業の利得のうち当該恒久的施設に帰せられる部分に対してのみ,当該他方の締約国において租税を課することができる。」と規定しています。この引用した規定は,帰属主義といわれていますが,「所得源泉ルールの帰属主義」ではないと一般に解されてきました。

　仮に,この規定が「所得源泉ルールの帰属主義」であれば,所得源泉置換規定(法人税法第139条)の適用を受けて国内法として適用になるはずですが,そのような適用はされていません。その理由の1つとして考えられることは,ここにいう帰属主義が総合主義を採用しないことの意味で使用されているという解釈です。1963年に制定されたOECDモデル租税条約草案において採用された帰属主義はこの解釈が当てはまるものといえます。他の1つは,日本の国内法が総合主義であることから,当該租税条約の適用上,国内源泉所得のうち,恒久的施設に帰属するものと理解されたことで,これについては,「課税範囲決定の帰属主義」(以下「B型」とします。)とします。

　ウ　国外源泉所得を取り込む帰属主義

　米国における外国投資家課税法(Foreign Investors Tax Act of 1966)における規定のように,恒久的施設に帰せられる国外源泉所得も課税所得に含めるということを帰属主義と解する考え方があります。これは,「所得源泉ルールの帰属主義」ではなく,「課税範囲決定の帰属主義」の類型です(以下「C型」とします。)。

エ　旧所得税法施行令第279条第5項及び旧法人税法施行令第176条第5項の意義

　旧所得税法施行令第279条第5項及び旧法人税法施行令第176条第5項は，昭和48年度税制改正により創設された規定ですが，当該条項が創設された理由は，外国法人の国内支店を通じて国外に投融資を行う場合，この種の事業活動から生ずる所得の取扱いが明確でなかったため，国外における投融資先の選定等，投融資等に関連する業務を専ら国内に所在する支店が行っている場合，その所得について国内支店に帰属するものとするのが適当であるとした規定です。

　この規定によれば，国内，国外の双方にわたって事業活動を行う外国法人が，国内の支店等を通じて国外にある者に対する金銭の貸付，投資その他これらに準ずる行為により生ずる所得で，国内支店等で行う事業に帰せられるものは国内源泉所得としたのです。この規定を創設した趣旨は，タックスヘイブン国内に本店を持つ外国法人が日本国内の拠点を通じて東南アジアその他の免税産業に投資を行った場合における課税のほ脱を防止することを狙いとしたものです。

　この規定は，米国における外国投資家課税法を範としたものであり，外国投資家課税法にあるように，国内にある支店等の恒久的施設の存在を前提として，国外で生じた所得を恒久的施設の所得として取り込むことにしたのですが，米国の場合は，国外源泉所得として取り込んだのに対して，日本の場合は，国内源泉所得としたのです。これをもって，日本の国内法における「帰属主義」と解するむきもありますが，これは非居住者に関する規定を複雑にしないために国外源泉所得を国内源泉所得とするとしたもので，日本の国内法が帰属主義を採用したとはいえないのです。しかし，区分上，これは「海外投融資に係る所得源泉ルール」（以下「D型」とします。）とします。平成26年度税制改正では，この所得をPE帰属所得として取り込むことを図ったのです。

オ　帰属主義概念の純化

　前記において述べたように，いわゆる帰属主義といわれているものについ

て，その類型は，再度掲げると次のようになります。
① 所得源泉ルールの帰属主義（A型）
② 課税範囲決定の帰属主義（B型）
③ 米国型課税範囲決定の帰属主義（C型）
④ 海外投融資に係る所得源泉ルール（D型）

仮に今回の改正が抜本的なものであれば，A型から検討を要する事項ですが，本項の冒頭に述べたように，「現行の非居住者課税の方式を大きく変更しない」という方針の下での改正であることから，第三国所得（国外源泉所得）を取り込むという点ではC型，国外の投資所得を国外源泉所得とする点ではD型の変更という要素が見られ，これに後述するAOAを加えた日本型帰属主義（C型＋D型＋AOA）といえるのです。

(5) 帰属主義とAOA（OECD承認アプローチ）との関連

前出の平成24年11月14日付の「第7回税制調査会資料（国際課税）」において，「OECDモデル租税条約新7条の考え方（AOA）に基づき「帰属主義」に則した国内法の規定を定める」という文言があります。

OECDの2006年版報告書によれば，AOAと機能的独立企業アプローチとの関連については，機能的独立企業アプローチとは，第7条（事業所得）第1項における企業の利得に関するアプローチであり，AOAは，第7条全体，中でも，独立企業の原則の適用に関するアプローチであり，機能的独立企業は，AOAの第1ステップとして位置付けられています。

そして，AOAは次の2つのステップから構成されています。

① AOAの第1ステップ

PEが同一又は類似の条件で同一又は類似の活動を行う独立分離した企業として擬制します（同報告書パラ86）。

② AOAの第2ステップ

擬制され独立分離した企業の内部取引を，同一又は類似の機能を遂行し，同一又は類似の資産を使用し，同一又は類似のリスクを引き受け，同一又は類似の経済的に関連した特徴を有する独立企業の外部取引と比較します（報告書パラ88）。

したがって，検討された帰属主義は，PEへの所得帰属の原則であるのに対して，AOAは，事業所得算定を定めているモデル租税条約第7条全体，中でも，独立企業の原則の適用に関するアプローチといえるのです。したがって，AOAが帰属主義を含むという関係ではありませんが，両者は不可分の関係にあるといえます。

(6) 日本にある外国法人のPEが日本の国外で棚卸資産を譲渡した場合

平成26年度税制改正における帰属主義が，前出に示したA型であれば，PEによる事業活動を通じて国外における棚卸資産の譲渡も国内源泉所得として課税になるのですが（前出の第2次日米租税条約第6条第8項参照），改正後の法人税法第138条第1項第1号のPE帰属所得に国外における棚卸資産の譲渡収益は含まれていません。これは，棚卸資産の譲渡益の所得源泉地は，その資産の権原の移転した場所という考え方によるものと思われます。

(7) 企業全体が赤字であってもPEが黒字であることを許される理由

2006年版報告書では，第7条第1項における企業の利得についてのアプローチとして，関連事業活動アプローチ（relevant business activity approach）が説明されています。このアプローチのポイントは，第7条第1項に規定のある「企業の利得」の解釈をめぐる問題です。関連事業活動アプローチでは，企業の利得は，当該PEが多少でも参加した事業活動（関連事業活動）からの利得のみを指すものと定義されています（報告書パラ61）。すなわち，PEに帰属される利得は当該企業全体が関連事業活動から稼得する利得を超過することはできないとされているのです。企業全体の利得には，第三者との取引から稼得する利得と関連企業との取引から稼得する利得がありますが，この後者は，独立企業の原則の適用を反映していないときは移転価格のルールに基づいて調整されることになります（報告書パラ62）。しかし，OECDはこのアプローチを採用していません。

同報告書では，関連事業活動アプローチ以外のアプローチとしては，機能的独立企業（functionally separate entity）アプローチが説明されています。このアプローチの定義によれば，PEに帰属すべき利得は，別に独立した企業として完全に独立した立場で当該PEがその一部である企業と内部取引を

行った場合に稼得すると予想される利得，と規定されています（報告書パラ69）。例えば，PE が半製品を製造し，販売・組立てのために他の部署に移転する場合で，企業全体として利益が出ていない場合であっても，利得が PE に帰属することが認められるものです（報告書パラ70）。

そこで，この関連事業活動アプローチと機能的独立企業アプローチの相違は何かということになります。その相違は，第7条第1項の解釈，すなわち，「企業の利得」の解釈にあります。

機能的独立企業アプローチは，企業内部の取引であっても利得が PE に帰属されることが許容されるのに対して，関連事業活動アプローチは，他の企業との取引により企業全体として利得が実現するまでは当該 PE に利得を帰属することができるとはみなされないのです。OECD が機能的独立企業アプローチを推奨する理由のひとつは，PE 所在地国が関連事業活動から生じる当該企業の全世界に及ぶ利得を決定しようとすることを要求していないからです（報告書パラ75）。また，このアプローチは，居住企業或いは非居住企業のいずれにより遂行されるかに関しては中立ということです（報告書77）。

(8) **法人税法第138条（国内源泉所得）第1項に規定する「当該恒久的施設が果たす機能，当該恒久的施設において使用する資産，当該恒久的施設と当該外国法人の本店等との間の内部取引その他の状況を勘案して」という規定は具体的に何を意味しているのですか**

　ア　PE に係る取引の3形態（2006年版報告書パラ13）
　①　PE と非関連企業の外部取引
　②　関連企業との外部取引（TP ガイドラインの直接適用）
　③　PE の属する企業の内部取引（AOA の第2ステップによるもので TP ガイドラインの類推適用）

また，PE を分離した企業と擬制するのは，第7条の適用のみであり，その他の規定には適用されません（報告書パラ14）。

　イ　AOA の第1ステップの内容

TP ガイドラインを PE に適用する場合の基本的な難しさは，PE が独立した事業体ではないことです。特に，企業の一部は，法的に資産を所有し，危

険を想定し，資本を所有し，他の法人と契約することはなく，第7条の独立企業の原則に基づき，擬制された分離独立したPEにリスク，資産の経済的所有権，及び資本を帰属させる仕組みを考える必要があったことです（報告書パラ17,18）。法人税法第138条第1項の規定は，以下のAOAの特徴を規定したといえます。

① 機能・事実分析

PEの場合，法的分析ができないことから，機能分析が使用されます。

② 資産の帰属

資産の経済的所有権に関する重要な機能を当該PEに属する者が果たした場合，当該資産の経済的所有権は当該PEに帰属となります。

③ リスクの帰属

リスクの引き受け，移転後の管理に関する重要な機能を当該PEに属する者が果たした場合当該リスクは当該PEに帰属します。

④ 資本の帰属

無償資本（free capital）は課税上利息として所得から控除可能な分配の生じない資金供与です（報告書パラ18）。

第1ステップにおける機能・事実分析は以下の事項を行うことになります（報告書パラ47,88）。

① 外部取引から生じた権利・義務を当該PEに帰属させます。
② 資産の経済的所有権の帰属に関する重要な人的機能（people functions）を特定し，資産の経済的所有権を当該PEに帰属させます。
③ リスクの引き受けに関する重要な人的機能を特定し，当該PEにリスクを引き受けさせます。
④ 当該PEの他の機能を特定します。
⑤ 内部取引を認識し，その性質を決定します。
⑥ 当該PEに帰属される資産及びリスクを基準として，資本を帰属させます。

ウ　AOAの第2ステップの内容

AOAの第2のステップは，独立企業としての所得（arm's length return）

の決定です。PEは，比較可能な独立企業の取得する所得との比較で，第1のステップで決定した機能，資産，危険に応じて所得を得なければなりません。第2のステップでは，TPガイドラインにおける移転価格の決定の方法が適用となります。

第2のステップでは，以下の事項を行うことにより，認識された内部取引の独立企業の原則に基づく価格を決定します（報告書パラ47）。

① 内部取引と外部取引の比較可能性を決定する。比較可能性要素のうち，直接（資産・役務の特徴，経済状況及び事業戦略）及び類推（機能分析，契約条件）適用により決定します。

② PEが遂行する機能，帰属された資産及びリスクを考慮して，PEと企業の他の部署との内部取引の独立企業間価格を決定します。この場合，基本三法，それが信頼できない場合は取引単位利益法が類推適用となります。

(9) 廃止された単純購入非課税の原則の意義

現行OECDモデル租税条約は「単純購入非課税の原則」の規定を廃止しましたが，この規定がある現行日米租税条約第7条第5項は次のとおりです。

「恒久的施設が企業のために物品又は商品の単なる購入を行ったことを理由としては，いかなる利得も，当該恒久的施設に帰せられることはない。」

この原則が成立する以前の1920年代から30年代には，本店のための単なる仕入活動であっても，利益が実際に生じるか否かにかかわらずPEが事業上の活動を行ったことを理由に課税するというフランス，ドイツ，スペインの考え方と，棚卸資産の売却等の実際の利益が生じた場合に課税するという考え方が対立し，特に前者は，理論上はPEに帰属する所得を想定できますがその算定が困難という理由で，後者の考え方を支持した米国，英国の意見がモデル租税条約に反映されたのです（拙著『国際課税と租税条約』114頁）。

参事官報告の7頁では，「PEが本店等のために行う単なる購入活動から所得が生じないものとする単純購入非課税の取扱いは，独立企業原則との整合性の関連から，廃止する方向で検討するのが適当ではないか。」という判断によりこの原則は廃止されたのですが，結果として，従来からある2つの考

え方のうちの米英型が廃止されたということになります。

⑽ 所得源泉置換え規定（所得税法第162条，法人税法第139条）が存置されたことによる租税条約の適用関係への影響

ア　法人税法第139条第1項前段

　法人税法第139条（租税条約に異なる定めがある場合の国内源泉所得）第1項の前段部分は，平成26年度税制改正により，一部文言の改正はあったものの，以下のように実質的な内容に変更はありません。

　「日本国が締結した所得に対する租税に関する二重課税防止のための条約（以下この条においては「租税条約」という。）において国内源泉所得につき前条の規定と異なる定めがある場合には，その租税条約の適用を受ける外国法人については，同条の規定にかかわらず，国内源泉所得は，その異なる定めがある限りにおいて，その租税条約に定めるところによる。」（平成26年改正後の規定）

イ　所得源泉の置換え規定の立法趣旨

　この規定が創設された昭和37年度改正時における立法趣旨は，国内源泉所得のうち，源泉徴収の対象となる2号所得以降の所得について，租税条約と国内法の所得源泉ルールが異なる場合，租税条約が国内法に定める税負担以上の課税を行わないとする租税条約に規定又は内在する条理と対立することのないように，租税条約に定める所得源泉ルールが適用されることを明確にしたものです。そして，所得源泉の置換え規定により，租税条約により置き換えられた所得を国内源泉所得とみなすことにより源泉徴収に係る国内法の規定の適用を行えるようにしたものといえます。

ウ　旧OECDモデル租税条約第7条第1項

　旧OECDモデル租税条約第7条第1項の後段部分は，次のとおりです。なお，現行の日本の租税条約のほとんどが以下と同様の条文を規定しています。

　「（略）一方の国の企業が他方の国内にある恒久的施設を通じて当該他方の国内において事業を行う場合には，その企業の利得のうち当該恒久的施設に帰せられる部分に対してのみ，当該他方の締約国において租税を課すことができる。」

上記の条文は，一般に帰属主義を含む規定と理解されていますが，この規定が所得源泉の置換え規定の適用を受けられるのか否か明確ではありません。

エ　第2次日米租税条約の事業所得に係る所得源泉規定

第2次日米租税条約第6条（所得源泉規定）第8項の事業所得に係る所得源泉規定は次のとおりです。

「8項　1項から7項までの規定にかかわらず，産業上又は商業上の利得であって，一方の締約国の居住者であるその利得の受領者が他方の締約国に有する恒久的施設に帰せられるもの（不動産及び天然資源から生ずる所得，配当，利子，14条3項に定義する使用料並びに譲渡収益を生ずる財産または権利が当該恒久的施設と実質的に関連を有する場合には，それらの所得，配当，利子，使用料および譲渡収益を含む。）は，当該他方の締約国内の源泉から生ずる所得として取り扱う（以下略）。」

米国国内法における外国法人等の課税については，前出の1966年制定の外国投資家課税法により導入された実質関連概念（effectively connected concept）が使用されています。この外国投資家課税法では，特定の国外源泉所得（旧日米租税条約第6条第8項かっこ書き部分のうち不動産及び天然資源から生ずる所得を除いた所得）は外国法人等でも課税となります。

米国側の理解では，旧日米租税条約第6条第8項は，外国投資家課税法による改正を受けた米国における課税においてのみ適用される条項であり，日本では，日米租税条約に規定されているプリザベーションクローズの適用により，納税者は国外源泉所得に課税されることはないという解釈です（Jon E. Bischel, Income Tax Treaties, Practising Law Institute, 1978, p. 581.）。

オ　第2次日米租税条約と所得源泉の置換え規定

米国法人が日本国内にPEを有する場合，産業上商業上の利得がこのPEに帰せられるときは，上記エの所得源泉ルールにより恒久的施設の所在地国である日本に源泉があるものとされて，この所得は，所得源泉の置換え規定に基づいて国内源泉所得とされて我が国において課税となる見解があります（小松芳明編著『逐条研究日米租税条約　第3版』税務経理協会　平成9年90頁）。この見解は，上記に紹介した米国側の理解にある所得源泉に対する

プリザベーションクローズの適用を排し，所得源泉の置換え規定の立法時の趣旨を拡大して，事業所得に関して所得源泉の置換え規定の適用があると解釈したものです。

　カ　旧OECDモデル租税条約と所得源泉置換え規定

旧OECDモデル租税条約における事業所得条項は，一般に帰属主義といわれていますが，我が国の国内源泉所得及び所得源泉の置換え規定とどのような関係にあるのかという点に疑問が生じます。

　キ　所得源泉置換え規定の影響

第2次日米租税条約の基礎となった米国国内法における実質関連所得概念は，国内源泉所得と国外源泉所得に区分した上で，恒久的施設に帰せられる所得の範囲を決定する基準です。したがって，米国国内法は外国法人等に外国税額控除を認めています。第2次日米租税条約における事業所得の所得源泉ルールは，産業上商業上の利得が恒久的施設に帰せられるときは，所得源泉ルールにより恒久的施設の所在地国である国に所得源泉があるものという所得源泉を変換する機能を有しています。

OECDモデル租税条約における事業所得条項（第7条第1項）の規定は，一般に帰属主義の採用といわれていますが，この帰属主義が，本店直取引を含まないという事業所得の範囲決定の機能を持つことは明らかですが，所得源泉地決定の機能（恒久的施設を通じて得た所得を国内源泉所得とする機能）を持つかどうか明確ではありません。仮に，OECDモデル租税条約に規定する帰属主義が「所得源泉ルールの帰属主義」（A型）と解されて，所得源泉置換え規定の適用を受けたとしても，国内源泉所得の1号所得（PE帰属所得）が国外における棚卸資産の譲渡所得を課税しないことから，租税条約により課税権は日本側にあるが，国内法により課税できないという状態になります。

(11) 国内法の改正と租税条約の適用との関連

国内法が帰属主義とAOAに改正されたことで，現行の租税条約との関係等は次にようになります。

①　AOA型に改正された日英租税条約と国内法

②　AOA 型に改正されていない租税条約と国内法
③　租税条約未締結国と国内法

　上記の 3 類型の適用関係ですが，①と③は，租税条約の有無の違いはありますが，①は，国内法と租税条約が同様の内容であり，③は，国内法が適用されることから，両者の日本における課税関係は同じになり，帰属主義及び AOA に基づく課税が行われることになります。

　上記②の類型がほとんどの租税条約例と思われますが，AOA に基づく内部取引等が認められず，租税条約の規定が優先適用される場合です。

⑿　AOA を導入することで日本が得るメリットは何か

ア　AOA 導入のメリット

平成25年10月24日付の税制調査会（国際課税ディスカッション・グループ①）による［帰属主義への見直し］によれば，AOA の利点として次の 2 点が示されています。

①　PE 所在地国の課税権はその PE に帰属する所得とするのが国際的な課税権の配分ルールであること。
②　各国の①の課税権配分のルールに従うことによって，企業の国際的な事業活動に係る国際的な二重課税や二重非課税のリスクの軽減が期待されること。

イ　帰属主義への改正

平成22年11月付の税制調査会専門家委員会「国際課税に関する論点整理」によれば，この論点整理における帰属主義改正への意義は次のとおりです。

「我が国は，外国法人に対する課税に関し，国内法においていわゆる「総合主義」を長年採用している一方，租税条約においては「帰属主義」を採用しており，いわば二元体制が併存している。帰属主義を明記した今回の OECD モデル租税条約の改定は，今後の我が国を含めた OECD 加盟国の条約締結・改正交渉に直接影響を及ぼすだけでなく，国内法を総合主義から帰属主義に見直す契機を与えている。なお，帰属主義に改める場合には，あわせて，適正な課税を確保するために必要な法整備についても検討する必要がある。」

ウ　金融庁による平成23年度から平成25年度までの税制改正要望

　金融庁は，平成23年度税制改正要望項目として，「総合主義」から「帰属主義」への変更を要望しました。この改正要望は，税制がグローバル・スタンダードから乖離しており，対内投資の阻害要因となっている状況にあるという認識を示しています。

　金融庁は，平成23年度税制改正要望項目から平成25年度税制改正要望項目において，総合主義から帰属主義への変更を要望していますが，その見出しは異なっています。

　①　平成23年度：アジアのメインマーケット・メインプレーヤーとしての地位の確立
　②　平成24年度：金融資本市場の基盤整備に関して緊急に措置すべきもの。そしてその他の要望事項として，「自動発注サーバに係る非課税措置の創設」を掲げています。
　③　平成25年度：国際課税原則の見直し（総合主義から帰属主義への変更）

　この背景について，浅妻准教授の分析があります（浅妻章如「全所得主義（総合主義）から帰属所得主義（帰属主義）への移行を巡る背景」『税大ジャーナル』平成24年6月　63-64頁）。

　すなわち，タックスヘイブンに所在する外国法人が東証で日本所在のサーバを通じて証券取引をすると，当該サーバがPE認定される可能性があり，当該外国法人の所在地国は，日本と租税条約を締結していないことから，日本の国内法に規定する全所得主義が適用される可能性がある，というものです。

5　日本（その5：国外に居住する親族に係る扶養控除等の書類等の添付等の義務化）

Q　外国人社員を雇用している場合，本国に家族を残して単身日本で働いている社員が，本国の家族を養うために仕送りをしていることはよく見られる事例です。平成27年度税制改正により，日本国外に居住する親族に係る扶養控除等の書類の添付が義務付けられ，従来よりもその取扱いが厳格になったようですが，その概要はどのようなものですか。

A　(1)　改正の概要

外国の家族に生活費を仕送りしている場合，大きく分けて，事業所得等の申告納税の場合と，給与所得に係る源泉徴収と年末調整ということになります。以下は，日本に所在する法人に勤務する外国人社員で，日本で給与を得て本国に仕送りしている場合を想定しました。この場合，法人における源泉徴収の場合，「給与所得者の扶養控除等（異動）申告書」を雇用者に提出することになりますが，平成27年度税制改正では，次のように改正されました。

①　給与等又は公的年金等の源泉徴収において，非居住者である親族に係る扶養控除，配偶者控除又は障害者控除（以下「扶養控除等」とします。）の適用を受ける居住者は，「親族関係書類」を提出し，又は提示することになります。

②　給与等の年末調整において，非居住者である親族に係る扶養控除等の適用を受ける居住者は「送金関係書類」を提出し，又は提示しなければならないこととし，非居住者である配偶者に係る配偶者特別控除の適用を受ける居住者は，「親族関係書類」及び「送金関係書類」を提出し，又は提示することになります。

(2)　改正の背景

国外に居住する家族を扶養するということは，日本との物価水準の相違，

家族の実態の把握が日本では困難であるという事情等から，その控除が適正か否か問題がある領域でした。今回の改正は，これまでとかく不明瞭であった部分を書類等により明確化する狙いがあるものと思われます。

(3) 改正された書類等の義務化において規定されている「親族関係書類」及び「送金関係書類」とは何ですか

「親族関係書類」とは，①住所の「移転履歴」を記録した書類である戸籍の附票の写しその他国又は地方公共団体が発行した書類でその非居住者がその居住者の親族であることを証するもの及びその親族の旅券の写し，又は，②外国政府又は外国の地方公共団体が発行した書類で，その非居住者がその居住者の親族であることを証するもの（その親族の氏名，住所及び生年月日の記載があるものに限る。），のいずれかをいいます。

また，「送金関係書類」とは，その非居住者である親族の生活費又は教育費に充てるためのその居住者からの支払が，必要の都度，行われたことを明らかにするもので，その年における次の①又は②の書類をいいます。

① 金融機関が行う為替取引によりその居住者からその親族へ向けた支払が行われたことを明らかにする書類

② いわゆるクレジットカード発行会社が交付したカードを提示してその親族が商品等を購入したこと及びその商品等の購入代金に相当する額をその居住者から受領したことを明らかにする書類

なお，親族関係書類又は送金関係書類が外国語により作成されている場合には，訳文の添付が必要です。

また，この扶養控除等の書類等の添付等の義務化は，平成28年1月1日以後に支払われる給与等及び公的年金等並びに平成28年分以後の所得税について適用されることになりました。

著者紹介

矢内　一好（やない　かずよし）

中央大学商学部教授　博士（会計学）（中央大学）

（単著）
1 『国際課税と租税条約』（ぎょうせい　平成4年）（第1回租税資料館賞受賞）
2 『租税条約の論点』（中央経済社　平成9年）（第26回日本公認会計士協会学術賞受賞）
3 『移転価格税制の理論』（中央経済社　平成11年）
4 『和英用語対照　税務・会計用語辞典』（十訂版）（編著者　矢内一好）（財経詳報社　平成14年）
5 『連結納税制度』（中央経済社　平成15年）
6 『詳解日米租税条約』（中央経済社　平成16年）
7 『解説・改正租税条約』（財経詳報社　平成19年）
8 『Q&A国際税務の基本問題〜最新トピックスの検討』（財経詳報社　平成20年）
9 『キーワードでわかる国際税務』（中央経済社　平成21年）
10 『米国税務会計史』（中央大学出版部　平成23年）
11 『現代米国税務会計史』（中央大学出版部　平成24年）
12 『改正租税条約のすべて』（財経詳報社　平成25年）
13 『英国税務会計史』（中央大学出版部　平成26年）
14 『一般否認規定と租税回避判例の各国比較〜GAARパッケージの視点からの分析』（財経詳報社　平成27年）
15 『コンパクト解説　日本とアジア・大洋州・米州・旧ソ連諸国との租税条約』（財経詳報社　平成28年）
16 『コンパクト解説　日本とヨーロッパ・中東・アフリカ諸国との租税条約』（財経詳報社　平成28年）
・「米国租税条約の研究」「国際連盟におけるモデル租税条約の発展」（平成元年日本税理士連合会研究奨励賞受賞）

その他共著，論文多数。

Q&A　国際税務の最新情報

平成29年7月26日　初版発行

著　者　矢　内　一　好
発行者　宮　本　弘　明
発行所　株式会社　財経詳報社
〒103-0013　東京都中央区日本橋人形町1-7-10
電　話　03（3661）5266（代）
ＦＡＸ　03（3661）5268
http://www.zaik.jp
振替口座　00170-8-26500

落丁・乱丁はお取り替えいたします。　　　　印刷・製本　創栄図書印刷
©2017　Kazuyoshi Yanai　　　　　　　　　　　　　　　Printed in Japan
ISBN　978-4-88177-437-3